D1572371

El viaje a través del trauma

Gretchen L. Schmelzer

El viaje a través del trauma

Guía de caminos para la sanación
en 5 fases de un trauma repetitivo

EDICIONES OBELISCO

Si este libro le ha interesado y desea que le mantengamos informado
de nuestras publicaciones, escríbanos indicándonos qué temas son de su interés
(Astrología, Autoayuda, Ciencias Ocultas, Artes Marciales, Naturismo,
Espiritualidad, Tradición…) y gustosamente le complaceremos.

Puede consultar nuestro catálogo en www.edicionesobelisco.com

Colección Psicología
Viaje a través del trauma
Gretchen L. Schmelzer

1.ª edición: noviembre de 2018

Título original: *Journey Through Trauma*

Traducción: *Antonio Cutanda*
Corrección: *Sara Moreno*
Diseño de cubierta: *Enrique Iborra*

© 2018, Gretchen L. Schmelzer
Edición publicada por acuerdo con Avery,
sello editorial de Penguin Publishing Grup,
una división de Penguin Random House, LLC.
(Reservados todos los derechos)
© 2018, Ediciones Obelisco, S. L.
(Reservados los derechos para la presente edición)

Edita: Ediciones Obelisco, S. L.
Collita, 23-25. Pol. Ind. Molí de la Bastida
08191 Rubí - Barcelona - España
Tel. 93 309 85 25 - Fax 93 309 85 23
E-mail: info@edicionesobelisco.com

ISBN: 978-84-9111-400-0
Depósito Legal: B-24.280-2018

Printed in Spain

Impreso en los talleres gráficos de Romanyà/Valls S. A.
Verdaguer, 1 - 08786 Capellades - Barcelona

para Gail
con gratitud por haber sujetado el otro lado de la cuerda

Nota de la autora

Este libro está destinado a complementar, en modo alguno a sustituir, el asesoramiento y las recomendaciones de una profesional de la terapia o de un grupo de apoyo, y no se debería utilizar como alternativa a las atenciones médicas o psicológicas pertinentes. *El viaje a través del trauma* debe verse como un apoyo, un añadido al tratamiento en curso, por lo que convendrá que consultes siempre a las personas que se ocupan de tu tratamiento en todo lo relacionado con tu salud, tu diagnóstico y tus síntomas.

Los nombres y los rasgos identificadores de los pacientes que aparecen en este libro se han cambiado para proteger su privacidad. En algunos casos, incluso, los pacientes de los que se habla aquí son una amalgama de casos, dado que el objetivo de los ejemplos clínicos radica en la clarificación del tema del que se está hablando.

Una nota sobre los traumas

Aunque este libro está escrito específicamente para personas que han pasado por un trauma repetitivo –es decir, aquellos traumas que tienen lugar más de una vez y se prolongan durante meses o años–, no pretendo definirte lo que es un trauma ni diagnosticar tu estado actual. Mi objetivo es ayudarte a sanar a partir del daño que sufriste, desmantelar las protecciones que utilizas frente al trauma, pero que ya no te sirven, y ayudarte a crecer y desarrollar todo aquello que quizás no pudiste desarrollar. En mi trabajo me he encontrado con multitud de personas que jamás se habrían identificado a sí mismas como «supervivientes de un trauma» y que han encontrado este proceso de sanación sumamente útil: personas que han soportado la enfermedad física o la pérdida de un ser querido, o bien personas que han sobrevivido a unas tensiones extremas durante prolongados períodos de tiempo. De todos modos, me sentiré plenamente satisfecha si no eres una superviviente a un trauma y, aun así, este libro te resulta valioso por el motivo que sea. El objetivo de esta obra estriba en no categorizar ni etiquetar el cómo se dieron los daños en tu vida. El objetivo de este libro es darte apoyo en tu viaje de curación hacia la salud.

Nota del traductor y el editor en castellano

Los tiempos, y la justicia social, exigen que nos enfrentemos a nuevos retos que, hace ya mucho tiempo, deberían haberse asumido. Uno de ellos es el del *lenguaje de género,* y sin duda el castellano no es un lenguaje fácil para conciliar la igualdad de género en sus adjetivos y sustantivos.

A lo largo de este texto, se ha intentado equiparar géneros en el lenguaje. Considérese ésta una advertencia para que nadie se asombre ante el uso indistinto de sexos al hablar de «el cliente» o «la clienta» cuando se habla en términos generales, o de «el terapeuta» o «la terapeuta» para referirnos indistintamente a terapeutas mujeres u hombres.

Una invitación

Querida lectora, querido lector,

Son muchas las cosas que me gustaría darte a conocer. En primer lugar, me gustaría que supieras que es posible sanar de un trauma. También quiero que comprendas de qué modo se produjo el daño, de qué manera vives tu trauma y de qué modo te ha afectado el mero hecho de sobrevivir. Quiero que sepas que todo cuanto has hecho para sobrevivir y protegerte te ha salvado la vida, al tiempo que ahora te está impidiendo vivir una vida mejor. Quiero que descubras de qué modo te está impidiendo hacer las cosas que quieres hacer del modo en que quieres hacerlas, de qué modo te está obstaculizando esas relaciones importantes para ti, relaciones con personas a las que quieres y te quieren; y, especialmente, cómo te obstaculiza la relación que mantienes contigo mismo, cómo mitiga cualquier tipo de bondad o compasión que puedas sentir por ti mismo. Quiero que comprendas esto porque el mero hecho de comprender cómo ha impactado el trauma en ti te permitirá comprender los motivos por los cuales merece la pena el esfuerzo de sanar.

Quiero que sepas que la sanación es posible, con independencia del tiempo que te haya llevado llegar hasta aquí. Independientemente de cuándo te hayas decidido a buscar ayuda, la sanación siempre es posible. Sé que muchas de vosotras pensáis que no lo es. Sé que creéis que es demasiado tarde. Pero, en realidad, nunca es tarde. Por muchos años que tengas o por joven que seas, la curación es posible. El cerebro humano es maleable y no deja de desarrollarse a lo largo de la vida. Es precisamente esa capacidad que tiene el cerebro para desarrollarse la que nos ha permitido sobrevivir, y esa misma plasticidad es la que nos permite sanar. Precisará de esfuerzo. Precisará de ayuda. Precisará de práctica y de persistencia. Puede que incluso traiga consigo lágrimas, tristeza, ira y frustración. Pero es posible.

Quiero que comprendas cómo funciona el trauma, cómo impacta en el cerebro y en el cuerpo. Quiero que comprendas el genio que hay en el cerebro y el cuerpo humano que nos permite sobrevivir, que nos permite salir adelante. Quiero que comprendas los mecanismos del trauma, porque comprenderlo te ayudará a comprenderte a ti mismo, y te hará saber qué se puede esperar en el proceso de sanación. Quiero que comprendas cómo opera el trauma para que, cuando te pilles a ti mismo haciendo determinadas cosas, no adoptes una actitud enjuiciadora ni mezquina, sino que pienses: «Claro, esto es lo que hago». Y que entonces seas capaz de decir: ¿qué más puedo hacer? Comprender cómo funciona todo te proporcionará una sólida plataforma desde la cual crecer, dar un salto e intentar cosas nuevas.

Quiero que comprendas que todo ese alboroto que tiene lugar en tu interior tiene un sentido, que no estás loca, y que eso es exactamente lo que ocurre cuando una sobrevive a un trauma. Eso no significa que lo que estés sintiendo tenga por qué gustarte, ni que el modo en que te comportas sea necesariamente lo mejor para ti, o que sea positivo para tus relaciones. Significa que lo que estás sintiendo y cómo te estás comportando tiene sentido en el contexto de la supervivencia ante un trauma.

Quiero que comprendas que todos los traumas no son iguales. Es como si estuvieras buscando información en Internet. Si buscas trastorno de estrés postraumático (TEPT), encontrarás una lista de síntomas y una serie de recomendaciones. Pero no siempre es igual, del mismo modo que los traumatismos físicos no son iguales. Si te ha atropellado un automóvil, es de todo punto probable que no te ofrezcan un protocolo estandarizado para tu curación. Todo dependerá del modo en que el automóvil impactó sobre tu cuerpo. ¿Te ha roto un brazo o una pierna? ¿Te ha provocado una lesión en la cabeza? ¿Hay hemorragias internas? Pues bien, el trauma psicológico no se diferencia en nada en este aspecto. Trauma es la definición de algo que ha quedado completamente destrozado, pero lo que se hace pedazos es diferente en cada persona.

Y, sobre todo, quiero que comprendas qué es lo que yo llamo *trauma repetitivo*. Se trata del trauma que sucede en más de una ocasión. Existe una gran diferencia entre el trauma que sucede una vez, como un accidente de automóvil, y el trauma que se repite. Si te ves afectado emocionalmente por un accidente de tráfico, cabe esperar toda una serie de respuestas que tienen lugar con los traumas que ocurren una única vez. Con este tipo de eventos traumáticos, los seres humanos nos vemos espoleados por nuestra propia biología para emprender la acción; por ejemplo, se libera una enorme cantidad de adrenalina, que te predispone para la lucha, para la acción, y eso agudiza tu memoria del acontecimiento, de tal modo que puedes recordarlo con claridad para poder protegerte de él en el futuro.

Pero ¿qué pasaría si tuvieras un accidente de automóvil todos los días durante años? Te debe de parecer una locura –un accidente de tráfico cada día durante años–, pero eso es exactamente lo que ocurre cuando determinados actos traumáticos se repiten una y otra vez, como ocurre con aquellas personas que pasan por una guerra, por malos tratos en la infancia, por abusos sexuales, por violencia doméstica o por violencia callejera. Cuando un trauma se repite, nos encontramos con una serie de reacciones muy diferentes. La fisiología humana está diseñada para ser eficiente. Los acontecimientos traumáticos precisan de un montón de energía, pero el cerebro y el cuerpo nos dicen que no nos podemos permitir tanto gasto de energía ni de atenciones. De tal modo que, si el trauma se repite, en lugar de prepararnos para la acción nos insensibilizamos. Si la alarma de incendios se pone en marcha en tu casa en una ocasión, tú le vas a prestar atención; pero si sonara todos los días, terminarías cortando los cables o desconectándola de la batería para no volverla a oír. Insensibilizarse, «anestesiarse», es el equivalente traumático de desconectar la batería de la alarma antiincendios. Insensibilizarse cumple con el importante objetivo de permitirnos continuar con nuestra vida. Eso es lo que permite a los soldados seguir combatiendo, y a los supervivientes en zonas de guerra seguir viviendo. Es lo que permite a las niñas maltratadas seguir yendo a la escuela, lo que te permite asimilar cada nuevo acto de violencia, lo que te protege de emociones extremas que pueden afectar a tu memoria, a tu salud y a tu seguridad. Es el sistema de respuestas de emergencia que tu organismo emplea de manera automática cuando un trauma se repite, acomodándose a fin de conservar la energía.

Así pues, el trauma reiterado no trata sólo de lo que te sucedió, sino también de cómo sobreviviste a eso. Trata de cómo te protegiste durante tantos años traumáticos. Para comprender por qué es tan difícil sanar de un trauma, conviene entender que el trauma repetitivo está compuesto en realidad por tres aspectos traumáticos combinados. El primer aspecto del trauma repetitivo es *lo que sucedió:* las experiencias de terror e indefensión que recuerdas. El segundo aspecto del trauma reiterado es *lo que facilitó la supervivencia:* las protecciones que creaste para sobrevivir al trauma, lo que hiciste para mitigar el impacto, adaptarte o escapar. Y el tercer aspecto del trauma repetido es *lo que no sucedió:* el crecimiento y el desarrollo que te perdiste porque estabas sobreviviendo, la ayuda que no recibiste, las conversaciones que no aprendiste a mantener, las habilidades de la vida cotidiana que dejaste de aprender. Pues bien, la sanación del trauma precisa de tu esfuerzo en estos tres aspectos.

También quiero que sepas que nadie se sana por sí solo, por lo que tendrás que buscar ayuda para superar tu problema. Este libro te servirá para comprender el impacto del trauma por el que pasaste, cómo te protegiste y qué te perdiste en tu crecimiento. Es una forma de comprender el impacto de lo que te sucedió y de cómo puede que aún estés viviendo como si el trauma estuviera ahí, como si aún estuviera sucediendo. Sin embargo, no es un libro de autoayuda. Es un libro de cómo-comprender-y-utilizar-la-ayuda. Es un libro de qué-esperar-del-tratamiento-de-un-trauma. Este libro te exige que busques ayuda, pero te proporciona también la información necesaria para desarrollar tu propio poder y para que te sientas segura en esa relación de ayuda.

Sin embargo, comprender el trauma no es suficiente para sanarlo. Sanar de un trauma te va a exigir que descargues tu peso en el apoyo de una relación terapéutica para que tus partes traumatizadas puedan sanar. Si te rompes una pierna y no utilizas unas muletas para descargar el peso y quitárselo a la pierna lesionada, no vas a sanar la fractura de la forma adecuada. Lo mismo ocurre con el trauma. Quizás algunos de vosotros elijáis a una terapeuta: una psiquiatra, psicóloga o trabajadora social, un orientador o un miembro del clero. Otros quizás elijan algún tipo de terapia grupal. Pero te lo digo desde un principio, anticipándome: para sanar, vas a necesitar ayuda. Sé que vas a buscarle escapatorias a este argumento, que vas a intentar hacer esto a tu manera; pero, en última instancia, vas a tener que confiar en mí. Si hubiera alguna manera de que pudieras hacerlo a tu modo, yo la habría encontrado. No existe una persona que haya buscado esa escapatoria con más ahínco que yo.

El problema no es que tú o yo no seamos autosuficientes, o que no tengamos la suficiente fuerza de voluntad, valentía o dureza, o que no seamos capaces de esforzarnos en la medida necesaria. El problema es que los traumas que la mayoría de la gente experimenta tienen lugar entre personas. No estoy hablando de aquellos traumas que vienen como consecuencia de desastres naturales, como tornados o huracanes. No estoy hablando de accidentes de tráfico ni de enfermedades, ni siquiera de todas esas cosas que pueden ser traumáticas. Me refiero a desastres relacionales, a la pesadilla que supone que haya personas que ejerzan violencia y terror sobre otras personas: la guerra, los malos tratos infantiles, la violencia doméstica. La mayor parte de los traumas psicológicos son eso: *traumas relacionales repetitivos.*

Y ahí radica una de las más complejas paradojas del intento de obtener ayuda cuando tu problema es un trauma: que tienes que conseguir ayuda para sanar, pero dado que el trauma tuvo lugar en una relación, te resulta muy difícil creer y confiar en esa ayuda.

Es el equivalente moral a sobrevivir a un accidente aéreo y que te digan que la única manera de sanarte consiste en recibir terapia semanalmente en un avión. Quiero que comprendas que las cosas que hiciste para sobrevivir a esos daños reiterados son las mismas cosas que se pueden interponer en tu camino a la hora de pedir ayuda y confiar en ella. Ésta es la respuesta normal, la respuesta que se puede esperar ante un trauma repetitivo. Eso no quiere decir que haya algo que funcione mal en ti. Significa que te desempeñaste con bastante solvencia para sobrevivir, pero que, ahora, te enfrentas al difícil empeño de sanarte.

Y aunque no puedas sanar tú sola, y aunque vas a necesitar ayuda, sanar de un trauma te va a requerir trabajo y esfuerzo. El trauma que padeciste no fue por culpa tuya, pero sanar de tu trauma sí que es una responsabilidad tuya. Sólo tú puedes hacer el esfuerzo de sanar; nadie más lo puede hacer por ti. Tu terapeuta o tu grupo de terapia te pueden ayudar, te pueden orientar y estar ahí, contigo, a lo largo del sendero. Y tu familia y tus seres queridos te pueden dar apoyo, y te pueden animar desde la barrera. Pero nadie va a poder hacerlo por ti. Este viaje es sólo tuyo. Tu sanación te pertenece a ti. Tú estás creando tu vida, y esa curación va a ser un logro tuyo: el regalo que te vas a dar a ti misma y a las personas que te acompañan en la vida.

Sanar precisa de mucho esfuerzo, y probablemente te vas a sentir peor antes de empezar a sentirte mejor que ahora. Sanar de un trauma no significa que, al final, te vayas a sentir magníficamente en todo momento, del mismo modo que «una infancia feliz» no significa que el niño vaya a ser feliz a todas horas. Las infancias felices están llenas de muchos esfuerzos y momentos difíciles. Pueden tener lugar desastres absolutos por un montón de buenas razones. Las infancias felices no son felices porque los niños estén sonriendo a todas horas; son felices porque los niños son libres para crecer, para centrarse en su propio crecimiento y desarrollo en un entorno lo suficientemente seguro como para sustentar ese crecimiento. Pero el crecimiento puede ser difícil. Y una edad adulta saludable, o una edad adulta en la que te has sanado de un trauma, no significa que ya no te vayas a sentir triste, iracundo o frustrado. Tampoco significa que tu trauma no te vuelva a visitar de algún modo en algún momento. Saludable significa íntegro; significa que tienes un yo con todas sus complejidades. Significa que tienes una vida íntegra, compuesta por todas tus experiencias, tanto traumáticas como no traumáticas. Significa que tienes derecho a tener todos los altibajos de un crecimiento normal para tu edad evolutiva. Significa que vives en el presente con cierta sensación de futuro; no que estás sobreviviendo o viviendo en un pasado siempre presente, protegiéndote a ti mismo de lo que ya ocurrió.

Escribo este libro acerca del trauma porque creo que es posible sanar, y lo creo porque lo he visto. Trabajo como terapeuta desde hace más de dos décadas en grandes clínicas, en clínicas de proyectos habitacionales, en instalaciones de tratamiento residenciales, en unidades psiquiátricas y unidades médicas hospitalarias, y en la práctica privada. He trabajado con supervivientes de la Segunda Guerra Mundial, de los Jemeres Rojos, de Vietnam y del 11 de septiembre en Nueva York. He trabajado con supervivientes de abusos físicos y sexuales en la infancia, de violencia doméstica y violencia comunitaria. He visto a la gente luchar con su trauma y salir por el otro lado del proceso.

Pero mi motivación para escribir este libro en concreto –acerca *de lo que es el proceso de sanación*– es también porque he visto rendirse a muchas personas aquejadas de traumas. Las he visto rendirse en el tratamiento, rendirse ante sí mismas, en las relaciones o en empleos que eran importantes para ellas. He contemplado su desesperación y su desesperanza. Las he visto comenzar el proceso curativo sin saber de antemano que el camino hacia la curación es difícil y empinado. Ciertamente, llegan a puntos del proceso que son muy difíciles. Piensan que van a «mejorar» y, en vez de eso, se encuentran con que trabajar con el trauma es todo un reto, y que el trauma saca a la luz montones de sentimientos y de recuerdos dolorosos. He visto cómo sus antiguas protecciones y defensas comenzaban a resquebrajarse, y las he visto renunciar a ellas y sumergirse en los senderos inevitablemente largos y tortuosos de la curación, las recaídas, los obstáculos y la angustiosa lentitud del proceso curativo, para finalmente acabar pensando «Esto es imposible. No puedo seguir adelante», y abandonar la terapia.

Y puedo comprender por qué abandonan. Yo misma he querido rendirme en multitud de ocasiones. Yo no soy sólo una psicóloga que ha estado ayudando a personas traumatizadas; yo he pasado por el trauma personalmente. Crecí escuchando las historias traumáticas que mi madre y mi padre habían vivido en su infancia, y con el terror y el miedo que todo eso generaba en nuestro hogar: ver cómo se llevaban a mi madre en ambulancia, inconsciente por los golpes, o pasarme las horas viendo a mi madre gritando furiosa, sin saber con quién estaba hablando. Yo he visto a mi hermano estampado contra la pared por no haberse puesto la servilleta en el regazo, y he visto romperse muebles en medio de tanta violencia. Yo sé lo que es el terror, y sé lo que es vivir con las consecuencias de ese terror. Y estoy convencida y sé que el trauma se puede sanar no sólo porque he ayudado a otras personas a llevar a cabo ese proceso, sino porque lo creo en lo más profundo de mí, porque yo misma he recorrido ese viaje de sanación.

Sanar de un trauma no es un acontecimiento ni un proceso lineal. Es una serie de ciclos en espiral a través de unas fases reconocibles. Se trata de etapas que tendrás que recorrer de manera cíclica, una y otra vez, a medida que te diriges hacia la sanación y la integridad. Este novedoso método de sanación te permite saber dónde te encuentras, en qué consiste el trabajo a realizar, cuáles son los retos que tienes que afrontar y qué puedes hacer para culminar cada una de las etapas. Así pues, he escrito este libro al modo de una guía de caminos, como una forma de conocer y reconocer el terreno del trabajo que estás haciendo, de la sanación que estás buscando. No es un libro que trate de las historias de otras personas, y ni siquiera trata del todo mi propia historia, aunque hablaré de algunas de mis experiencias y de las experiencias de otras personas para que profundices en tu comprensión. Este libro pretende ser una descripción precisa del camino y del territorio, tal como te los puedo ofrecer para que hagas tu propio viaje, crees tus propios mapas, cuentes tu historia y sanes tu trauma.

PARTE I

La guía de caminos

La exploración sigue siendo el viaje épico: soñar, prepararte, reunir a tu equipo de argonautas, partir para ser puesto a prueba mental y físicamente por los dioses. Superar la prueba y que se te otorgue la verdad para, a continuación, volver a casa y compartir la nueva sabiduría.

ROBERT BALLARD, *National Geographic*[1]

---

1. Priit J. Vesilind, «Why Explore?» *National Geographic* 193, n.º 2 (febrero de 1998): 41.

Comprender el trauma

Mi último año de secundaria lo pasé en Alemania merced a un programa de intercambio de estudiantes. Viví durante un mes en el lejano norte con una mujer muy amable llamada Karla. Cada vez que escuchaba el ruido de un avión, se plantaba de un salto junto a la ventana con la intención de atisbarlo en el cielo. A pesar de que la Segunda Guerra Mundial había terminado hacía mucho tiempo, Karla afirmaba que hacía eso para asegurarse de que aquel avión no iba a soltar bombas sobre su cabeza. Aunque los bombardeos habían cesado treinta y seis años atrás, aquellos sobresaltos atenazaban implacablemente su vida. Una respuesta así es como tener tu propio cuerpo de bomberos personal dentro de la cabeza. Ante el estímulo más ligero, suena la alarma y el cuerpo se prepara literalmente para la emergencia que mejor conoce, aunque tal emergencia haga décadas que no se da.

Cuando utilizamos la palabra *trauma,* estamos hablando de una experiencia o acontecimiento que te supera, que te lleva a no poder depender de ti misma, a sentirte desprotegida. Los signos distintivos del trauma son los sentimientos de terror, horror e indefensión. Tu cuerpo y tu mente han generado una serie específica de respuestas ante el trauma que te ayudan a sobrevivir. Si un acontecimiento traumático sucede en una sola ocasión, como puede ser un accidente de tráfico o una herida por arma de fuego, el sistema normal de defensas psicológicas se ve superado y abrumado temporalmente. Como el agua al derribar un dique durante una inundación, tu organismo se ve inundado de adrenalina en tan grandes cantidades que el sistema construye nuevos receptores para poder hacerse cargo del exceso.

Y cuando los niveles de adrenalina se reducen de nuevo, esos receptores extra crean un entorno ultrasensible en el cual la más pequeña dosis de adrenalina es inmediatamente absorbida por el cerebro y el sistema nervioso, generando lo que se conoce como *respuesta de alarma o sobresalto.* Jeff, un veterano de la guerra de Irak, todavía se aparta del camino de un salto en cuanto escucha el petardeo del tubo de escape de un automóvil. Es como si sus receptores cerebrales estuvieran a la espera, escaneando el entorno en busca de un sonido similar, en un permanente estado de alerta. Y esa respuesta de alarma, una vez activada, puede prolongarse mucho a lo largo del tiempo.

En primer lugar, el organismo y el cerebro identifican un peligro y se vuelven hipersensibles a él, haciendo que el trauma quede grabado en la mente. El aluvión de adrenalina que tiene lugar durante el trauma genera una intensa memoria del acontecimiento, que puede traer consigo *flashbacks:* un recuerdo intenso de la situación traumática que puede interferir con la vida cotidiana y perpetuar la experiencia como si ocurriera a diario. La sobrina de una colega mía, que tuvo un accidente de tráfico, comenta, «Cada vez que veo uno de esos automóviles SUV, veo en mi mente el auto en el que estuve dando vueltas. Lo veo todo como si me estuviera sucediendo de nuevo».

Con un trauma a corto plazo, el organismo se ve superado, abrumado, y la consecuencia de ello es que el sistema se supersensibiliza. Es como si tu organismo se volviera alérgico a todo aquello que pueda recordarle el trauma; cualquier ruido estridente, cualquier movimiento rápido. Las secuelas psicológicas y físicas de un trauma de una sola vez, si persisten durante al menos un mes, se diagnostican bajo el término de trastorno de estrés postraumático (TEPT), frase que posiblemente hayas oído con anterioridad. El TEPT se define por una serie de síntomas:[2] respuestas de alarma, *flashbacks,* pesadillas, hipervigilancia, escaso apetito, dificultades para dormir, problemas de concentración y evitación persistente de todo cuanto le recuerde a la persona el acontecimiento traumático. El TEPT describe en ocasiones las secuelas de un trauma a corto plazo, pero no parece reflejar el cuadro completo del trauma repetitivo.

Un único acontecimiento terrorífico puede ser traumático, pero ¿cómo podríamos comprender la experiencia de múltiples acontecimientos terroríficos? Un accidente de automóvil, que dura sólo cuarenta y cinco segundos, puede desencadenar todos los síntomas del TEPT y precisar de un tratamiento psicológico de envergadura; pero ¿qué ocurre cuando un trauma se repite de manera implacable? ¿Qué pasa cuando el acontecimiento aterrador no ocurre sólo una vez, sino cada noche durante años? Ante un trauma de una sola vez, el organismo se siente «tomado por sorpresa» y abrumado. Pero, ¿te imaginas lo extenuante que puede ser el que te «tomen por sorpresa» y te abrumen cada noche durante la mayor parte de tu infancia, o durante diez años de guerra? Para bien o para mal, el cuerpo y el cerebro humanos están diseñados para desarrollar la máxima eficiencia en la supervivencia, y sobrevivir significa encontrar la vía menos exigente y que mayor protección ofrezca a la hora de enfrentarse a los problemas.

Cuando un trauma se repite, como en el caso de los malos tratos en la infancia, la violencia doméstica, la violencia comunitaria o la guerra, no esperamos a que nos tomen por sorpresa. De manera inconsciente, aunque sabiamente, construimos más bien un sistema de defensa para no sentirnos abrumadas ni sorprendidas de nuevo. Todo ello porque al levantar defensas para soportar la reiteración de un trauma no hacemos otra cosa que preservar energía para la supervivencia. En vez de sentirnos emocionalmente inundadas –por el terror, el miedo y otros tipos de respuestas–, levantamos muros y

---

2. American Psychiatric Association, *Diagnostic and Statistical Manual of Mental Disorders,* 5.ª ed. (Arlington, Virginia: American Psychiatric Association, 2013), 271-280.

adoptamos medidas de escape. Nos insensibilizamos, no sentimos nada, y hacemos lo que haya que hacer para mantenernos a distancia, tanto de nosotras mismas como de los demás.

Existen tres aspectos distintos en la experiencia del trauma repetitivo. El primero es el compuesto por las experiencias traumáticas que ocurrieron realmente; es decir, la exposición reiterada a experiencias de terror e indefensión. Éstos son los acontecimientos de los cuales la persona puede tener un recuerdo nítido, los malos tratos, la negligencia o la violencia, verbales o físicos. El segundo aspecto del trauma repetitivo es lo que hacemos para sobrevivir al trauma; es decir, el sistema de defensa o protección psicológica que levantamos para sobrevivir. Las personas se transforman en aras de la supervivencia. Las respuestas ante el trauma se convierten en respuestas de protección, que se incorporan a la personalidad, que se incorporan en tu propia manera de funcionar.

En el lenguaje psicológico se diferencia entre *estado* (una experiencia a corto plazo, como la ansiedad ante la inminencia de un examen importante) y *rasgo* (algo que constituye una parte perdurable de tu personalidad, como estar habitualmente ansioso, aun cuando no exista un acontecimiento capaz de desencadenar esa ansiedad). En los traumas a corto plazo, los síntomas que la persona utiliza para enfrentarse a ellos pueden ser temporales. Estas soluciones a corto plazo constituyen lo que podríamos llamar un *estado defensivo.* Por ejemplo, durante un huracán, puedes poner planchas de madera contrachapada en las puertas y las ventanas para proteger tu casa de los vientos y el agua. Esas planchas constituyen una solución temporal que puedes poner y quitar a voluntad. Pero en situaciones de trauma reiterado, la estrategia podría describirse de forma más adecuada como de *rasgo defensivo;* es decir, una respuesta de protección que se convierte en un aspecto nuclear de tu personalidad. En vez de elegir el modo de responder, tienes una respuesta de protección fija. Aquí se puede ver el genio del organismo y del cerebro en funcionamiento. Tu organismo y tu cerebro no pueden gestionar las respuestas altamente energéticas reiteradas ante cada trauma particular; la necesidad de respuesta se hace excesivamente agotadora. De modo que encuentra la manera de utilizar sus energías y recursos de un modo más eficiente.

Cuando te enfrentas a un trauma repetitivo, en vez de confiar en algo temporal para protegerte del huracán, como serían las planchas de contrachapado, recurres a algo permanente, como cubrir la fachada de tu casa con ladrillos y cemento hasta el tejado. Sin duda, te vas a proteger del huracán de una forma muy eficaz, y vas a impedir que el agua entre en tu casa. Pero no podrán entrar el aire ni la luz del sol. Ese muro carece de flexibilidad, y no se puede quitar fácilmente.

Es decir, al protegerte de un trauma reiterado, tus defensas te protegen de aquello que te aterra, pero también te aíslan de otras cosas que pueden ser muy necesarias.

El tercer aspecto importante del trauma puede ser el más difícil de ver en un principio, y sin embargo puede tener el mayor de los impactos. Es *lo que no ocurrió*. El trauma repetitivo trata de *lo que ocurrió* y de *lo que no ocurrió*. Lo que no ocurrió es el desarrollo y el crecimiento normal que habría tenido lugar durante los años en que el trauma estaba sucediendo. Los efectos del trauma repetitivo pueden confundir enormemente, porque no es sólo el trauma *per se* –aquella vez en que tu padre te agarró por el cuello, te estampó contra la pared y te levantó del suelo, o aquella vez en que viste cómo le daban una paliza a tu madre–, sino también los patrones repetitivos de la relación que mantenían la violencia. De forma parecida, no es sólo el tiempo que un soldado pasó en la guerra, sino también el tiempo que no pasó haciendo otras cosas relacionadas con el crecimiento y las relaciones; no es sólo la violencia recordada, sino también los aspectos evolutivos necesarios y saludables de la relación que no tuvieron lugar mientras la violencia estaba ocurriendo. Mientras tú te sentías aterrorizada, no estabas negociando aspectos de un desarrollo saludable: nadie te estaba ayudando con las faenas de la casa, no conversabas con nadie acerca de las cosas cotidianas de cada día ni te relajabas con las amigas. Debido al hecho de que quizás todas las discusiones que presenciaste en la infancia fueron violentas, tú nunca llegaste a descubrir que existía algo así como una discusión sana, que los desacuerdos podían ser algo normal y perfectamente saludable en una relación.

Echemos un vistazo al semblante que pueden adoptar estos tres aspectos del trauma repetitivo en la vida real. Lacey es una mujer de poco menos de treinta años. A los diez años la remitieron al psicólogo clínico porque tenía problemas en la escuela. A los once, la atropelló un automóvil y sobrevivió a pesar de llevarse un golpe en la cabeza. Seis meses después, los servicios sociales la separaron de su familia y la pusieron al cuidado de una familia de acogida. Durante los siguientes cinco años, la trasladaron al menos en ocho ocasiones a diferentes hogares de acogida y, posteriormente, a hogares colectivos. El apego que desarrollaba por cada familia de acogida venía seguido por la desgarradora pérdida de la relación. Lacey empezó a aislarse del mundo porque, según sus propias palabras, «No quería sufrir más, de modo que reprimí el que la gente me importara. Ahora, pasados los años, no sé cómo derribar esos muros que me separan de los demás. No sé cómo dejar entrar el amor, ni siquiera sabiendo que está ahí». El ejemplo de Lacey describe a la perfección los tres aspectos del trauma repetitivo. El ser atropellada por un automóvil, la separación de las distintas familias de acogida y las repetidas pérdidas experimentadas a causa de ello fueron esas situaciones traumáticas que *ocurrieron.* Su insensibilización emocional y su desapego en las relaciones fueron *su protección* frente al trauma, que terminó convirtiéndose en un rasgo de su personalidad. Y el aprendizaje relativo a la experiencia y la gestión de sus sentimientos y a la confianza en las relaciones es *lo que no ocurrió;* es decir, el aprendizaje evolutivo acerca de las relaciones sobre el cual está trabajando actualmente con el fin de sanar.

Lacey levantó unos altos muros para protegerse de la vulnerabilidad del abandono y el rechazo. Aprendió a no desarrollar apegos; aprendió a no dejar entrar nada en su corazón. Sin duda, esto la protegió de los sentimientos de tristeza y de cólera que la habrían invadido cada vez que hubiera tenido que abandonar a personas a las que habría llegado a querer. Pero aquella solución temporal se hizo permanente, habitual; de tal modo que, aunque ahora desee sentir sus emociones, o bien aceptar y comprender el amor que hay a su alrededor, no puede hacerlo. Aquella protección frente a las pérdidas del pasado le impide disfrutar ahora de las relaciones que mantiene.

Cuando digo *aprender,* como en «aprendió a no dejar entrar nada en su corazón», no me refiero tanto al aprendizaje consciente e intencionado como a ese otro «aprendizaje» mediante el cual aprendemos a caminar cojeando cuando nos lesionamos una pierna. Descubrimos una manera de caminar que duele menos, y comenzamos a caminar de esa manera. Pero si lo hacemos durante mucho tiempo, se convertirá simplemente en nuestra manera de caminar. Así, el segundo aspecto del trauma es la respuesta de protección a largo plazo, en la medida en que, para protegernos, nos conformamos en torno al trauma, nos adaptamos a él.

Echemos ahora un vistazo a lo que ocurre con un país tras la dura experiencia de una guerra. El modo en que ese país se recupere y funcione no va a depender sólo de las atrocidades de la guerra y de la destrucción material. Más importante que eso van a ser los aspectos de desarrollo del propio país y de crecimiento de su población y su economía que no han podido tener lugar durante la guerra. Ejemplos de ello lo tendríamos en aquellas situaciones en las que ese país no puede construir carreteras, escuelas ni empresas, ni puede mantener el suministro de agua en su territorio; cuando no existe una gobernanza segura ni imperio de la ley; cuando no se construyen o no se mantienen las infraestructuras; o cuando no se ofrece formación ni capacitación a sus habitantes para que trabajen en nuevos empleos fuera de la industria del armamento. Cuando la guerra ha terminado, estos aspectos ausentes son los primeros que deben ser atendidos, pues de otro modo el país no desarrollará la fuerza suficiente y necesaria para la reconstrucción. El Estado no va a poder dar apoyo a su población si no hay carreteras, si no se garantiza el suministro de agua y de alimentos. En el año 2010 se creó en Camboya el primer tribunal para juzgar los crímenes de guerra de los Jemeres Rojos, cuando el régimen había perdido el poder en 1979. Sin embargo, el caos había impedido los juicios, pues se había prolongado a lo largo de otras dos décadas. Hicieron falta treinta y un años para desarrollar las infraestructuras suficientes para ponerse al día con *lo que no ocurrió* durante la guerra y los años que la siguieron, a fin de disponer de la fuerza y la resistencia suficientes para confrontar *lo sucedido.*

Otro ejemplo de tal fenómeno de «reconstrucción de posguerra» es el de una familia que conocí durante mi curso de prácticas. Lena, la madre, tras muchos años de violencia y abusos por parte de su marido, había hecho finalmente acopio del coraje y la fuerza suficientes para abandonarlo. Después de la partida, pasó por unos años bastante complicados, yendo a diversas agencias estatales en busca de ayudas, viviendo en un albergue para personas sin hogar hasta que, con el tiempo, consiguió una vivienda donde reconstruir su vida ella y sus dos hijos. Durante aquel tiempo, Lena había conseguido una titulación en técnico sanitaria, y finalmente obtuvo trabajo. Dos años después, cuando por fin tenía un hogar y un buen empleo con los cuales sustentar a sus hijos, se encontró con que su hijo mayor, Nelson, comenzaba a mostrar comportamientos problemáticos en la escuela y en casa. Faltaba mucho a clase, discutía constantemente, profiriendo gritos, y daba la impresión de mostrar conductas regresivas para su edad. Lena no podía comprender por qué Nelson, que se había mantenido firme como una roca durante sus años de matrimonio y durante tan difícil transición, lo estaba pasando tan mal ahora, cuando todo les iba bien por fin.

Lo que Lena no vio en un principio fue que, ciertamente, Nelson había sido una roca durante aquellos años, pero ese ser una roca había tenido un coste en lo relativo a su crecimiento normal. Nelson, al darse cuenta de que la «guerra» había terminado, se hallaba entonces manos a la obra con el asunto de crecer, algo que el muchacho había dejado a un lado cuando su madre era demasiado frágil o estaba demasiado ocupada como para darle apoyo. Era en ese momento cuando Nelson podía por fin derribar los muros y dejarse llevar, y dejar que su madre le ayudara en la expresión y gestión de sus emociones y en las conversaciones acerca de asuntos complicados. Comportándose mal, Nelson estaba poniendo en marcha el crecimiento emocional que no había podido llevar a cabo con cuatro, seis u ocho años.

Estos tres aspectos del trauma explican por qué su tratamiento no puede ser un «traje de talla única». El trauma a corto plazo y el trauma repetitivo comparten algunas características importantes, como las de las respuestas fisiológicas ante el estrés; pero difieren de formas significativas que afectan al modo de entender la sanación y de aproximarse a ella.

El viaje del héroe

Es lo que yo denominaría el viaje del héroe, el viaje nocturno por el mar, la búsqueda del héroe, donde la persona va a dar lugar en su vida a lo nunca visto.

JOSEPH CAMPBELL, *El héroe de las mil caras*[3]

En cuanto decides que vas a buscar ayuda para tu trauma, abres una puerta y comienza el viaje. En este instante, en este punto, hay mucha incertidumbre ante lo desconocido, de modo que puedes poner un poco de orden distinguiendo lo que sabes de lo que no sabes. No sabes adónde te diriges, pero *sí* que sabes que no quieres seguir sintiéndote del modo en que te sientes. Sabes que necesitas un respiro ante esa ansiedad constante, ante esa ira, esa irritabilidad. O bien tu familia o tus compañeras de trabajo te han hecho saber que son conscientes de que tienes un problema. Quieres algo distinto, nuevo, pero quizás también te sientas ansiosa o temerosa ante la posibilidad de hacer cambios.

Esa aprensión y esa energía que sientes al inicio de este viaje no están, en modo alguno, fuera de lugar. El viaje precisa de mucho trabajo y mucha atención, y tú vas a tener que dejar la seguridad de

---

3. Joseph Campbell, *The Hero with a Thousand Faces* (Princeton, Nueva Jersey: Bolingen, 2004). Traducción al castellano: *El héroe de las mil caras* (Madrid: Fondo de Cultura Económica, 2015).

lo que te resulta familiar, aunque lo familiar no siempre te resulte agradable. En cada país y en cada cultura, el viaje del héroe comienza con este paso hacia lo desconocido. Y, por motivos que el héroe no puede vislumbrar, aunque tampoco puede ignorar, el viaje se inicia. Aunque el héroe se vea abocado a este viaje, se vea llamado a él o se vea empujado a él, la aventura que aquí comienza cambiará su vida para siempre.

El viaje del héroe es el arquetipo de la búsqueda de un nuevo yo,[4] una nueva vida, una oportunidad de algo más grande. No soy yo la primera persona, ni seré la última, en describir el proceso de sanación de un trauma como un *viaje del héroe*. Probablemente no exista otra metáfora mejor para hacer comprender y respetar ese proceso, que puede precisar de mucho tiempo y de muchos esfuerzos. Tal proceso de sanación implica dejar a un lado lo que nos resulta familiar, aunque sea desagradable, y aventurarse en una experiencia que quizás se te antoje extraña, incómoda y temible.

«De acuerdo –casi puedo oírte decir–, un *viaje*. Entiendo». Pero casi puedo verte también sacudiendo la cabeza ante la palabra *héroe*. La mayoría de la gente que ha pasado por un trauma no se considera *heroica*. Los conceptos que describen a un héroe –*valor, valentía, intrepidez*– no son las palabras con las que describirías la experiencia del trauma o el trabajo con un trauma. Tengo que admitir que hasta yo misma me reí ante esta metáfora. Cada vez que mi terapeuta utilizaba el término *valiente,* yo entornaba los ojos y desviaba la mirada. «Sí –pensaba–, muy valiente estar allí aterrorizada y petrificada, viendo cómo golpean a alguien sin hacer nada».

Un trauma supone una reiteración de experiencias de indefensión y terror. Estas experiencias tienen como consecuencia cierta *vergüenza,* no valor, ni coraje; *miedo,* no valentía; *desesperanza,* no resistencia. Pero yo malinterpretaba a mi terapeuta cuando ella utilizaba el término *valiente*. Yo escuchaba la palabra *valentía* y pensaba que ella se refería a que yo me había conducido valientemente cuando era niña. Sin embargo, yo había hecho lo que todo el mundo

---

4. Campbell, *The Hero with a Thousand Faces.*

que pasa por un trauma espera poder hacer: sobrevivir. Quizás haya personas que digan que para sobrevivir hace falta coraje, pero lo que se precisa en su mayor parte es perseverancia; la perseverancia de sentirte desesperanzada y, con todo, seguir adelante; la perseverancia de hacer lo que haya que hacer. Precisa de la capacidad para bajar la cabeza y seguir andando. Precisa de una especie de esperanza.

Sobrevivir al trauma no es el viaje del héroe o la heroína. Ésa es tu historia. El viaje del héroe es tomar la decisión de volver atrás y presenciar todo aquello por lo que has pasado, recuperar las partes de ti mismo que te dejaste atrás, las partes de ti que se astillaron, y traer esos conocimientos y esa experiencia de vuelta al presente, donde tendrás que entretejerlo todo de nuevo para formar un todo integral. Lo que yo no podía comprender era que el viaje de sanación fuera heroico, que fuera a precisar de coraje, de valentía, que fuera a necesitar de todas mis fuerzas y mi resistencia.

El viaje del héroe es un ciclo, lo cual fue otro de los motivos por los que me gustó como metáfora de mi propio viaje curativo. Me permitió apreciar que el trabajo se realizaba en círculo, que no era un sendero lineal. La heroína no sólo sale por la puerta, se encuentra con sus obstáculos y resuelve sus problemas. No es como el que averigua que tiene un problema con su automóvil, lo lleva al mecánico, le reemplazan una pieza y regresa a casa con el auto reparado. En la historia del famoso héroe Beowulf, éste mata al monstruo Grendel y cree que ya ha terminado con el viaje que le llevó hasta allí. Pero, a la mañana siguiente, aparece la madre de Grendel –un monstruo aún más grande y peligroso– y Beowulf tiene que hacer acopio de nuevas fuerzas, recurrir a nuevas herramientas para la pelea y comenzar de nuevo el combate.[5] Es crucial entender que esto es algo cíclico porque el crecimiento y la sanación no son lineales. Gran parte de la paciencia y de la tolerancia que se necesitan para sanar proceden de la aceptación de la naturaleza cíclica del viaje.

---

5. Christopher Booker, *The Seven Basic Plots: Why We Tell Stories* (Nueva York: Continuum, 2005), 245.

Echemos un vistazo al ejemplo de Jim, un veterano de la guerra de Irak que vivía con su mujer y su hijo. Cuando volvió de la guerra, aunque razonaba en su interior que debería sentirse feliz al verlos, se sintió increíblemente distante. Jim se puso a trabajar como mecánico de automóviles, pero con el transcurso del tiempo, comenzó a prolongar sus estancias en el bar, bebiendo con los compañeros tras el trabajo. Cuando no lo hacía, regresaba a casa y se ponía a beber igualmente, pero en compañía de su mujer. Y, cuando ésta comenzó a preocuparse con sus propios excesos con la bebida, instó a Jim para que buscara ayuda también. Al principio, él no la escuchó, pero se dio cuenta al cabo de un tiempo de que su mujer parecía más feliz y quiso sentirse como ella, de manera que comenzó a acudir a las reuniones de Alcohólicos Anónimos (AA). Al iniciar el viaje hacia la sobriedad, Jim había iniciado su propio viaje del héroe. Se puso a explorar nuevas posibilidades, tuvo guías en su sendero (su mujer, su grupo de los doce pasos y, con el tiempo, un orientador), y se adentró por las veredas de la sobriedad. Jim había vencido al primer monstruo. Lo que no sabía es que sería puesto a prueba de nuevo. Una vez sobrio, comenzó a experimentar los sentimientos que se había traído de la guerra y los de su historial de traumas infantiles. Tenía otro ciclo curativo por delante.

La guía de caminos

Estoy convencido –o, si lo prefiere, es una superstición mía– de que quien es fiel a su mapa, y lo consulta, y extrae de él su inspiración, día a día, hora tras hora, obtiene un apoyo positivo, y no simplemente una inmunidad negativa ante accidentes.

Robert Louis Stevenson,
Ensayos sobre el arte de la escritura[6]

El viaje del héroe es una poderosa metáfora de la sanación en un sendero que ofrece tanto dificultades como posibilidades. Pero la mayor parte de los viajes del héroe son cuentos de hadas o ficciones, lo que los convierte en metáforas perfectas, pero guías de viajes imperfectas. La heroína, en su viaje, tiene que confiar en sus fortalezas internas –coraje, persistencia, lealtad, honor, pasión–, que es lo que lo convierte en tan gran metáfora, pero su mundo externo está hecho de la materia de las leyendas: magia, hechizos, encantamientos y profecías.

En los cuentos de hadas y los mitos, tu guía simplemente aparece: Merlín se le aparece al rey Arturo y Obi-Wan Kenobi a Luke

---

6. Robert Louis Stevenson, «My First Book: "Treasure Island"», en *Essays in the Art of Writing* (Londres: Chatto & Windus, 1905), https://en.wikisource.org/ wiki/ Essays_ in_ the_ Art_ of_ Writing/ My_ First_ Book:_% 27Treasure_ Island % 27.

Skywalker. Los guías aparecen de repente, disponen de los conocimientos adecuados para tu viaje, y te ofrecen poderes mágicos. Pero, reconozcámoslo, el rey Arturo no tuvo que buscar en su lista de planes de salud de «proveedores homologados» para encontrar a Merlín. En la sanación de un trauma, tú vas a tener que buscarte un guía: un terapeuta o alguna persona o estructura que te preste su apoyo a lo largo de la sanación.

Mi viaje curativo no fue una ficción. Tu viaje curativo no es una ficción. Es algo muy real. Indudablemente, utilizaremos las fortalezas internas universales ejemplificadas por los héroes en los cuentos; pero a medida que yo me adentraba en mi propio proceso curativo, me descubrí leyendo libros de aventuras: historias de las exploraciones del Ártico, escaladas al Everest y angustiosas expediciones en medio de la naturaleza salvaje. Y comencé a creer que, si se podía escribir con precisión una descripción sobre la sanación de un trauma, se parecería más al viaje de Shackleton al Polo Sur que a un libro de autoayuda cualquiera.

Tienes que saber que, en muchos aspectos, sanar de un trauma es en realidad más difícil que muchas de esas peligrosas expediciones. Una escaladora de montañas puede ver la montaña que está escalando o la distancia que está recorriendo. Para ti, en tu viaje de curación, esos kilómetros se te pueden antojar tan empinados como arduos, pero serán menos visibles porque son internos. Por otra parte, las escaladoras y los exploradores también pueden hacer las cosas de una en una. Tú no. Tú tendrás que emprender tu viaje curativo –una escalada muy difícil– mientras vives simultáneamente tu vida cotidiana. Shackleton no exploraba la Antártida *y* tenía que ir a la oficina todos los días. Él no sobrevivió al viaje *mientras* llevaba a los niños a la escuela. Él se dedicaba a una sola cosa cada vez. Tú no.

Otra cosa que llegué a apreciar y en lo que llegué a confiar en los viejos escritos de aventuras es que sus viajes eran verdaderas descripciones de *exploración*. Todos los exploradores primitivos se encontraron en algún punto del viaje con que se habían salido del mapa. Los mapas ya no les servían, eran demasiado vagos, estaban equivocados o, simplemente, no había estado allí nadie capaz de crear un mapa preciso. En el viaje de Shackleton[7] a la Antártida, éste se encontró de pronto en un territorio no cartografiado –no había ido nadie allí para hacer un mapa preciso–, y él y sus exploradores tuvieron que encontrar su propio camino y crear un nuevo mapa. Cuando el equipo de Maurice Herzog[8] estaba realizando la primera ascensión al Annapurna, los escaladores se dirigieron a lo que creían que era un campamento base de montaña. Pero cuando llegaron allí y miraron a su alrededor los picos de las montañas, se dieron cuenta de que no sabían a ciencia cierta *cuál* de aquellas montañas era el Annapurna. Tuvieron que dedicar varias semanas a hacer reconocimientos para averiguar qué montaña era la que querían escalar; es decir, *tuvieron que cartografiar su viaje* antes de poder comenzar siquiera el viaje que tenían planeado. Eran exploradores *por definición,* porque estaban en un territorio que aún no tenía nombre, que no había sido recorrido.

El territorio de tu sanación y tu trauma es igualmente un territorio indómito e inexplorado. Al igual que los exploradores que ascendieron al Annapurna, tienes una idea aproximada de la montaña que tienes que escalar. Tus senderos y los obstáculos pueden ser similares a los de otras personas que se han sanado de un trauma, pero tu territorio es exclusivamente tuyo. Nadie ha estado allí; en cierto modo, ni siquiera tú has estado ahí. Tendrás que respetar la naturaleza salvaje, los peligros, la belleza del territorio. Tendrás que respetar la necesidad de tener cuidado y la necesidad de no hacer ese viaje sola.

La otra similitud entre los exploradores de antaño y tu trabajo de exploración es que en ambos casos se necesita una fuerte motivación, una motivación que es, también, exclusivamente *tuya.* No creo que fueras capaz de embarcarte en un velero de madera para un viaje de dos años a la Antártida por el mero hecho de que alguien pensara que era una buena idea. Del mismo modo, no creo que va-

---

7. Alfred Lansing, *Endurance: Shackleton's Incredible Voyage* (Nueva York: Mc-Graw-Hill, 1959).

8. Maurice Herzog, *Annapurna* (Nueva York: Popular Library, 1960). Traducción al castellano: *Annapurna, primer 8000* (Madrid: Ediciones Desnivel, 2010).

yas a aceptar el reto de superar tu trauma para hacer feliz a alguien, pues esto no se parece en nada a tomar una pastilla o hacer un curso de seis semanas. Es una expedición a un territorio no cartografiado. Vas a estar caminando kilómetros y kilómetros, solo en su mayor parte, aunque las personas que te quieren estén animándote desde la distancia. Sin duda, al principio puede haber otras personas entre tus motivaciones; pero para terminar el viaje tendrás que recurrir a tu propia motivación; no te servirá la motivación de nadie más.

Esta expedición es nada menos que tu propia misión de búsqueda y rescate para reclamar esas partes de ti misma que te dejaste atrás. Vas a volver para recuperar tu yo. En tu caso, a diferencia de la heroína tradicional, *no* es un viaje a lo desconocido. Esta misión requiere que atravieses territorios peligrosos, pues vas a tener que cruzar el terreno del trauma original y explorar el nuevo territorio de tu ser. Pues bien, esta obra es una guía de caminos para esa expedición.

Este libro se inspira en *La guía del club de montaña de los Apalaches para las Montañas Blancas de New Hampshire*. Se trata de una amplia guía con todos los caminos y senderos de las Montañas Blancas. En ella hay mapas de cada una de las sierras, y se describe cada sendero junto con algunas sugerencias de excursionistas experimentados que conocen los caminos. Durante el verano posterior a mi primer año en la universidad, mi amiga Jane y yo cargamos con nuestras mochilas y nos dirigimos a las Montañas Blancas. Habíamos planeado un viaje de cinco días. Elegimos un tramo de un sendero que parecía interesante, tenía hermosas vistas y buenos lugares donde pasar la noche.

Por entonces, yo tenía diecinueve años y había competido en campeonatos nacionales de remo, de modo que estaba en buena forma. Tan buena que el segundo día, por la mañana, me llevé una sorpresa y me quedé un tanto decepcionada con cuán difícil resultaba la escalada. La pendiente era muy pronunciada desde el principio. Fue un interminable ascenso seguido de un interminable descenso, de modo que perdimos toda la elevación que tanto nos había costado conseguir. Aquello me dolió más de lo que me habían dolido las piernas en la ascensión. Cuando llegamos al fondo de una cañada, empezamos a subir de nuevo.

Después de subir y bajar dos veces, sugerí que nos detuviéramos un poco para beber agua. En realidad, lo que quería era echar un vistazo al mapa con el fin de confirmar que nos habíamos equivocado de camino. «¿Cuánto va a durar esto? –me preguntaba–. ¿Lo conseguiré? ¿A quién se le ocurrió que ésta podía ser una buena idea? Tiene que haber otro camino. Por favor, que nos hayamos equivocado de camino».

Encontré mi botella de agua y mi bolsa de frutos secos, y me senté sobre una roca para examinar el mapa. Encontré la cabaña de la que habíamos salido aquella mañana, confirmé el nombre del camino y lo busqué en la guía de las Montañas Blancas, que describía a la perfección aquel sendero de poco más de once kilómetros como «una serie de ascensos y descensos aparentemente interminable».

Sí, allí estaba, blanco sobre negro (en un claro inglés). Al ver que alguien había descrito con tanta precisión aquel camino me sentí mejor. Hasta el autor de la guía (al cual imaginaba como un consumado excursionista) describía el sendero como «aparentemente interminable». No me apetecía seguir por aquel camino, pero en cuanto pude hacerme una idea de lo que podía esperar de él, se me hizo más tolerable.

En las Montañas Blancas me vino muy bien tener la guía de caminos para saber dónde me encontraba y qué se podía esperar en mi esforzada excursión. La guía de caminos me ayudó a tolerar mi frustración y me ofreció alguna idea de lo que tenía por delante. Mi viaje a lo desconocido se me hizo más predecible. El objetivo de los mapas y la guía de caminos de las Montañas Blancas no sólo es proporcionar medios para el disfrute, sino también para la seguridad. Puedes utilizarlos para averiguar dónde te encuentras y qué tienes que hacer, cómo podrías prepararte para la siguiente etapa de tu viaje.

Cuando comencé mi propio proceso de sanación del trauma hace veinte años, estuve buscando un equivalente a mi guía de las Montañas Blancas. Yo quería saber si me encontraba en el camino correcto, si se suponía que tenía que sentir algo parecido a una pendiente, o si el camino se me iba a hacer largo. Quería saber si era normal que con tanta frecuencia tuviera la sensación de quedarme sin suelo debajo de los pies. Quería un libro que describiera el sendero con sentido, y transmitiendo una mirada esperanzadora. Quería algo que explicara por qué algunas etapas de mi viaje eran tan duras, y qué podía estar esperándome en el horizonte; algo que me explicara por qué era necesaria tanta repetición y tanta frustración. Quería un libro que me sugiriera qué podría entender por seguridad, qué necesitaría llevar en mi mochila y qué otros mapas o guías podría consultar. Quería una guía de viaje que me hablara no sólo del terreno, sino también de por qué me era tan difícil confiar en la terapeuta –la persona que me guiaba– y apoyarme en ella. Deseaba ayuda para obtener ayuda, y quería comprender la ayuda que se me estaba dando.

Como psicóloga cuyo trabajo es actualmente guiar a otras personas en este sendero, muchas veces he deseado poder disponer de un libro así para proporcionárselo a mis clientes o a sus progenitores, cónyuges o amigas. Y, aunque nunca me encontré con una guía equivalente para mí misma, tuve la fortuna de que, como psicóloga en formación, pude tener acceso a muchos libros, artículos y textos que la mayoría de las personas no pueden leer. Encontré reconfortantes y valiosas palabras en muchos libros que, normalmente, yo no les habría dado a mis clientes, dado que se trataba de viejos textos psicoanalíticos, investigaciones neurocientíficas, psicología budista, investigaciones sobre el apego, desarrollo infantil y física cuántica. Y de un modo ciertamente instructivo, aunque de algún modo metafórico, también encontré ayuda en libros sobre escritura, arte, poesía, cuentos de hadas, construcción de casas, jardinería y expediciones de grandes aventuras. Aunque parte de aquella información me resulto enormemente valiosa, las partes útiles de estos libros se encontraban frecuentemente enterradas en contextos grandes, complicados y aparentemente sin relación. Hubiera sido el equivalente a tener que encontrar las descripciones del camino de mi excursión en las Montañas Blancas desperdigadas por un montón de viejos libros de *Sierras de América del Norte* o *Grandes senderos de los Apalaches.* Imagina que hubiera tenido que transportar conmigo en la excursión un montón de viejos y pesados libros para saber dónde me encontraba a cada momento. Yo quería algo más tangible, más a mano para aquellas personas que lo necesitaran.

La mayoría de los libros sobre el trauma se pueden situar en una de dos categorías. Una la constituye el estudio o la *narrativa* del trauma: qué es el trauma, cómo te afecta, cómo comprenderlo. Estos libros te permiten comprender el contexto más amplio del trauma: los síntomas del trauma y su impacto. La mayoría de los libros de este género suelen terminar con uno o dos breves capítulos acerca de cómo encontrar ayuda, que normalmente se puede resumir en esto: busca un buen terapeuta.

La otra categoría es la del libro de autoayuda. Estos libros ofrecen una serie de preguntas y ejercicios diseñados para que reconozcas tu trauma, lo rememores y lo cuentes, para reconectar después con tu vida. Sin embargo, estos libros dan la impresión de que el proceso de recuperación de un trauma es una sencilla experiencia lineal, ahora estás aquí y vas allí. También suelen terminar con algún tipo de afirmación de este tipo: si te resulta muy difícil resolverlo por ti mismo, busca un buen terapeuta.

Como ya he dicho, éste no es un libro de autoayuda en el sentido del «hágalo usted mismo». Esta guía de caminos comienza donde la mayor parte de los demás libros terminan. Este libro asume, anima a, y *exige* desde un principio que tengas algún tipo de relación terapéutica: una terapeuta, un orientador, un grupo, una guía. Sanar de un trauma no es algo que se puede hacer en soledad, pues exige apoyo y orientación. Yo no te recomendaría que utilizaras este libro para recuperarte sola de un trauma, del mismo modo que no recomendaría a nadie utilizar una guía médica para hacerse una operación a corazón abierto uno mismo.

Tu guía puede tomar la forma de un terapeuta o de un grupo terapéutico, o bien la de una organización, un grupo de doce pasos o un miembro del clero. Si es un grupo, una organización o un colectivo que ha pasado por experiencias traumáticas, la ayuda puede venir de un consultor, un equipo de intervención, una organización no gubernamental (ONG) o un organismo del Gobierno. En todos los viajes del héroe de las leyendas hay algo en común: un guía o una guía que proporciona la información y las herramientas para superar los problemas. Y ésta será precisamente la diferencia entre el trauma original y tu expedición de regreso hasta él: que dispondrás de un guía profesional que te ofrecerá el apoyo, la dirección y las instrucciones que necesites a medida que integras todo aquello que perdiste. Las relaciones curativas proporcionan el apoyo, la orientación, la seguridad y el entorno necesarios para recomponer lo que se despedazó, así como para proporcionar el ambiente necesario para que tenga lugar ese crecimiento que no pudiste realizar.

Aunque para mí es fácil decir, «Consigue ayuda», sé que no es fácil de hacer para una persona que ha estado pasando por un trauma. Las relaciones curativas son un elemento imprescindible para sanar del trauma; pero si alguien te ha hecho daño, la mera idea de tener que confiar en alguien, aunque sea alguien que está ahí solamente para *ayudarte,* puede parecerte imposible. Sé que te gustaría creer que existe una forma más fácil de hacerlo, *sola.* Pero lo cierto es que ya lo has intentado tú sola, y apuesto a que lo has intentado casi todo con el fin de evitar el viaje en el que te hallas ahora.

Quizás en el pasado no conseguiste ayuda. Quizás escucharas algo así como, «¿Es que no puedes superarlo?», o bien «Eso sólo está en tu cabeza». En Estados Unidos y en la cultura occidental en general existe la firme creencia de que los problemas psicológicos los tiene que resolver uno por sí mismo, que tú deberías resolver tu problema, arreglártelas solo o, simplemente, «echar *p'alante*». Y puede ser que con una medicación más moderna, del tipo Prozac, esta presión se te haya hecho aún más acuciante; pues te dicen que si no puedes resolver el problema solo, entonces toma medicación y «líbrate de eso». Sea como sea, no tienes que hablar de eso ni tienes que confiar en nadie más.

Pero piénsalo bien. Si caes enferma o resultas herida, no te engañas a ti misma diciéndote que vas a poder resolverlo tú sola. Eres consciente de que vas a necesitar médicos, férulas, yesos o muletas para los huesos fracturados. Sabes que vas a necesitar cirugía, rehabilitación y medicinas. Si te rompieras una pierna y te negaras a recibir atención médica, a que te enyesaran la pierna, y optaras en cambio por dar brincos y caminar con la pierna fracturada de todos modos, todo el mundo pensaría que estás loca. Pensarían que has perdido el juicio e, irónicamente, te obligarían a recibir ayuda psicológica. Sin embargo, cuando te pasa por encima un automóvil en términos psicológicos, te rompe un montón de huesos psíquicos y, encima, sigues caminando sin buscar ayuda, la gente te da una palmadita en la espalda y te dice que tienes «un sólido carácter». En la mayoría de los casos, esto es exactamente lo que sucede. En situaciones traumáticas, se te hizo mucho daño y la herida no fue atendida. Tuviste que dejar que todo se recondujera a su manera, evitándolo, tratando de ocultar tu cojera psíquica. Pues bien, ahora es el momento de regresar y hacer el trabajo curativo que se debería de haber hecho entonces.

La historia íntegra del trauma

Así pues, este libro es una guía para tu propio viaje del héroe, para tu propia búsqueda, en la que deberás recuperar esas partes de ti mismo, de tu historia, que te permitan recuperar la integridad, para que puedas acceder a tu historia total. Si sufriste una situación traumática en la infancia, ese trauma interfiere en tu capacidad para crearte un yo, o para verte como el narrador de tu propia historia. Si experimentas una situación traumática en la adolescencia o en la edad adulta, el trauma hace pedazos tu identidad y te roba la historia que tú te contabas acerca de ti mismo y del mundo. Lo que has de buscar al sanar un trauma es reunir de nuevo todas las piezas que saltaron por los aires y recobrar tu totalidad; es decir, crear un *nuevo yo íntegro*. Se trata de un detalle crucial. Tú no estás creando algo íntegro a partir de una prenda nueva íntegra, completa; estás creando algo íntegro a partir de algo que está hecho pedazos, de aquello por lo que pasaste, de la experiencia de sanación y de las nuevas experiencias que tienes a lo largo del proceso. No estás creando una pintura al óleo, estás componiendo un mosaico. Y el proceso de integración –el proceso de creación de tu historia vital *completa,* el proceso de convertirte en un todo, en algo íntegro– es el proceso de composición de tu mosaico. Ésa será tu *nueva* integridad.

El mundo visual ofrece más oportunidades para comprender esta dinámica, que supone la creación de algo íntegro a partir de lo que está fragmentado, hecho pedazos; los mosaicos y las colchas de *patchwork* nos permiten ver la belleza y la integridad allí donde antes sólo había fragmentos. Vemos que las piezas se transforman en parte de un todo muy hermoso. Sin embargo, el lenguaje es diferente. Somos seres verbales, y nuestra historia vital es visual y verbal al mismo tiempo. No resulta fácil ver renacer nuestras palabras ni tampoco crearnos una nueva historia compuesta por fragmentos antiguos. John Lederach, experto en el área de la construcción de la paz en comunidades que acaban de salir de un conflicto, habla de *rehistoriar*.[9] Ésta puede ser la descripción más precisa de lo que estamos intentando hacer con nuestras narrativas e historias vitales en la sanación de un trauma: estamos tomando todas las piezas de nuestra historia e imaginando que componen algo más grande, del mismo modo que tomamos los fragmentos de un mosaico y los imaginamos componiendo un todo coherente y hermoso. Terry Tempest Williams dijo que «un mosaico es una conversación entre lo que está roto».[10] Esto es el proceso de rehistoriar. Es una conversación entre tú misma y cada uno de los fragmentos que componen la *totalidad* del mosaico de una historia que tú creas para ti a través de este viaje curativo. Estas conversaciones con y entre los fragmentos de tu yo y tu historia tendrán lugar de diferentes maneras a lo largo del viaje de sanación del trauma, dentro de cada fase del ciclo.

El acto de *rehistoriar* es un acto de integración; es decir, de lo que se trata es de reunir todos los pedazos de ti mismo, de tu vida y de tu historia para que puedas recuperar tu integridad. Esto supone tener

9. John Lederach, *The Moral Imagination: The Art and Soul of Building Peace* (Nueva York: Oxford, 2005), 147. Traducción en castellano: *La imaginación moral* (Gernika: Bakeaz, 2007). «Lo que busca el rehistoriar, como narrativa imaginativa, es la historia y el significado social más profundo no sólo de lo que sucedió, sino de cómo las historias están conectadas con un viaje mucho más profundo para descubrir qué significan esos acontecimientos para quienes somos, en tanto que comunidades local y global».

10. Terry Tempest Williams, *Finding Beauty in a Broken World* (Nueva York: Vintage), 20.

una historia *completa, íntegra;* y significa tener un yo, un yo que esté completo, integrado y que sea el principal narrador de esa historia. Significa tener una historia de tu vida en la que se incluya el trauma por el que has pasado y cómo superaste ese trauma. Y significa tener una historia de tu vida que incluya el significado que le das a tus distintas experiencias vitales, incluida la del trauma, y cómo todas esas experiencias se conectan entre sí para crear tu futuro. La integración te permite abrirte y ser flexible con el fin de aprender y crecer, para que te enfrentes a la vida y al futuro con posibilidades, y no con las rígidas suposiciones y protecciones del trauma.

Tanto en el ámbito psicológico como en el diccionario Webster se utilizan las palabras *historia (relato)* y *narrativa*[11] de forma indistinta, y yo también lo hago en este libro. Ninguna de estas palabras encajan a la perfección con tu vida ni captan la complejidad de tu existencia con el trauma, pero son las mejores palabras que he podido encontrar para describir los distintos hilos y experiencias que discurren a lo largo de nuestra existencia. Hay una clara diferencia entre una historia o narrativa vital sana y una historia traumática. Las historias vitales sanas tienen un pasado, un presente y un futuro. Las historias vitales sanas tienen coherencia. La definición más sencilla de coherencia es «una historia situada en el tiempo con un principio, una parte media y un final».[12] Una narrativa coherente tiene *coherencia temática,* lo cual significa que la historia concuerda, tiene sentido. Y una narrativa coherente tiene también *coherencia causal,* que es la comprensión de que un acontecimiento lleva a otro. De hecho, las investigadoras en psicología han llegado a identificar a adultos que han tenido apegos seguros y sanos, o que han sanado de sus traumas, merced a la coherencia de la narrativa que le daban a su vida.[13] Y esta coherencia no es sólo algo que esté bien

---

11. *Story* y *narrative* respectivamente en el inglés original. *(N. del T.)*
12. Bessel van der Kolk y Onno van der Hart, «The Intrusive Past: The Flexibility of Memory and the Engraving of Trauma», en *Trauma: Exploration in Memory,* ed. Cathy Caruth (Baltimore: Johns Hopkins University Press, 1995), 177.
13. Mary Main, «Meta-Cognitive Knowledge, Metacognitive Monitoring, and Singular (Coherent) vs Multiple (Incoherent) Model of Attachment», en *Attach-*

tener; es uno de los mayores predictores a la hora de determinar si los progenitores están transmitiendo apegos seguros a sus hijos. Incluso en una vida sin situaciones traumáticas importantes, una vida que pudiéramos llamar «normal» (sea lo que sea eso), crear una historia vital –tener una narrativa coherente– es todo un logro. Es algo que requiere de una profunda reflexión y de cierto esfuerzo para enlazar los distintos aspectos del yo y la experiencia en un todo integrado.

Sin embargo, el trauma hace pedazos tu historia. El trauma hace pedazos al yo que tú conocías. El trauma se procesa en el cerebro de una forma distinta,[14] y tal procesamiento interfiere con tu memoria y tu lenguaje.[15] El trauma no sólo cambia tu historia. Cambia el quién eres, la forma en la que ves el mundo y las relaciones, así como la forma en la que hablas de tus historias. Y ésta es la razón por la cual el objetivo principal de volverse íntegro es tan complejo. Hay que reunir todas las piezas desperdigadas, y los medios para conseguirlo –relación, emoción, lenguaje e historia, todos los cuales se han visto afectados por el trauma– tienen que enmendarse a lo largo del recorrido para que pueda tener lugar la integración. Si un país hubiera sido bombardeado durante una guerra, y carreteras y puentes hubieran sido destruidos, tendrían que repararlos para que pudieran funcionar nuevamente. Pero ¿cómo llevar por todo el país los materiales para la reconstrucción de carreteras y puentes si no

ment across the Life Cycle, ed. Colin Murray Parkes, Joan Stevenson-Hinde y Peter Marris (Londres: Tavistock/Routledge, 1991), 127-159. «Mostraban contradicciones lógicas y factuales; incapacidad para seguir el tema de la entrevista; contradicciones entre los descriptores generales de las relaciones con sus progenitores y los episodios autobiográficos reales ofrecidos; aparente incapacidad para expresar memorias tempranas; cambios anómalos en la redacción o intrusiones en los temas; deslices de la lengua, metáfora o retórica inapropiada para el contexto del discurso; incapacidad para centrarse en la entrevista» (p. 143).

14. Bessel van der Kolk y Rita Fisler, «Dissociation and the Fragmentary Nature of Traumatic Memories: Overview», *British Journal of Psychotherapy* 12 (1996): 352-361.

15. Scott Rauch *et al.,* «A Symptom Provocation Study of Posttraumatic Stress Disorder Using Positron Emission Tomography and Script-Driven Imagery», *Archives of General Psychiatry* 53 (1996): 380-387.

hay suficientes carreteras ni puentes? Evidentemente, supondría un gravísimo problema.

Cada aspecto de las tres formas de un trauma tiene o precisa de su propia historia, y en cada sección te voy a contar de qué modo se conecta el trabajo de esa fase de sanación con el relato de tu historia. Está la historia de lo que sucedió; es decir, el trauma por el que pasamos. Están las protecciones que creamos para sobrevivir al trauma, y esas protecciones tienen su propia historia. Y luego está lo que no sucedió, las historias acerca de las experiencias y el futuro que no pudieron tener lugar debido a que estabas herida, y ésos son los momentos en los que consigues percibir la posibilidad de una nueva historia. Durante el transcurso de tu viaje de sanación a través del trauma, tendrás la oportunidad, aunque también el reto, de contar lo que Richard Mollica, un experto en traumas que ha trabajado mucho con refugiados, denomina la *historia completa del trauma:*[16] no sólo la historia del acontecimiento traumático, sino también la de tu vida antes del trauma, durante el trauma y después del trauma. La historia del trauma no sólo precisa ponerse en contacto con el resto de tus historias, sino que necesita estar *conectada* con ellas, entretejida en el tejido de tu historia total.

El hecho de comprender cómo operan las historias te puede ayudar a comprender por qué, con una historia traumática, contar tu historia forma parte tanto del proceso de sanación como del resultado. La clave se halla en el acto de reunir las piezas y en el trabajo de reparación que precisa, pues es eso lo que genera la posibilidad de un yo íntegro y de una historia total. Dan McAdams, un psicólogo que estudia historias vitales, dice que existen unos principios importantes, comunes a todas las disciplinas, que nos permiten comprender y trabajar mejor los aspectos narrativos de nuestra existencia.[17] Examinando estos principios, llegarás a comprender de qué modo impacta

---

16. Richard Mollica, *Healing Invisible Wounds: Paths to Hope and Recovery in a Violent World* (Nueva York: Harcourt, 2006), 246.

17. Dan McAdams, «Personal Narratives and the Life Story», en *Handbook of Personality: Theory and Research*, 3.ª ed., ed. Oliver P. John, Richard W. Robins, y Lawrence A. Pervin (Nueva York: Guilford, 2008), 242-262.

el trauma en tu historia y de qué modo conviene que te aproximes a la sanación.

El primer principio es que la vida está historiada.[18] Las historias son el mejor sistema que conocemos los seres humanos para explicarnos a nosotros mismos y a los demás lo que sucedió, por qué sucedió y qué queremos que ocurra a continuación. El yo es la suma total de nuestras historias y del narrador de las historias. Confiamos en la continuidad del yo para saber quiénes somos, y lo utilizamos para darle también continuidad a nuestras historias. Pero el trauma quiebra esa continuidad, bien sea en nuestro sentido del yo o en la experiencia de nuestras historias. Los supervivientes a los traumas suelen decir que se sienten como si no fueran la misma persona que eran con anterioridad a la situación traumática. Como afirma un veterano de guerra que tuvo tres reemplazos en la guerra de Vietnam, «¿Por qué me volví así? Todo era malo. […] Cuando antes yo no era así. Echo la vista atrás. Echo la vista atrás hoy, y me horrorizo al ver en qué me he convertido. Lo que yo era. Lo que hice. Simplemente lo contemplo como si fuera otra persona. Eso es lo que hago. Es como si alguien me controlara de algún modo».[19] Este veterano de guerra perdió la continuidad de sí mismo y, por tanto, la continuidad de su historia. Para poder mantener la historia, se apartó a sí mismo de ella.

El segundo principio es que las historias integran las vidas.[20] Nuestras historias vitales nos ayudan a integrar los pedazos de nuestra vida que se nos antojan dispersos o desconectados. Entretejemos las experiencias que tenemos a lo largo de los años de manera que construimos una historia completa y con sentido. Pero, con el trauma, la distancia entre todas esas partes dispersas y una misma puede parecernos demasiado grande, y puede antojársenos imposible establecer un puente entre los diferentes ámbitos de nuestra existencia. Debido al modo en que opera la memoria traumática,

18. McAdams, «Personal Narratives and the Life Story», 244.
19. Jonathan Shay, *Achilles in Vietnam: Combat Trauma and the Undoing of Character* (Nueva York: Scribner, 1994), 33.
20. McAdams, «Personal Narratives and the Life Story», 244.

puede que tengamos recuerdos intrusivos del trauma que interfieren con nuestra vida cotidiana, o bien puede que tengamos tramos enteros de nuestras experiencias y recuerdos que se hayan disociado; los pedazos pueden haberse desgajado hasta tal punto que no podamos integrarlos en nuestra propia experiencia e historia.

El tercer principio es que las historias se cuentan en las relaciones sociales.[21] Cuando alguien se cuenta una historia, se imagina siempre a alguien que escucha; y sanar del trauma, sanar tu historia, *rehistoriar* tu historia precisa de alguien que escuche, de un testigo, de alguien que te sostenga a ti y a tu historia mientras vas sacando los fragmentos. Si aceptamos la idea de que *un mosaico es una conversación entre lo que está roto,* la sanación del trauma tendrá lugar debido a que las primeras conversaciones se llevan a cabo entre esos fragmentos rotos y una persona que escucha con afecto. Este proceso de escucha ofrece a cada uno de esos fragmentos la posibilidad de integrarse en la historia total. Compartir el trauma es lo que lo convierte en narrable.[22] Necesitamos a alguien que escuche[23] nuestras historias con el fin de sanar; pues, recuerda, nadie se cura solo. Pero, como ya he dicho antes, confiar lo suficiente en una relación como para contar nuestras historias va a precisar de tiempo, práctica y esfuerzo, dado que el trauma hace pedazos nuestra fe en las relaciones.

El cuarto principio es que las historias se ubican en el tiempo y cambian con el tiempo,[24] y el tiempo es una de los mayores damnificados del trauma. La coherencia causal –la idea de que esto ocurrió y después ocurrió lo otro y esto sucedió por aquello– está en función del tiempo. Pero el trauma destroza el tiempo, y las historias dependen de él. Dependen del tiempo para ubicar en qué momento su-

21. McAdams, «Personal Narratives and the Life Story», 245.
22. Jeremy Holmes, *The Search for the Secure Base: Attachment Theory and Psychotherapy* (Filadelfia: Brunner-Routledge, 2001), 91. Traducción al castellano: *Teoría del apego y psicoterapia: En busca de la base segura* (Bilbao: Desclée de Brouwer, 2013).
23. Susan J. Brison, «Trauma Narratives and the Remaking of the Self», en *Acts of Memory: Cultural Recall in the Present* (Hanover, Nuevo Hampxhire: University Press of New England, 1999), 46.
24. McAdams, «Personal Narratives and the Life Story», 246.

cedieron las cosas. Nuestras historias dependen del tiempo para que podamos comprender cuáles son las causas y cuáles los efectos. Y las historias y nuestro sentido del yo dependen del tiempo porque éste es el que nos da la experiencia de continuidad, de tener un pasado, un presente y un futuro. El trauma destroza el tiempo. El trauma destruye frecuentemente el pasado, que queda borrado de la memoria, o bien silenciado, por la necesidad de distanciarte de aquello que te ha traumatizado. Pero no es sólo el pasado lo que pierdes, pues también pierdes el futuro. La gente que experimenta un trauma deja de creer en el futuro, deja de creer que tendrá una vida larga. Todo cuanto se piensa sobre el futuro se imagina como peligroso, tan peligroso como el trauma experimentado, de manera que cualquier plan que se haga sobre el futuro no trata de aquello que la persona quiere o anhela. Todo plan está orientado a protegerla de lo ya ocurrido. En la experiencia de la supervivencia a un trauma, Jonathan Shay observa en su estudio sobre veteranos de la guerra de Vietnam con traumas de combate que «la destrucción del tiempo es una habilidad de supervivencia interior».[25]

El binomio causa y efecto, uno de los principales elementos a la hora de aportar coherencia, también se ve perjudicado por el tiempo. En primer lugar, y debido a que uno de los mayores impactos del trauma es la sensación de indefensión, los supervivientes construyen historias acerca del trauma que no son necesariamente ciertas. Construimos historias coherentes, pero falsas, porque nos hacen sentir mejor. Las personas que pasan por una experiencia traumática suelen recordar mal el orden de los acontecimientos para que hubiera algún tipo de presagio o algo que «deberían haber sabido» que iba a suceder. También tendrán la sensación de haber tenido más responsabilidad por el acontecimiento traumático de la que realmente tuvieron, pues esto les permite pensar que simplemente les sucedió a ellas y les hace creer que lo provocaron de alguna manera. De este modo llegan a la conclusión de que, si se conducen de un

---

25. Shay, *Achilles in Vietnam,* 176; Brison, «Trauma Narratives and the Remaking of the Self», 43.

modo diferente la próxima vez, quizás no les volverá a suceder. Estas historias falsas relacionadas con el tiempo hacen que nos sintamos menos vulnerables respecto a la situación traumática, y nos dan cierta sensación de control sobre el futuro. El hecho de que el tiempo se altere con el trauma es una de las mayores heridas invisibles que inflige éste, e interfiere en los resultados de multitud de buenas intervenciones. Son muchos los niños y adolescentes que no pueden beneficiarse de programas diseñados para ayudarles a planificar su futuro debido a que, fundamentalmente, no creen en su futuro; necesitan sanar antes de poder creer en el futuro. Y muchas personas adultas creen que las historias que ellas mismas se cuentan en un principio acerca de la situación traumática son auténticas. No se dan cuenta de que son historias que les ayudaron a enfrentarse al trauma. Conviene que tanto las personas supervivientes a un trauma como las terapeutas comprendan el problema del tiempo y trabajen con él.

Las cinco fases del Ciclo para la Sanación de un Trauma Repetitivo

> Soy un peregrino, pero mi peregrinación no ha tenido un rumbo
> ni un destino marcado. Con frecuencia, cuando creía estar an-
> dando en línea recta, no hacía otra cosa que caminar en círculos,
> o volviendo sobre mis pasos.
>
> WENDELL BERRY, *Jayber Crow*[26]

Mi método para la sanación del trauma –el Ciclo para la Sanación de un Trauma Repetitivo– está compuesto por cinco fases bien diferenciadas, que son *preparación* (disponerse a fondo antes de iniciar el trabajo), *inintegración*[27] (una desintegración controlada), *identificación* (clasificación, identificación y experimentación), *integración* (volver a entretejer las piezas dispersas) y *consolidación* (solidificación y estabilización). Desde una perspectiva emocional, cognitiva, espiritual, física y relacional, cada fase tiene su propio objetivo y propósito, así como su propia serie de

---

26. Wendell Berry, *Jayber Crow* (Berkeley, CA: Counterpoint, 2000), 133.
27. Soy consciente de que esta palabra no existe en castellano, pero es la que más se aproxima al sentido de la palabra inglesa original *unintegration,* que no es *disintegration* (desintegración), y que, como señala la autora a continuación, utiliza esta palabra como «a controlled coming apart», «una o desintegración controlada». *(N. del T.)*

necesidades que atender. Cada fase precisará de ti, y de tus guías o sistema de apoyo, de una serie de habilidades y capacidades diferentes. Lo que funciona bien en una fase no necesariamente va a funcionar bien en otra, motivo por el cual los tratamientos uniformes para todo el mundo no suelen ser eficaces.

Este ciclo comparte muchos elementos de lo que supone el entrenamiento en los deportes de élite. En el entrenamiento deportivo existe algo que denominan *periodización,* que se basa en el sistema de respuesta ante el estrés. En la práctica deportiva, si estresas continuamente al organismo con el entrenamiento, no se va a poder recuperar adecuadamente. Con un exceso de entrenamiento y sin el descanso suficiente, el cuerpo termina por colapsar, y el rendimiento se reduce, no mejora. En cambio, la periodización exige que prepares tu organismo para el esfuerzo, que hagas el entrenamiento y, luego, planifiques el tiempo de recuperación. El descubrimiento de la periodización transformó radicalmente el entrenamiento deportivo, y se ha convertido en la norma de preparación física para los deportistas. En los deportes se dan diferentes ciclos de entrenamiento: los macrociclos, que abarcan el programa de entrenamiento de todo el año y, dentro de ellos, los microciclos, que son períodos de entrenamiento que están incluidos en el conjunto del entrenamiento anual, pero que están compuestos por los mismos elementos de preparación, entrenamiento y recuperación.

De forma similar, el Ciclo para la Sanación de un Trauma Repetitivo está compuesto también por un macrociclo, que es la trayectoria de tu sanación o tratamiento a lo largo del tiempo, y por unas fases más pequeñas de microciclos. Así pues, lo normal es que te encuentres en una fase del Ciclo para la Sanación de un Trauma Repetitivo que se corresponda con el macrociclo y, al mismo tiempo, te halles también en alguna de las fases de un microciclo. En esta guía, cada etapa está en su sitio, por lo que no deberías forzar la máquina para pasar a la siguiente fase si no estás lista. Y tampoco te agobies si ves que tu sanación no sigue un proceso lineal. Lo normal es que haya idas y venidas entre las distintas partes, o bien puede haber secciones que quizás tengas que volver a observar antes de seguir adelante.

Lo que se pretende es que este libro te sea útil en cualquier punto en el que te encuentres en tu proceso curativo. Si alguna pieza de lo que estás examinando resuena en tu interior, quédate en esa sección. Será profundamente curativo para ti si no te desconectas del punto en el que te hallas y te centras en ese contacto y en avanzar en esa fase en la que te encuentras.

La primera fase del Ciclo para la Sanación de un Trauma Repetitivo es la fase de Preparación. Aquí simplemente te preparas para el extenuante esfuerzo que va a suponer el tratamiento del trauma. En esta primera fase, la mayoría de las personas tienen prisas por llegar a la «parte dura» de la sanación, sin ser conscientes de que pueden llegar a verse abrumadas y sobrepasadas. Es muy posible que no dispongas de las habilidades de regulación emocional necesarias para gestionar los sentimientos, o bien que te falten las habilidades relacionales que te permitan apoyarte firmemente en la relación terapéutica cuando llegues a los puntos más difíciles. Lo que se busca en la fase de Preparación es fortalecer todos tus recursos, tanto internos como externos, y construir la relación curativa con el terapeuta. En esta fase, potenciarás la consciencia de ti mismo y tus habilidades de gestión emocional. Trabajarás con tus habilidades comunicativas y relacionales. Te cerciorarás de que dispones de un lugar seguro donde vivir, sin violencias, y que tienes un trabajo adecuado (tanto si es remunerado como si no). Trabajar las situaciones traumáticas lleva a las personas a situaciones muy difíciles, y tanto tú como la relación terapéutica deberéis estar lo suficientemente fuertes como para afrontar tales desafíos. Esta fase se parece mucho a la preparación que llevan a cabo los alpinistas para subir a gran altitud. Un alpinista tiene que estar físicamente sano y fuerte, debe ser un entendido en la escalada y en el uso correcto de los equipamientos, debe aclimatarse a la altitud, y debe formar parte de un equipo eficaz para poder realizar la escalada de manera segura. No se puede pasar por alto la fase de Preparación para una escalada a gran altitud sin arriesgarse a fracasar o a tener un accidente, por lo mismo que tampoco es posible pasar por alto la fase de Preparación en el tratamiento de un trauma.

En la fase de Preparación tendrás que estar atenta a tu salud en algunos aspectos básicos, aunque importantes. Deberás estar atenta a tu sueño, asegurarte de que descansas lo suficiente. Deberás estar atenta a tu alimentación, cerciorándote de que comes alimentos ricos en nutrientes. Dicho de otro modo, vas a comenzar tu viaje curativo asegurándote de que tu organismo está en las mejores condiciones, bien cuidado.

La fase de Preparación no es sólo la base de la totalidad del viaje curativo que vas a emprender, pues señala también el comienzo de cada nueva sección de trabajo que inicies, cada vez que completes un ciclo más pequeño para comenzar otro nuevo. La fase de Preparación te ofrece la oportunidad de comprobar y asegurarte de que todos los sistemas y soportes son sólidos, antes de introducirte en territorios escabrosos. Te ofrece la oportunidad de adaptar y de reparar todo cuanto sea necesario antes de seguir adelante. Puede ser el «campamento base» al cual volver si la escalada resulta demasiado difícil, según sean las circunstancias.

La fase media del tratamiento se divide en tres fases distintas: Inintegración, Identificación e Integración. Dicho de una manera más sencilla, Inintegración es una *desintegración controlada.* Es donde tú, lentamente, desmantelas aquellas protecciones y conductas que te permitieron sobrevivir, desenmarañando las creencias que aún conservas acerca del mundo desde la perspectiva que te da la vivencia del trauma. Lo que emerge ahí son sentimientos, imágenes, experiencias y pedazos de tu historia traumática.

En la Inintegración, tú te esfuerzas por desmantelar las protecciones que utilizaste, así como la antigua historia que explica cómo te comprendes a ti misma y al mundo. Estas defensas, creencias y comportamientos pueden impedirte vivir la vida que quieres vivir, y se pueden interponer en el modo en el que tú hablas de tu trauma. Sé que *Inintegración* es una palabra un tanto extraña, pero me gusta el aspecto planificado de la palabra. No es *Desintegración,* que significaría un despedazamiento de manera incontrolada, en el que las partes ya no se pueden reutilizar. Más bien, Inintegración se parecería más a desmontar lenta y tranquilamente un puzle, un rompecabezas de esos de cientos o miles de piezas. Antes utilicé el ejemplo del arreglo temporal de tu casa durante un huracán poniendo planchas de contrachapado en las ventanas; pero el equivalente metafórico de un trauma repetido era poner ladrillos y cemento hasta el inicio del tejado. En la fase de Inintegración, desmontamos lentamente el muro de ladrillos. No derribamos el muro con una bola de demolición. Ni siquiera nos ponemos a darle golpes con una maza. Simplemente, vamos sacando los ladrillos de uno en uno y los vamos amontonando ordenadamente a un lado. Si alguno de los ladrillos estuviera soportando el peso de la casa, construiríamos o restauraríamos las vigas en las que se apoya la casa, a fin de no perder la solidez mientras restauramos la construcción.

Sin embargo, la fase de Inintegración no es cómoda. Para empezar porque tú quizás te sientas lo suficientemente seguro como para dejar que las piezas de tu traumática historia vayan saliendo, pero tu experiencia emocional puede cambiar de pronto y pasar de esa sensación de seguridad a una de crisis. La crisis que sientes es antigua; es el trauma que regresa para curarse. Comprender esta dinámica no la va a hacer más fácil, pero te va a permitir armarte de paciencia.

Pero veamos el aspecto que tiene la fase de Inintegración en la vida real. Jennifer creció en un hogar lleno de violencia doméstica y de malos tratos en la infancia. Sobrevivió a través de cierta hiperactividad, haciéndolo todo ella misma; mientras fue una niña, esa autosuficiencia le dio una pátina de madurez, pero cuando creció, comenzó a causarle problemas en sus relaciones en casa y en el trabajo, donde no podía comportarse como un miembro más del equipo de trabajo. Durante la terapia reconoció que, aunque hubiera querido contarle más a su terapeuta acerca de los malos tratos que sufrió y que presenció, cada vez que intentaba hablar de ello se quedaba como entumecida; no sabía lo que sentía cuando comenzaba la conversación, y era como si de pronto desconectara de su terapeuta, como si sintiera súbitamente que esa persona no podía ayudarle realmente.

La fase de Inintegración comienza cuando te sientes lo suficientemente seguro como para apoyarte en la relación terapéutica, cuando eres capaz de habitar un yo más tranquilo con el fin de desmantelar lentamente las defensas, para que la historia pueda salir con palabras, sentimientos y experiencias. Entonces es cuando puedes comenzar a ver el trauma por el que pasaste o las protecciones que utilizaste para sobrevivir al trauma, o ambas cosas a la vez. En el caso de Jennifer, al intentar hablar de los malos tratos, ella experimentaba los mismos sentimientos durante la terapia que había sentido cuando era niña, cuando los malos tratos estaban teniendo lugar; se quedaba como entumecida y tenía la sensación de que nadie iba a poder ayudarla.

La fase de Identificación es donde tú pones por fin palabras a todos los aspectos de tu experiencia y de tu historia. La memoria y la experiencia traumáticas se fragmentan, y el trauma afecta al modo en que contamos nuestra historia. Pero has de tener en cuenta que la historia traumática no es una única historia. En ella se encuentra la historia de lo que sucedió, de quién eras antes de que aquello sucediera, de cómo te protegiste de aquello, de cómo el trauma se ha incrustado en tu vida y, hasta cierto punto, de qué es lo que esperas del futuro. No se trata sólo de obtener los hechos del caso. Los hechos son importantes, pero no constituyen la totalidad de la historia traumática. Hace muchos años trabajé con una chica, una adolescente, que era capaz de relatar con todo lujo de detalles su historia de malos tratos en la infancia, pero te lo contaba todo en un tono casi robótico. Podía ofrecerte la mayor parte de los hechos, pero aquélla no era su historia. Allí no estaban las emociones que había sentido, el impacto que tales experiencias habían tenido en sus creencias acerca del mundo y de las relaciones, ni cómo todo aquello estaba conectado con ella tal como era ahora. En la fase de Identificación, tú pruebas con diferentes formas de contar tu historia o de describir tus sentimientos. Intentas llegar a un lugar en el que sentimientos, imágenes, experiencias y el significado que tú les das a todas esas experiencias se congregan en un único punto. Y cuando todas esas piezas se juntan te encuentras de pronto en la fase de Integración. Ésta es la fase en la que reúnes todas las piezas de tu historia para lamentarte por todo lo que perdiste, para comenzar a vivir todo lo que no pudiste vivir y para abrirte a las posibilidades de un futuro diferente, un futuro que pueda albergar tu pasado, pero que no esté determinado por él.

La fase de Identificación –*clasificar, identificar y experimentar*– implica ponerle palabras a cada uno de los fragmentos que han emergido en la fase de Inintegración. Esto te permitirá clasificar la información para descubrir lo que pudo ser necesario o pudo haberte ayudado entonces, qué puede serte de ayuda ahora o qué podría interponerse en tu camino, y qué cosas quieres conservar y de cuáles quieres desprenderte. A medida que vayas quitando ladrillos y dejándolos en el suelo, descubrirás sus propiedades, los clasificarás, les pondrás nombre y decidirás de dónde proceden y adónde tienen que ir. A medida que cuentes tu historia, clasificarás y deslindarás lo que fue importante, lo que te funcionó bien, lo que no te funcionó y lo que te funcionó entonces pero ya no te funciona.

En la fase de Identificación, todo recibe un nombre: los sentimientos, las experiencias, los pensamientos. Y, a medida que pones palabras a tus sentimientos y experiencias, puedes determinar con mayor facilidad lo que sucedió y cómo quieres que sucedan las cosas en el presente y en el futuro. El trauma se caracteriza por el hecho de que es capaz de desafiar al lenguaje, porque se tiene la sensación de que muchas experiencias son *indescriptibles.* Una buena parte de la sanación en la fase de Identificación consiste en probar con las palabras, probar frases, incluso metáforas, cualquier cosa que te ayude a describir cómo te sientes y qué viviste en el pasado, y cuál es tu experiencia en el presente. Para Jennifer, la Identificación supuso poder diferenciar entre las palabras y los sentimientos de su historia de malos tratos y las experiencias y sentimientos que tenía en su sesión con la terapeuta. La Identificación le permitió descubrir las dificultades que tenía a la hora de hablar y de confiar en alguien. Cuando ella decía algo así como «es difícil de contar», experimentaba con diferentes aspectos de la experiencia, lo intentaba con diferentes conversaciones durante el transcurso de los meses: «¿Es difícil de contar porque es difícil llegar a confiar en que alguien te escuche?». «¿Es difícil de contar porque en realidad no sé ni cómo me siento?». «¿Es difícil de contar porque no encuentro las palabras?».

«¿Es difícil de contar porque nunca le he contado a nadie lo difícil que fue para mí?». El sentimiento que emergió en la Inintegración, «Es difícil de contar», se elabora en la Integración, en tanto que la Identificación supone decelerar lo suficiente como para que la experiencia encaje con las palabras y los sentimientos.

Los fragmentos de la memoria traumática son las distintas piezas del puzle. Son los sentimientos que tuviste, pero también los sentimientos que no pudiste tener; son las imágenes y los olores, los sonidos y las palabras que escuchaste, y las palabras que ni siquiera pudiste pronunciar. Estos fragmentos emergen en la fase de Inintegración y se elaboran y clarifican en la fase de Identificación, para luego reunirse y darte entrada así a la fase de Integración.

La fase de Integración —*volver a entretejer las piezas dispersas*— tiene lugar cuando todos los aspectos del trauma se reúnen y te permiten construir una narrativa coherente de tu experiencia. Piensa en la fase de Integración como en aquel lugar en el que los tres aspectos de un trauma repetido se congregan: *lo que sucedió,* lo que hiciste para sobrevivir y *lo que no sucedió.* También es donde se reúnen los fragmentos de la memoria traumática: la historia, los sentimientos, la experiencia. Por ejemplo, Jennifer pudo recuperar poco a poco, en un único lugar, lo que había ocurrido (los malos tratos físicos que ella recordaba) y sus protecciones (su capacidad para entumecerse interiormente y no sentir emociones, su sensación de «nadie me puede ayudar») y comenzó a relatar la historia de sus malos tratos con todos los sentimientos que la acompañaban. Al ser capaz de contar la historia y de obtener ayuda con la conversación (y al poder disponer de alguien que escuchaba pacientemente mientras ella extraía su relato), Jennifer pudo experimentar también lo que no había ocurrido. Llegó a sentirse angustiada, pero también pudo experimentar lo que se siente al recibir ayuda y cariño. La Integración está compuesta por dos partes bien diferenciadas: el *duelo* (enfrentarse al impacto de lo que sucedió realmente y sentir el pesar y la ira asociados a ello) y un *nuevo comienzo* (darte cuenta de todo lo que no aprendiste y de las experiencias de crecimiento que no tuviste). Conviene reconocer ambos aspectos de la

Integración, dado que tocan aspectos diferentes de lo que hay que reparar. Los momentos de nuevo comienzo nos permiten aprender y practicar nuevas habilidades y protecciones más saludables, pero nos abren también una ventana hacia lo que no sucedió (y, con frecuencia, la dolorosa oportunidad de presenciar lo que nos hemos perdido). Una parte de lo que tenemos que lamentar debe encontrarse no sólo a través de la historia del trauma pasado, sino también a través de nuevas experiencias. Pero, en ocasiones, sólo podemos sentir lo que nos hemos perdido cuando lo hemos sentido por fin en el presente. La fase de Integración ralentiza el proceso y genera las oportunidades suficientes de repetición como para que puedas absorber, digerir y procesar tu experiencia. En la fase de Integración, el duelo hace que el pasado se convierta realmente en pasado, y los nuevos comienzos ofrecen la posibilidad de que un futuro comience a emerger.

La última fase es la de Consolidación: *solidificar y estabilizar*. La Consolidación hace que la sanación se solidifique y se convierta en parte de tu historia. Al comienzo de la terapia, puede darse una Consolidación debido al hecho de que se da una pausa en la terapia; quizás tu terapeuta se va de vacaciones, o quizás se llega al acuerdo de centrar el tratamiento más en el presente como, por ejemplo, en los problemas laborales que quizás tengas en ese momento. A Jennifer, por ejemplo, le llegó una oportunidad para la Consolidación, mientras estaba trabajando sobre su historial de malos tratos físicos con su terapeuta, cuando ésta se fue de vacaciones. Estuvieron discutiendo de qué maneras podría consolidar Jennifer el trabajo que había estado haciendo en la terapia, dándose al mismo tiempo la oportunidad de tomarse un respiro ante tanto esfuerzo, mientras la terapeuta no estaba allí para darle apoyo. Y Jennifer decidió que, dado que había estado esforzándose por pedir más ayuda, buscaría a algunas amigas y familiares para que la ayudaran en una idea que venía barruntando desde hacía un tiempo, la de dejar algún espacio libre en su casa para montarse un pequeño despacho. De ese modo, consiguió consolidar algunos aprendizajes novedosos y disfrutó del trabajo de limpieza y pintura del nuevo espacio.

Este libro está diseñado de tal manera que cada fase del Ciclo para la Sanación de un Trauma Repetitivo se halle en su propia sección, de tal modo que puedas aprender y desarrollar las habilidades y estrategias necesarias para moverte dentro de cada fase. Realizarás ciclos a través de estas fases, y cuando regreses de nuevo a una fase previa, sentirás cierta familiaridad; quizás digas, por ejemplo, «¡Oh, estoy de nuevo en la fase de Preparación; ¿a qué tengo que prestar atención o qué tengo que fortalecer?». Aunque haya cierta familiaridad, no por ello dejarás de enfrentarte a nuevos retos y a nuevos fragmentos del trabajo.

Una de las grandes ventajas de trabajar a lo largo de este ciclo es que os proporciona, tanto a ti como a tu terapeuta, un lenguaje común en el proceso de sanación. Te resultará más fácil decir dónde te encuentras a lo largo de ese proceso, y con ello honrarás el esfuerzo realizado en cada fase de la sanación, al tiempo que te permitirá saber en qué centrarte en un momento dado.

El tratamiento del trauma

En Estados Unidos ocurre algo curioso en el tratamiento del trauma, y es que en gran medida se centra en el trauma interpersonal (malos tratos infantiles y violencia doméstica), en tanto que gran parte de las investigaciones sobre este problema se centran en los traumas que sufren los veteranos de guerra; es decir, el problema, aquí, no suele ser de naturaleza interpersonal, sino colectiva. Además, los veteranos de guerra en Estados Unidos tienen un problema de cultura dual que afecta al procesamiento del trauma. Por una parte, la cultura militar es una cultura basada en lo colectivo, lo grupal, lo cual significa que la lealtad al grupo y al país está por encima del individuo, que no tiene ningún poder ni derecho particular. Sin embargo, por otra parte, cuando regresan de la guerra, los veteranos se ven aislados como individuos de nuevo, y el tratamiento tiene lugar dentro de un contexto individual.

El problema de ver el trauma exclusivamente en estos términos es que las intervenciones importantes se ignoran o pierden financiación, en tanto que otras obtienen mucho apoyo y no ofrecen resultados; no por falta de buenas intenciones, sino porque no se comprende dónde están las fracturas.

Un elemento crucial en el tratamiento del trauma es la premisa básica de que *el trauma destroza,* y esto significa cosas bien distintas en diferentes contextos, puesto que en cada persona que pasa por un trauma repetitivo queda destrozado algo diferente. Pongamos, por ejemplo, el caso de un niño que fue maltratado siendo muy pequeño y que con frecuencia recurre a estrategias defensivas inmaduras. Lo que quedó destrozado en este caso fue la creencia en la seguridad de la relación y del mundo; también se hicieron añicos las oportunidades para utilizar defensas más flexibles.

Sin embargo, si un soldado va a la guerra y se traumatiza una y otra vez, lo que queda destrozado es la identidad del soldado y, con frecuencia, sus valores o su visión del mundo. El soldado experimenta el trauma con un cerebro, una identidad y una serie de estrategias de defensa más plenamente formadas que el niño del ejemplo anterior. Esto quiere decir que su pérdida ante el trauma será diferente a la pérdida del niño. Pero el soldado no ha pasado por el trauma en soledad, pues formaba parte de un grupo. Así pues, la sanación que el soldado puede requerir estará orientada a recuperar una visión del yo capaz de integrar el quién fue en la guerra con el quién era antes de ella y quién quiere ser a partir de ahora. Y es posible que necesite hacer esta integración dentro del contexto de un grupo.

La sanación es más fácil dentro de la configuración en la cual se nos hizo daño. Éste es otro motivo para que el tratamiento del trauma no sea igual para todos. Hay personas que sanan mejor en grupo, en tanto que otras mejoran antes con una terapia individual. Una forma de tratamiento no es, objetivamente, mejor que la otra; la única consideración aquí es que se trate de una forma de tratamiento que permita a la persona sanar.

La noción del *yo* es diferente según sea el contexto cultural. En Estados Unidos, o en Occidente, la noción del yo es una noción de *agencia:* el yo es la unidad principal de asunción de responsabilidad y acción. En otras culturas, el yo no es la unidad principal. La unidad principal de agencia puede ser la familia, puede ser la aldea o incluso una comunidad más grande. Para comprender el trauma, hay que discernir si la unidad principal quedó dañada y cómo. Por ejemplo, un hombre sufre los horrores de la guerra en un país de África y presencia cómo los rebeldes destruyen su aldea. Hay autores que critican el punto de vista occidental sobre el tratamiento del trauma aduciendo que las gentes en las aldeas africanas se curan por sí solas sin necesidad de terapia. Sin embargo, todos señalan a las ONG en la zona que se hallan comprometidas con el país y con la aldea en el acto de sanación: reconstruir las infraestructuras, proporcionar alimentos y seguridad y ofrecer una conexión con el mundo exterior. El corazón y la identidad de la gente de la aldea no están conectados a un yo individual, sino a un yo colectivo, de comunidad. Cuando se cuida a la comunidad y ésta sana, la gente de la aldea también sana. Tenemos que comprender que el tratamiento del trauma funciona, pero también tenemos que ser conscientes de qué quedó destrozado, en qué contexto y en qué nivel de desarrollo, y aplicar esa información al nivel correcto del sistema: individual, familiar, grupal, comunitario o nacional.

Yo tuve la increíble fortuna de trabajar en un proyecto con el que se pretendía ayudar a líderes camboyanos a fortalecer la respuesta ante el VIH/sida en su país. Este proyecto estaba dirigido al desarrollo del liderazgo y no pretendía intervenir sobre los traumas. Sin embargo, pronto nos dimos cuenta de que, en Camboya, aunque todas las personas habían soportado y habían sido testigos de atrocidades inenarrables durante el genocidio de los Jemeres Rojos, una de las principales víctimas de aquella época traumática había sido el propio tejido social del país. A las personas se las había obligado a abandonar sus comunidades para formar parte de otras nuevas comunidades, incluso de nuevos matrimonios. Todas las noches se las obligaba a traicionar a otras personas de la comunidad, normalmente con falsas acusaciones, con el fin de demostrar su lealtad a los líderes de los Jemeres Rojos. Al día siguiente, las personas a las que habían traicionado habían desaparecido. Al final, los camboyanos terminaron por no hablar entre sí dentro de sus comunidades, dado que no se podía confiar en nadie.

Nuestro proyecto consiguió reunir en cierta ocasión a 150 líderes y miembros de comunidades camboyanos: ministros del Gobierno, líderes de ONG, líderes comunitarios, gente que tenía que trabajar junta y comunicarse, donde lo personal y lo comunitario entraban en mutua relación. Dada la naturaleza del sida, había que hablar de temas como el género, las normas personales y los tabúes. Esto fomentó la capacidad de las comunidades para hablar y dio paso a la revelación de historias personales. La estructura del programa requería del trabajo en grupos pequeños, con configuraciones múltiples y repetidas. Tenían que reunirse en pequeños grupos, hablar y tolerar la situación de compartir sus ideas. La configuración de los debates de grupo era un reflejo de sus experiencias negativas durante la época de los Jemeres Rojos. Lo novedoso de la experiencia, el hecho de que hubiera gente que los escuchara y les diera retroalimentación positiva, con unos líderes que los apoyaban, comenzó a disolver el miedo, y la idea arraigada en sus cabezas de que el contacto grupal era sumamente peligroso.

Nuestra presencia como consultores externos, y la estructura que creamos para el trabajo, les proporcionaron la red de seguridad que necesitaban para poder trabajar su miedo a hablar en grupo. La sanación de las relaciones –con independencia de si la sanación se hace a nivel individual, familiar, grupal, comunitario o, incluso, a nivel nacional– es el principal antídoto para un trauma prolongado en el tiempo.

Cómo conseguir ayuda

Una montaña de este tamaño no la puede escalar una persona.
La escalan las personas que unen sus talentos y sus espíritus.

ALEX LOWE,
On the Edge of Antarctica: Queen Maud Land[28]

Uno de los obstáculos más grandes para la sanación de un trauma es esta idea: «No necesito ayuda. Lo puedo hacer solo». Éste es el estribillo: «No necesito un terapeuta ni un grupo de apoyo; tengo a mi amigo (esposa, marido, pareja, hijos...)».

¿Por qué supone eso un problema? Esas personas pueden ayudarnos, ¿no? Nos quieren. Nos sentimos bien con ellas; a salvo. De hecho, es como si ellas *debieran* ser quienes nos sanaran. Pueden escuchar nuestros problemas y, con frecuencia, lo hacen. Normalmente nos escuchan sin enjuiciarnos a medida que vamos desgranando nuestras historias. Muchas veces nos ofrecen consejos, y nos dicen que nos quieren. Nos aguantan firmemente de la mano y nos dan un beso de buenas noches. ¿Por qué esto no va a ser suficiente?

Antes de abordar el tema del trauma, consideremos las diferencias existentes entre distintas relaciones sanas de nuestra vida; la di-

---

28. Alex Lowe, citado por Jon Krakauer, «On the Edge of Antarctica: Queen Maud Land», *National Geographic* 193, n.º 2 (febrero de 1998): 46-49.

ferencia entre una madre y una tía, por ejemplo. La madre tiene un papel muy específico para el niño: ayudarle a navegar a través de los múltiples ciclos del crecimiento con amor, apoyo y los necesarios límites y protección. Esto significa a menudo que una madre no siempre resulte popular entre sus hijos, como cuando indica que ha llegado la hora de dormir, por ejemplo. La madre no fundamenta su comportamiento en si cae bien o si es popular, sino en lo que la niña necesita para su crecimiento. Así que asume el golpe de su impopularidad y sobrevive a la diatriba de la «madre mala» cuando llega la hora de dormir.

La tía tiene un papel decididamente más fácil: puede decir con frecuencia «sí» (¡helado para cenar!) cuando una madre tiene que decir que «no» (cómete las verduras o no hay postre). No es que la tía le vaya a dar helado a la niña todas las noches para cenar, pero sabe que no tiene por qué responsabilizarse de poner límites. No es responsable de su trayectoria de crecimiento y, por tanto, puede ser «divertida».

Las relaciones curativas (terapeutas, grupos, *coaches,* orientadoras) son más como los progenitores en el sentido de que su principal cometido es ayudarnos a sanar y crecer. No pretenden caer bien ni formar parte de nuestra vida para siempre. La terapia es un proceso de desarrollo. Lo que busca la terapia es ayudarnos a desprendernos de los comportamientos o las defensas que ya no necesitamos ni son útiles, y ayudarnos a construir nuevas habilidades, negociando los cambios de desarrollo o curativos que necesitemos llevar a cabo.

De nuestras amigas o de nuestra pareja esperamos que esté de nuestro lado. Cuando nos sentimos mal, queremos que nos ayuden a sentirnos mejor, que no nos responsabilicen de tener que realizar cambio alguno. Queremos que digan lo correcto, no aquello que promueva el crecimiento o, peor aún, *nada,* y nos dejen allí sentadas con nuestros pensamientos. Cuando nos quejamos de cómo está yendo nuestra vida, tenemos la esperanza de que nuestros seres queridos nos comprendan y vean el mundo desde nuestra perspectiva; si nos quejamos de nuestra jefa, ellos deberían culparla también, no preguntarnos cuál fue *nuestra* parte en el problema.

Es divertido. La gente comprende de inmediato la necesidad de un terapeuta de parejas cuando una pareja tiene problemas. Los amigos saben que no pueden decirle lo que hay que decirle a ninguno de los dos bandos si quieren seguir siendo leales en su amistad, o si no quieren terminar tomando partido. Saben que en ambos lados hay verdades y que están ahí para intentar ayudar. Y, normalmente, se suele escuchar aquello de «Yo no me voy a meter en medio».

Una relación curativa es como una terapeuta de parejas para ambos lados del yo: el yo que quiere cambiar, crecer o sanar, y esa parte del yo que quiere permanecer igual, esa parte que tiene miedo o es incapaz de cambiar. El papel de la terapeuta estriba en mantener el equilibrio entre ambas realidades, no tomar partido, sino dar apoyo a ambas partes creando un entorno en el cual ambas puedan crecer e integrarse.

Sanar de un trauma es, posiblemente, el tipo de terapia más complicado. Como ya he mencionado, la mayoría de los traumas son en realidad tres traumas interrelacionados: la experiencia del trauma repetido, la estructura defensiva que se construyó para sobrevivir al trauma y la pérdida de un crecimiento saludable durante el período del trauma. Aunque tus amigas y seres queridos puedan escucharte y ayudarte con tus experiencias traumáticas, suele ocurrir que es imposible hablar del tema con ellas pues, normalmente, estas experiencias se califican como de *inenarrables*. Y suele ocurrir que no queremos que nadie nos vea en nuestros peores momentos, en nuestros momentos de indefensión. Simplemente, nos da demasiada vergüenza. Aunque pudieras compartir todo eso con tus seres queridos, y aunque pudieras decirles cuánto te duele, lo cierto es que, en un aspecto fundamental, tus seres queridos no pueden comprender ni asumir hasta qué punto estás destrozado. No porque no te escuchen, o porque sean mezquinos, ni porque no te quieran; sino porque o bien no pueden en verdad comprenderte (sus experiencias vitales están demasiado lejos de las tuyas), o bien porque sería demasiado duro para ellos comprenderlo de verdad. Te necesitan. Necesitan la relación contigo. Tú eres importante para ellos y, en algún nivel, ellos saben que no pueden hacer nada, y no saben cómo manejar toda esa información con el resto de tus aspectos.

Así pues, ¿cómo vas a conseguir ayuda? ¿Qué tipo de ayuda es la mejor? Se trata de importantes preguntas que pueden ofrecer un montón de respuestas, pero no existe guía ni terapeuta perfecto. Cuando mis amigas o mi familia me preguntan qué buscar, doy una respuesta bastante básica: lo que quieres de una buena terapeuta, guía u orientadora es lo que buscarías en un buen padre o una buena madre. Quieres una persona que sea coherente, paciente y optimista, alguien que sepa que este viaje trata de ti y de tu crecimiento, no de sus necesidades ni de sus éxitos. Quieres a alguien que sepa de traumas, o que esté dispuesta a aprender. Quieres a alguien que pueda reírse de sí mismo y que pueda tolerar sus emociones, y que te forme y te dé apoyo en las tuyas. Quieres a alguien que esté dispuesta a equivocarse y dejar que te equivoques, y que sea capaz de hablar de ello cuando eso suceda. Quieres a alguien a quien poder respetar. Quieres a alguien cuya premisa básica sea: podemos hablar de eso, sea lo que sea. Y quieres a alguien que encaje bien contigo, con quien te sientas a salvo, con quien te sientas comprendido, desafiado y escuchado.

Encontrar a la persona o grupo correcto es, en gran medida, una cuestión de ensayo y error. Tienes que «probártelos». Tienes que ver si encajan bien contigo, y la única manera real que conozco es conociéndolos y hablando con ellos. Dicho esto, habrá veces en que no vas a tener demasiadas opciones. Dependiendo de lo que cubra tu asistencia sanitaria, y de donde puedas obtener ayuda, en ocasiones las opciones serán limitadas. Pero que las opciones sean limitadas no quiere decir que la atención sea mala. Casi todos los terapeutas que conozco se han pasado buena parte de su trayectoria profesional en sistemas en los que eran la única opción para esas personas que buscaban ayuda. Y esta situación no es muy diferente de otros aspectos de tu asistencia sanitaria. Si te llevan a urgencias a un hospital, no vas a poder elegir médico.

Toda terapeuta tiene formación para trabajar con un amplio abanico de clientes y un amplio rango de problemas. Lo mejor que puedes hacer es mantener una conversación con ella acerca de lo que quieres y necesitas, siempre que esto te resulte posible. Tienes que ver si la persona o grupo que buscas encajarán bien en tu viaje curativo. ¿Puedo trabajar con esta persona? Si tenemos diferencias de opinión o si su capacidad me genera dudas, ¿podré planteárselo?

He aquí algunas preguntas que someto a tu consideración y que quizás podrías incluir en tu diario:

- ¿Qué esperas conseguir del tratamiento?
- ¿Qué síntomas te molestan más en estos momentos?
- ¿Qué es lo que se te antoja más difícil del hecho de ir a terapia o de estar en un grupo?
- ¿Qué te ayudaría a hablar?
- ¿Qué se interpone en tu camino para que hables?
- ¿Qué se interpone en tu camino para que no cuides de ti mismo?

Y aquí hay algunas preguntas que puedes formularle a la potencial terapeuta, guía u orientador:

- ¿Cuánto tiempo lleva trabajando en este campo?
- ¿Qué es lo que más le gusta de él?
- Normalmente, ¿en qué consiste su trabajo con los clientes?
- ¿Qué ocurriría si no estuviéramos de acuerdo en algo?
- ¿Qué expectativas tiene usted de sus clientes?
- ¿Ha trabajado con clientes que tuvieran una historia traumática previa?

Estas preguntas son sólo para comenzar, pero convendrá que te sientas libre para preguntar sobre cualquier cosa que te permita sentirte más cómoda. Hay personas que encuentran ayuda en su primer intento y las hay que la encuentran en el segundo. Yo conseguí encontrar ayuda en mi sexto intento. Pero recuerda que la relación curativa la constituye la combinación de tu terapeuta, o tu grupo, y tú. Cada una de vosotras agarráis un extremo de la cuerda. Por otra parte, y en contra de lo que dicen los rumores, ningún terapeuta puede leerte la mente. La relación terapéutica se fundamenta tanto en él como en ti, de modo que vas a tener que confiar en ti mismo y en tu experiencia, y vas a tener que comunicar lo que quieres y necesitas si quieres que la relación sustente tus esfuerzos.

Cómo utilizar este libro

Enjabone, enjuague, repita.

INSTRUCCIONES EN TODA BOTELLA DE CHAMPÚ

Cada persona utilizará este libro de forma diferente en función del punto donde comience su viaje, de cuál sea su experiencia traumática y de cuánto apoyo necesite. Algunas personas puede que lleven realizando este viaje algún tiempo, y quizás ahora lleguen a esta guía para comprender mejor el viaje y trabajar en él de un modo diferente. Habrá otras personas que estarán ponderando aún si ponerse en marcha, cómo ponerse en marcha o dónde ponerse en marcha. Quizás algunos de vosotros forméis parte de un equipo de apoyo de alguna persona que esté superando un trauma repetido y queréis utilizar esta guía para comprenderla mejor y, quizás, comprenderos mejor o comprender mejor vuestra relación con ella. Existen muchos tratamientos para el trauma; algunos están basados en el cuerpo, otros en la conversación, otros son grupales y otros individuales. También existen muchos libros sobre cómo superar un trauma. Todo el trabajo curativo que realices puede encajar en este marco, pues ofrece apoyos al trabajo que estás haciendo, y no lo sustituye ni lo niega en modo alguno. Te animo a que utilices cualquier apoyo, información o práctica que te ayude a mantenerte involucrado en el tratamiento y que sustente tu camino hacia un yo integral y una vida sana.

Dado que este modelo de sanación del trauma se divide en fases, podría darse el deseo natural de marcarse una cantidad de tiempo determinada para cada fase. Por ejemplo, puede que te preguntes cuánto tiempo puede durar la fase de Preparación. Sin embargo, no hay ningún tiempo específico. Para algunas personas se puede tratar de semanas, si sus recursos son sólidos, en tanto que para otras pueden ser meses o, incluso, años. Este modelo se ocupa de lo que hay que trabajar para alcanzar la salud y la integridad, y no tiene en cuenta la celeridad del tratamiento. Tú vas a seguir viviendo tu vida cotidiana a medida que realizas la sanación, por lo que yo te aconsejaría que trabajes a un ritmo que te permita llevar una vida equilibrada y te permita curarte al mismo tiempo. En cada una de las demás fases irás entrando a medida que estés preparada; en ocasiones, las pasarás con rapidez y, en otros momentos, en función de qué estés trabajando, te vas a pasar una buena temporada en una fase concreta. No existe un camino directo; lo único importante es lo que sustente tu sanación, y tú y tu terapeuta o tu grupo deberíais hablar constantemente acerca de qué te sirve y qué no te sirve en tu sanación.

Habrá personas que preferirán leerse el libro de principio a fin primero con el objetivo de tener una idea general del viaje, y habrá personas que lean hasta alcanzar un punto en que lo que lean aquí se asemeje al estadio en el cual se encuentran y decidan detenerse en esa sección durante un tiempo. También puede ser que termines de leer el libro, lo dejes en un estante durante una temporada y lo recuperes de nuevo cuando se dé un cambio en tu proceso de sanación, o bien, si te sientes atascado o con necesidad de apoyo. Lo que se espera de una guía de caminos es que te sirva de ayuda en cualquier camino en el que te encuentres. También puede suceder que quieras leerlo previamente para ir preparándote.

Te animo a que incluyas cualquier cosa que encuentres útil en este libro en tu trabajo de terapia, o bien a que lo compartas con aquellos seres queridos que se esfuerzan por comprender lo que estás viviendo en tu viaje de curación. Puede ser inmensamente útil disponer de cierto lenguaje, de términos concretos, así como de un armazón mental que les permita saber dónde te encuentras y qué paisajes estás atravesando. El mero hecho de poder compartir un lenguaje te ayudará a sentirte menos solo y más sustentado, y permitirá que aquellas personas que hacen lo que pueden por ayudarte sean lo más eficaces posible.

PARTE 2

Preparación

Nuestro cuerpo necesita tiempo para adaptarse al tenue aire de una altitud extrema, un proceso de aclimatación que dura semanas. Respetamos reglas no escritas, nos tomamos el tiempo necesario y ascendemos lentamente la montaña, aprendiéndonos la ruta, anclando cuerdas para facilitar el ascenso y, lo que es más importante, para proporcionar un escape rápido si el tiempo empeora.

JIM HABERL, *Risking Adventure*[1]

---

1.   Jim Haberl, *Risking Adventure: Mountaineering Journeys around the World* (Richmond, Columbia Británica: Raincoast Books, 1997), 54.

La Preparación

Cuando hacemos de guías aquí, en el Everest, estamos siempre asesorando a nuestros clientes, todos y cada uno de los días. El hecho de que consigan llegar hasta aquí y paguen su dinero no es una garantía de que vayan a llegar a la cima. Nos tienen que demostrar de campamento en campamento que son capaces de llegar al siguiente campamento. Todo el proceso se convierte en una evaluación. Ésa es la única manera segura en que podemos hacerlo.

Ed Viesturs[2]

Mi padre obtuvo su licencia para pilotar aviones cuando yo iba al instituto. Antes de cada vuelo, sobre la pista del aeropuerto, agarraba su manual de vuelo y seguía una serie de pasos establecidos. Lo comprobaba todo en el avión siguiendo una secuencia. Revisaba los remaches que mantenían al avión ensamblado, comprobaba la mezcla de combustible, revisaba los neumáticos, las alas y los cierres de las puertas. Después se metía en el avión y continuaba con la preparación del vuelo. Comprobaba el instrumental y chequeaba los sistemas de comunicación. La norma era que si no estaba todo en orden, el avión no despegaría. Si encontraba algo mal en su lista de comprobaciones,

---

2. «Nova Online Adventure: Ed Viesturs», www.pbs.org/wgbh/nova/everest/exposure/viesturs.html, fecha de acceso 10 de julio de 2013.

el avión se iría directo a los hangares para ser reparado de inmediato. En ocasiones, aquello significaba un retraso en el vuelo. La seguridad era la máxima prioridad. Esto es lo que ocurre con anterioridad al vuelo de un avión, y es también como debería de ser la preparación previa al tratamiento de un trauma. La Preparación es la primera fase del tratamiento de un trauma, y es también el inicio de cualquier sección nueva de trabajo en el proceso del tratamiento. Cada vez que comienzas, o comienzas de nuevo, empiezas por la fase de Preparación.

En el caso de las comprobaciones previas a un vuelo que hacía mi padre en su avión, tengo que decir que, en un principio, aquello no me hacía sentirme más segura. Más bien me ponía en estado de alerta, nerviosa: ¿de verdad estás comprobando cada remache? ¿Es que acaso es probable que se suelten? Como la mayoría de las personas, cuando examinas las cosas a conciencia te sientes incómoda, porque mirar a fondo las cosas te hace ver todo cuanto hay ahí.

Pero la preparación que lleva a cabo un piloto supone también una oportunidad para que éste conozca mejor su avión, dado que los pilotos suelen cambiar de aparatos. El piloto tiene la oportunidad de cambiar de tema, y predispone su cabeza en modo piloto, alejándose de cualquier otra preocupación que haya podido tener a lo largo del día. Para un piloto, hacer el recorrido de comprobaciones es orientador. Del mismo modo, la Preparación en el tratamiento supone arraigarse físicamente en el suelo y conectarse mentalmente.

La fase de Preparación se refleja en tu vida cotidiana miles de veces sin que te des cuenta, a menos que la pases por alto, claro está. Es ese minuto o dos en el auto cada mañana, cuando compruebas que tienes gasolina suficiente para llegar al trabajo y que no te has olvidado la cartera o el portafolios. Son los diez minutos extra que añades a las reuniones de personal en el trabajo para comprobar con todos los miembros del equipo que todo está en orden en el proyecto. Es la comprobación y recomprobación que lleva a cabo tu equipo quirúrgico para asegurarse de que tienen los instrumentos necesarios y que conocen y comprenden la situación médica que se va a abordar. Y tanto en la aviación como en la medicina, el hecho de disponer de una preparación estructurada mejora enormemente la seguridad.[3]

Normalmente, la fase de Preparación se ignora por completo, o bien no se le presta la atención debida, y esto ocurre por dos motivos. El primero es porque, normalmente, una llega al proceso de sanación o crecimiento en medio de una crisis. Estás frenética, has perdido tu empleo, tu matrimonio o tu salud. Te hallas en medio de una severa angustia emocional o física. Necesitas ayuda y respuestas, pero las necesitas *ya*. Ese estado de crisis puede empujarte a la segunda fase de la sanación, la Inintegración, sin haber pasado por un trabajo preparatorio. Frecuentemente, esto supone una omisión o una precipitación excesiva en la fase de Preparación. Crees que, dado que te encuentras ya en aguas profundas, quizás puedas nadar después de todo. Se trata de una idea tentadora, y puede parecer lógica vista desde fuera, pero es un error. La fase de Preparación crea los cimientos sobre los cuales se asentará el resto del trabajo. Si te precipitas u omites la fase de Preparación, cuando las cosas se pongan difíciles no vas a encontrar demasiado terreno sólido sobre el cual trabajar.

Si comienzas el trabajo sobre el trauma en mitad de una crisis, es muy posible que te sientas frustrada con tu terapeuta o guía, que muy posiblemente te va a pedir que te calmes, le hables de tu salud, de tu vida, tu familia o tu sobriedad. Puede parecer ilógico, incluso una locura, que en medio de una crisis te alejen de lo que percibes como el verdadero problema y no lo abordes, pero es absolutamente necesario. Debes retroceder hasta la orilla, descender de la montaña, bajar del tren –elige la metáfora que prefieras– y trabajar la fase de Preparación.

El segundo motivo por el que se suele ignorar la fase de Preparación es porque da la sensación de que ralentiza el proceso y puede ocupar bastante tiempo. Se trata de una fase que no da la apariencia

---

3. En investigaciones sobre el uso de listas de comprobación en medicina antes de realizar una operación quirúrgica, se ha observado una reducción de la mortandad de entre el 67 y el 47 por 100. Axel Fudickar *et al.*, «The Effect of the WHO Surgical Safety Checklist on Complication Rate and Communication», *Deutsches Aertztblatt International* 109 (2012), 695-701.

de un trabajo real. Las conversaciones durante la fase de Preparación no son lo que tú crees que deben de ser cuando piensas en dramas o catarsis de película. Son conversaciones mucho más básicas, aunque puedan seguir siendo increíblemente difíciles. Tienes la sensación de que deberías estar hablando del trauma y, sin embargo, estás hablando de cómo hablar de los sentimientos, y claro está que eso no encaja con tu idea preconcebida de lo que es una terapia para el trauma. Además, tu pareja o tu cónyuge puede mostrarse crítica con esta fase del trabajo. Pero debes recordar que tu pareja lleva tanto tiempo esperando a que te decidas a buscar ayuda que puede estar tan impaciente o más que tú por ver un trabajo real. Le puede resultar difícil de creer que no estés hablando del problema con tu terapeuta.

Lo que se hace en la fase de Preparación es evaluar y potenciar todos tus recursos, internos y externos. Los recursos internos son aquellos que albergas en tu interior: tu capacidad para comprender, conocer y gestionar emociones; tu capacidad para enfrentarte al estrés y mantener la esperanza; la manera en la que piensas; tus sentimientos de eficacia personal; tu salud y tu capacidad físicas; tu capacidad para establecer relaciones y mantenerlas; y tus recursos espirituales. Los recursos externos son aquellos que tienes a tu alrededor: tu vida laboral y económica, tu vida familiar, tus relaciones, tu tiempo de ocio y los recursos que existen en tu comunidad y en el sistema en el que vives.

Probablemente, la mejor pregunta que puedes hacerte para valorar si has terminado la fase de Preparación sea ésta: «¿Qué más tiene que estar en orden para poder trabajar con mi historia traumática de un modo seguro y eficaz?». Tienes que haberte liberado de toda adicción peligrosa (alcohol, drogas, trastornos alimentarios, juego, sexo); tienes que prestar atención a tu salud física y a tu seguridad; conviene que tengas alguna actividad o trabajo significativo, sea remunerado o no; has de tener alguna relación que te suponga un apoyo; y necesitas disponer de formas de gestionar el estrés que te funcionen bien, para que no te hagas daño a ti mismo ni a los demás. Si todo esto está en orden, entonces estás preparado para mantener conversaciones más difíciles, estás preparado para trabajar con tu historia traumática.

Pero la fase de Preparación no busca sólo fortalecerte. También busca fortalecer la relación con tu terapeuta, guía o grupo. A medida que avanzas en la fase de Preparación te vas conociendo mejor, pero también conoces mejor a tu terapeuta, que va descubriéndote a su vez poco a poco. La terapeuta te enseña a mantener conversaciones difíciles y cómo conservar tu nivel de estrés en una zona manejable. Y juntas creáis un lenguaje y unas estrategias para trabajar la una con la otra, a través de retos, del estrés, de las crisis y de las diversas etapas del aprendizaje.

El Campamento Base

A pesar de los aderezos de la civilización que pueda haber en el campamento base, es difícil olvidar que uno está a casi cinco mil metros sobre el nivel del mar. El mero hecho de caminar hasta la tienda de campaña a la hora de la comida me ha dejado jadeando durante varios minutos. Y si me siento demasiado rápido, la cabeza comienza a darme vueltas y me embarga el vértigo.

JON KRAKAUER, *Into Thin Air*[4]

Hace muchos años, una chica universitaria vino a verme a la clínica porque había sufrido una violación en una cita. Había dejado de asistir a clase, había dejado de comer, incluso de ducharse, y se había aislado de sus amigas. La trajo a consulta su madre, y ambas pensaban que lo único que tendría que hacer era venir y hablar conmigo de lo sucedido. Tenían razón en que, más pronto o más tarde, tendría que hablar de aquella violación, pero estaban equivocadas en la idea de que de eso habría que hablar *ya*. Todavía no podía hablarme de la violación. Primero tenía que calmarse y esforzarse por llegar al Campamento Base. Tenía que cuidarse físicamente antes de nada. Tenía que comer, ducharse y dormir. Tenía que reconectar con la gente. Tenía que controlar su ansiedad lo suficiente como para volver a clase. Tenía que reconec-

---

4.   Jon Krakauer, *Into Thin Air* (Nueva York: Anchor, 1997), 72.

tar con su yo más sólido antes de iniciar el trabajo sobre el trauma. La insté a que gestionara sus jornadas diarias y su ansiedad creando un horario para cada día. Llevaría una libreta de notas e iría escribiendo en ella a lo largo del día en bloques de treinta minutos, y luego ella (y al principio también su madre) plasmaría por escrito lo que había estado haciendo en cada bloque. De este modo aprendió qué podía hacer cuando se sentía abrumada y aprendió a no tomar decisiones en esos momentos.

La chica y la madre se reunieron con los administradores de la facultad y acordaron un plan para que asistiera a clases durante medio día a diario durante la primera semana, para luego incrementar poco a poco el tiempo de asistencia a clase. La joven recibió apoyo también de su orientadora académica, que trabajó junto con sus profesoras para facilitarle todo aquello que ella pudiera perderse en los tiempos en que estaba ausente. También trabajó con la orientadora y con el psicólogo educativo en un plan que le permitiría recluirse en el despacho de la enfermera en caso de sentirse abrumada y de necesitar un tiempo muerto. Junto con su madre, eligió a dos amigas para que fueran a su casa a ayudarle con las asignaciones de trabajo de la universidad. El hecho de que las amigas estuvieran centradas en los trabajos académicos hacía que ella se sintiera menos agobiada, al no tener que hablar con ellas del trauma de la violación. Al cabo de cuatro semanas, la joven estaba asistiendo a la facultad a tiempo completo y había reanudado la mayor parte de sus rutinas habituales. Esta preparación le permitió situarse en una posición mucho más adecuada desde la cual comenzar a hablar de lo que le había ocurrido.

Para cualquier expedición en la cual un explorador tenga que atravesar territorios peligrosos, una aventura que exija resistencia física y mental, además de un equipamiento especializado y experiencia, la parte más decisiva del viaje es la preparación. Y, curiosamente, ésa es la parte de la película de aventuras que nunca te enseñan. Shackleton estuvo planificando durante casi *cinco* años su famoso viaje a la Antártida. En los preparativos de su expedición para explorar el Oeste de América del Norte, Lewis y Clark emplearon meses, no sólo en la provisión de suministros, sino también formándose.[5]

Ten en cuenta que las aventuras de estos antiguos exploradores eran a lugares que eran todavía, en muchos aspectos, *terra incognita*; eran tierras que todavía no se habían cartografiado. Y hay algo en la experiencia de la sanación de un trauma repetido que nos recuerda en gran medida a esos antiguos exploradores. El mundo del trauma repetido es un mundo por derecho propio. No es un suceso: Es la trama de una vida que ha sobrevivido, es su propio país, con sus fronteras, normas, lengua y rituales.

Quizás en la época moderna dispongamos de una metáfora idónea para este tipo de viaje, que es la metáfora de la escalada a gran altitud. En expediciones tales como la del Everest o la del K2 existe la necesidad, el *requisito,* de la preparación. De hecho, una única escalada al Everest no tiene una, sino *múltiples* fases de preparación. En una expedición de alpinismo, la primera fase de preparación comienza mientras aún estás en casa, antes incluso de que te encuentres cara a cara con la montaña que deseas escalar. Si quieres alcanzar la cumbre del Everest, lo primero de todo es tener unas condiciones físicas excelentes, y para eso ya necesitas alrededor de un año. Tendrás que saber o aprender habilidades de escalada. Tendrás que averiguar qué equipamiento vas a necesitar y tendrás que adquirirlo. Tendrás que hacer los preparativos del viaje y disponerlo todo para que tu equipamiento llegue también hasta los pies de la montaña. Convendrá que te entrenes llevando a cabo otras escaladas de gran altitud en lugares más cercanos a tu país. Quizás puedas abordar otras escaladas de gran calibre que requieran de una preparación y de habilidades similares, como, por ejemplo, escalar el Kilimanjaro. Dado que el Everest supone un viaje de entre seis y ocho meses, vas a tener que dejarlo todo resuelto y en orden no sólo en tu trabajo, sino también en tus relaciones personales, pues tu ausencia va a ser larga. Como mínimo, la preparación de una escalada al Everest

---

5.   Lewis se pasó los meses previos al viaje estudiando astronomía, botánica, anatomía, navegación, biología y medicina. «To Equip an Expedition», www.pbs.org/lewisandclark/inside/idx_equ.html, fecha de acceso 30 Junio 2017.

te puede llevar entre un año y un año y medio previo al inicio del viaje en sí.

Después, ya en el país, vas a tener que llevar a cabo otra fase de preparación. Aterrizarás en Katmandú, reunirás las provisiones y el equipamiento, y te encontrarás con los guías. Desde ahí, tu meta será el Campamento Base. Si emprendieras la ruta del sur a través de Nepal, lo más probable es que tuvieras que tomar un vuelo desde Katmandú hasta Lukla, para después caminar durante dos días hasta Namche Bazaar (a 3440 metros sobre el nivel del mar), al otro lado del río Dudh Kosi. Tendrás que pasar dos días en Namche Bazaar, descansando y aclimatándote, para después hacer otra caminata de dos días hasta Dingbuche (a 4260 metros de altitud), donde descansarás otro día. Después caminarás otros dos días más hasta el Campamento Base del Everest (5545 metros), a los pies del glaciar de Khumbu. Habrá pasado más de una semana desde que saliste de casa, y sólo estás llegando al Campamento Base.

El Campamento Base es clave para la preparación. Sí, el Campamento Base ocupa un lugar definido y dispone de una serie de estructuras y de recursos en los que las alpinistas confían. Pero Campamento Base son también todas las actividades que tienen lugar durante el tiempo que se pasa allí. El Campamento Base supone, literalmente, un hogar básico desde el cual lanzar escaladas y regresar para recobrarse de ellas. Durante una escalada al Everest, se pasa un tiempo en el Campamento Base disponiendo y montando el equipo, practicando habilidades, conociendo al equipo humano con el que vamos a hacer la escalada y dejando que tu cuerpo se aclimate a la altitud. Y, luego, distintos equipos realizan excursiones diarias para llevar suministros y equipamiento desde el Campamento Base hasta el Campamento 1.

Estos recorridos repetitivos proporcionan una preparación física decisiva para la altitud, y dan la oportunidad para que el guía y el equipo trabajen juntos sin el estrés de los aspectos más dificultosos de la escalada. Los miembros del equipo aprenden a comunicarse entre sí y descubren las motivaciones (y lo que no motiva) de cada uno.

En el Campamento Base evalúas tus recursos: los alimentos, el equipamiento, tu preparación física y tu resistencia mental. Te aseguras de que tu organismo se aclimata y que tu equipamiento resiste bien las primeras pruebas. Si tu mochila, tus botas, tu hornillo o tu saco de dormir presentan alguna dificultad, sin duda desearás saberlo mientras estés cerca del Campamento Base y no a 7900 metros de altitud, porque cualquier dificultad con el equipamiento a 7900 metros de altitud supone jugarse la vida. El tiempo que se pasa en el Campamento Base no es un lujo, no es una pérdida de tiempo. El tiempo en el Campamento Base es una necesidad. Es lo que hace posible la escalada. No puedes pasar por alto esta fase si quieres hacer cima.

De igual modo, no puedes pasar por alto la fase de Preparación ni tu tiempo en el Campamento Base del tratamiento de un trauma, pues eso es lo que hace posible la sanación. Es más difícil de ver y de comprender que la metáfora del Everest, que es mucho más tangible, pero la fase de Preparación en el inicio del tratamiento del trauma no es menos necesaria que para escalar el Everest. ¿Cómo podríamos entender el Campamento Base y la fase de Preparación del tratamiento del trauma, y por qué nos tomamos esa molestia?

En estos momentos me parece oírte decir, «¡¿Qué?! ¡Esto se va a hacer eterno! ¡Me voy de aquí!».

¡Escucha! Es tan difícil llegar volando a Katmandú y ponerte directamente a escalar como lo es entrar en la consulta de un terapeuta y ponerte a trabajar con las partes más difíciles de tu historia y de tu vida. No es seguro hacer eso. En Katmandú te va a dar el mal de altura y te van a tener que llevar al nivel del mar. Y en la terapia se va a activar cualquier respuesta de protección que normalmente emplees cuando te sientes en peligro: recurrir a la bebida o la violencia, hacer alguna temeridad o, simplemente, huir.

En la sanación de un trauma, el primer elemento de la fase de Preparación es el mismo que en el alpinismo: la salud y la seguridad física. El trauma es tanto una experiencia emocional como física, y las secuelas del trauma residen en tu mente y en tu cuerpo. Uno de los primeros elementos del tratamiento consiste en prestar atención a los aspectos físicos de nuestra vida: la salud y la seguridad del organismo, así como a los aspectos concretos de nuestro bienestar. Esto no es algo que «convendría tener»; esto es algo que *hay que tener.*

El viaje hasta el Campamento Base comienza tan pronto como te pones en marcha, y sólo caminar hasta él precisa de un montón de coraje. Ten en cuenta que el Campamento Base del Everest se encuentra ya a 5545 metros de altitud, más alto de lo que la inmensa mayoría de la gente haya llegado a escalar jamás. Cuando trabajaba en mi puesto de trabajo posdoctoral, vino una mujer de algo más de cincuenta años a la primera sesión y me dijo que el día que llamó al centro de salud para pedir cita había estado tan nerviosa que se había tomado el día libre en su puesto de trabajo con el fin de prepararse para hacer la llamada. Dijo que se había pasado todo el día forcejeando con su ansiedad por tener que hacer aquella llamada, y que finalmente, a las cuatro de la tarde, había podido levantar el teléfono. Le había supuesto un día entero de trabajo y una gran dosis de valor simplemente hacer la llamada. Y posteriormente, debido a la programación de la clínica, había tenido que esperar dos semanas para que alguien pudiera atenderla. Para cuando se encontró conmigo, estaba ya exhausta. Tuvimos que dedicar bastante tiempo al Campamento Base, ayudándola a recuperarse de su escalada hasta aquel punto, y ayudándola a recabar los apoyos necesarios para lo que tenía por delante.

Cuando yo tenía veintitantos años, tuve una experiencia similar desde el otro lado, como cliente. Llamé al centro de salud local para pedir cita debido a una ansiedad severa que padecía, y luego tuve que esperar cuatro semanas hasta que me dieron la cita. Para cuando me recibieron, yo ya estaba frenética. La médica que me atendió tenía evidentemente mucha experiencia, pero parecía estar bastante aburrida. Tomaba notas de lo que yo le iba diciendo sin siquiera levantar la vista del papel para mirarme. Recuerdo que me sentí realmente asustada y frustrada por haber tenido que esperar durante tanto tiempo para que me recibieran, y aquella mujer ni siquiera parecía estar escuchándome. Lo único que le preocupaba era tomar notas, mientras yo tenía la sensación de estar jugándome la vida.

Como clientes, tenemos que comprender que el Campamento Base es nuestro primer destino, y que el trabajo en el Campamento Base no puede ser otra cosa que lento y deliberado. No podemos echar a correr montaña arriba; y para las montañas que tenemos que escalar no existe telesilla ni autovía. Tenemos que recordar que el camino hasta el Campamento Base es realmente difícil, y sirve para acreditarnos a medida que nos abrimos paso hasta llegar allí.

Como prestatarios de tratamientos y como guías, tenemos que ser muy conscientes, de corazón, de la valentía que hace falta tener y el terror que se siente para aparecer en consulta buscando tratamiento para un trauma de larga duración. Puede que hayamos realizado cientos de admisiones o que hayamos realizado cientos de primeras sesiones en nuestra profesión. Puede que creamos haberlo oído todo. Hasta puede que tengamos un mal día. Pero éste puede ser el momento de mayor valentía de su vida para la persona que se te sienta delante para hablar contigo. Puede ser la única ocasión en que se ha arriesgado a pedir ayuda, que se ha arriesgado a hablar hasta de sus más minúsculas verdades.

El Campamento Base del tratamiento del trauma comienza normalmente con una conversación o entrevista, que los clínicos suelen denominar *admisión.* En ocasiones, la admisión se realiza por teléfono, y normalmente continúa con una serie de preguntas y formularios ya en la consulta. La pregunta más habitual en una admisión es «¿Qué la trae a usted por aquí?», y «¿Por qué ahora?». Como cliente, lo único que puedes hacer es ser tan sincero como puedas en ese momento. Si hay algo que no quieras contar, o no al menos en un principio, estás en tu perfecto derecho; hazlo cuando te sientas más cómoda. El mundo de la psicología y de la psiquiatría engancharon su carreta al mundo de la medicina, y eso trajo como consecuencia el que se le diera un enorme énfasis al «problema actual». Las prestaciones de los seguros para el tratamiento se distribuyen en función del diagnóstico, y tu diagnóstico se hace en función de los síntomas que presentes y de la descripción que hagas del problema. Como profesora, siempre advierto a mis estudiantes de que no se apresuren en hacer un diagnóstico. Síntomas como la ansiedad, el insomnio, la depresión y la retirada social pueden tener muchas causas posibles y diferentes tratamientos. Y muchas personas, yo incluida, se nos presentan no con aquel síntoma que más les angustia o el que puede ser médicamente más significativo, sino con aquél del que les resulta más fácil hablar. Hablan de aquellos síntomas de los que sienten menos vergüenza o ansiedad. En mi caso era la ansiedad, y en el caso de otros clientes que he tenido era el insomnio, problemas familiares o los atracones a la hora de comer. El Campamento Base proporciona la seguridad y el tiempo necesarios para que tanto tú como tu terapeuta exploréis tus síntomas y deis sentido a aquello por lo que has pasado y con lo qué estás forcejeando, para que así puedas hacerte una idea de adónde tienes que ir.

Después de la admisión, el Campamento Base debería de incluir también un examen médico no sólo por una cuestión de cuidado personal, sino también porque muchos problemas médicos afectan al estado de ánimo y la ansiedad, y convendrá que te asegures de que se tiene en cuenta cualquier cosa que pueda favorecer tu estado físico, pues éste tiene un enorme impacto en tu estado mental. Como terapeuta, me he encontrado demasiadas veces con clientes a los que he enviado a hacer un examen médico y resultaba que padecían un problema de tiroides, alergias o azúcar en sangre, que había estado afectando su estado de ánimo o el sueño durante años. Tendrás que hablar también con tu médico de atención primaria acerca de cualquier síntoma de salud mental que pueda aliviarse a través de medicación (como la ansiedad, la depresión, el pánico o el insomnio). En tus conversaciones con la médica o el terapeuta, puede que te sugieran una visita al psiquiatra para que trates con él la medicación.

La medicación puede ayudarte a manejar los síntomas, lo cual puede hacer que la sanación sea más efectiva; por ejemplo, si tu ansiedad es baja, serás más capaz de hablar de tus problemas y también podrás cuidar mejor de ti misma. Pero los medicamentos no te van a desembarazar del trauma, y en modo alguno van a sustituir el trabajo de sanación. Lo más importante es trabajar con tu médico y tu terapeuta para cerciorarte de que tu organismo está sano y va a sustentar tu estado de ánimo y tu trabajo de sanación, y que no se va a interponer en tu camino. También convendrá que obtengas autorización médica para realizar ejercicio moderado, porque un ejercicio ligero, como caminar, es una de las mejores actividades que existe para mejorar el estado de ánimo y el bienestar.

Mientras te encuentres en el Campamento Base, convendrá que identifiques cualquier comportamiento que pueda afectar tu salud física y tu seguridad. Entre tales problemas se puede incluir el abuso de alcohol o drogas, los trastornos en la alimentación o la adicción al sexo. Quizás pienses que la mayoría de la gente acude a tratamiento para resolver estos problemas, y cierto es que algunas veces lo hacen; pero, como terapeuta, puedo decirte que muchas personas viven con estas adicciones durante mucho tiempo. Normalmente, vienen a tratamiento por otros motivos, como pueden ser los problemas de relaciones o laborales. Éste es el motivo por el cual es tan importante evaluarte bien cuando comienzas el trabajo de sanación: ¿existen conductas que se interpongan en la sanación, que comporten riesgos o sean insanas? Si estás luchando con una adicción, ésta será la primera parte del tratamiento. Éste será *el trabajo.* Es una parte muy importante del tratamiento, y tendrá lugar en el Campamento Base o cerca de él. Las adicciones no son otra cosa que viejas soluciones para viejos problemas que se siguen utilizando en el presente. Pero son soluciones que tienen un gran coste. Casi todas las adicciones fueron útiles en algún momento para gestionar tu ansiedad de un modo u otro; pero, con el transcurso del tiempo, esta solución te dejó de ser útil para gestionar la ansiedad y, en cambio, comenzó a generar más ansiedad en tu vida. Es decir, la solución inicial se terminó convirtiendo en un problema.

También convendrá que tus condiciones de vida sean seguras, de modo que es importante que evalúes si mantienes una relación de maltrato o peligrosa. Sería imposible escalar el Everest con un problema serio de este tipo; y, de forma similar, no vas a poder involucrarte en el tratamiento de un trauma en tanto que cualquier problema de esta clase esté sustancialmente bien gestionado. Esta parte del trabajo de sanación va a requerir de cierta sinceridad por tu parte, pues tendrás que observar tus comportamientos para luego hablarlos con tu terapeuta o guía. Tu terapeuta no puede leerte la mente, y sólo podrá enterarse de estas cosas si tú se lo cuentas directamente. Sé que no es fácil, y sé que tu disposición a desvelar problemas a menudo depende de tu disposición a renunciar a ellos. Pero puedo asegurarte que tú tienes el completo control de a qué comportamientos quieres renunciar y cuándo. Tu terapeuta te puede ayudar a hacer esos importantes cambios, y lo hará a tu ritmo.

Para las personas que han experimentado un trauma prolongado, la fase de Preparación dura a veces semanas, con frecuencia meses y en ocasiones años. Y no es que tu vida no esté cambiando o desarrollándose durante todo ese tiempo; de hecho, en ocasiones puede ser el cambio que más notes del tratamiento. Adquieres sobriedad, consigues empleo, se reduce tu ansiedad o tus relaciones son más fuertes. La fase de Preparación *es* trabajo, sólo que no es trabajo sobre el trauma *per se*. No es lo que tú considerarías un trabajo, y el trabajo que tienes por delante será difícil. El año que un alpinista se pasa preparándose físicamente para escalar el Everest *es* trabajo, pero no es el mismo trabajo que una larga escalada. Para algunas personas con historiales de trauma repetido, el trabajo en el Campamento Base es todo cuanto van a querer hacer; puede ser suficiente para aliviar los síntomas o frenar la adicción. Puede ser suficiente por ahora, hasta que emerjan nuevos deseos de sanar, o más recursos para sanar. Tú eliges el ritmo en el cual recorrer tu sendero.

Tomar conciencia

Una de las primeras habilidades con la cual se trabaja en la fase de Preparación, aquí en el Campamento Base, es la toma de conciencia. ¿Qué quiero decir con esto? La toma de conciencia es la capacidad para prestar atención en el instante y saber lo que estás pensando y sintiendo en el momento en el cual está ocurriendo. Es la capacidad para observar, sentir y darse cuenta. La toma de conciencia es el primer requisito para cualquier tipo de aprendizaje y cambio, porque necesitas saber de dónde partes. Necesitas saber qué estás sintiendo, qué estás pensando y cómo te sientes en tu cuerpo.[6]

Puede parecer simple ser autoconsciente, pero no lo es; sobre todo no para aquellas personas que llevan mucho tiempo con la profunda herida de un trauma. Recuerda que un único suceso aterrador puede generar un sistema de alarma de incendios en el organismo, haciéndolo hipersensible ante cualquier estímulo desencadenante durante un tiempo. Si has tenido alguna vez un sistema de alarma

---

6. John Kabat Zinn, *Wherever You Go, There You Are: Mindfulness Meditation in Everyday Life* (Nueva York: Hyperion, 1994), 4-5; Daniel Goleman, Richard Boyatzis y Annie McKee, *Primal Leadership: Realizing the Power of Emotional Intelligence* (Boston: Harvard Business School Press, 2002), 40. Traducción al castellano: *El líder resonante crea más* (Barcelona: Plaza & Janés, 2002).

defectuoso en tu casa o en el automóvil, uno de esos que se pone a sonar o a lanzar destellos cuando no toca, habrás hecho lo que hace la mayoría de la gente, desactivarlo, quitarle las baterías, cortar el cable o sacarle el fusible. Cuando deja de hacer ruido, una siente un tremendo alivio. ¡Ahhhhh! ¡Paz! Pues bien, con el trauma repetitivo tu cerebro hace, esencialmente, esto mismo con tu organismo. Le quita el fusible a la toma de conciencia. Dice, «No tienes por qué sentir este dolor más. Voy a cortar las conexiones de tus sentimientos para que puedas descansar un poco de esa alarma, para que puedas disponer de energía para prestar atención a tu vida cotidiana y puedas desenvolverte en ella».

Sobrevivir a un trauma requiere de cierto entumecimiento, de cierto adormecimiento anímico, y la sanación del trauma requiere que despiertes y traigas de vuelta esas partes. Y con el fin de despertar lo que se ha quedado dormido vas a tener que practicar la autoconciencia.

Un elemento crucial que hace de la autoconciencia algo realmente útil, con frecuencia fuera de toda discusión, es no juzgar. En mi trabajo y en mi experiencia de sanación he descubierto que una cosa es ser autoconsciente (ser capaz de sentir, experimentar, ver lo que pasa) y otra cosa muy distinta es ser capaz de estar simplemente con eso, observarlo, sentarse con eso y explorarlo. Puedes comenzar con la intención de ser consciente, y entonces puede que te llegue una oleada de recuerdos del trauma, emociones que son difíciles, pensamientos que van de aquí para allá… y entonces empiezas a juzgar. Decides que esos sentimientos, pensamientos, sensaciones son erróneos, malos, inmaduros, asquerosos. «Pero ¿no se suponía que me iba a sentir mejor?», te preguntas. Y, entonces, puede que tengas la tentación de dejar de practicar la toma de conciencia porque es demasiado dura o terrorífica.

Por suerte para nosotras, algunas culturas han estado practicando la toma de conciencia durante siglos, al punto que han creado prácticas sencillas que vienen siendo útiles para las personas desde hace siglos. Mi forma favorita de enseñar autoconciencia es a través de la práctica del *mindfulness*. El *mindfulness* es la práctica de prestar atención a este instante, observarlo y no juzgarlo.[7] El *mindfulness* es el bloque de construcción de cualquier práctica de meditación, y comienza con la simple instrucción de respirar.

Sí, respira. Simplemente, inspira profundamente y espira, pero hazlo todo de forma fácil. Presta atención a la respiración, cómo entra y cómo sale el aire. ¿Te has dado cuenta de algo, aun en algo tan simple como esto? ¿Observas algo? Yo me doy cuenta de que, cuando intento prestar atención a mi respiración, normalmente me siento incómoda. Es como si fuera algo que no hago a cada instante, como si estuviera intentando realizar un paso de baile realmente complicado. Con cada respiración, yo puedo estar presente con la respiración, o puedo expandir mi conciencia. ¿Me doy cuenta de algo en relación con mi cuerpo? ¿Hay alguna zona tensa? ¿Dónde me siento relajada? ¿Cuáles son las sensaciones? ¿Cuáles son mis sentimientos? ¿Qué sonidos escucho a mi alrededor? ¿Qué pensamientos cruzan por mi mente?

Este acto de *mindfulness* te permitirá cultivar los músculos de la autoconciencia, te ayudará a reconocer lo que sientes y piensas en el instante en que lo sientes y lo piensas, en tiempo real. Te permitirá conocer determinadas cosas de ti mismo que sólo tú podrías conocer. Nadie más sabe los pensamientos que cruzan por tu cabeza. Nadie más sabe las sensaciones que percibes en tu cuerpo, o las emociones que sientes en tu corazón. El *mindfulness* y la autoconciencia constituyen los pasos más pequeños y manejables que puedes dar para volver a ese país llamado tú mismo.

El trauma repetitivo es la experiencia de estar colonizada; durante un tiempo prolongado, alguien más puede haber controlado tu seguridad (o tu falta de ella), tus fronteras, tus palabras; quizás hasta hayas sentido que controlaban tu pensamiento. Este colonizador puede haber sido una persona o un grupo; o, en algunas de las comunidades y países en los que he trabajado, fue literalmente una colonización. Sobrevivir suponía permanecer callado, inconsciente. Cuando se experimenta un trauma repetido, no saber, no

---

7. John Kabat Zinn, *Wherever You Go, There You Are,* 5.

ver, no sentir es lo que te protege. El mandato es permanecer adormecido, en silencio, bajo la pantalla del radar. El *mindfulness* y la autoconciencia son el equivalente comportamental de un antídoto a ese estado de adormecimiento y de no saber. Pero no te equivoques. Constituyen una poderosa medicina.

Dado que la toma de conciencia es una medicina potente, la práctica del *mindfulness* puede ser difícil para aquellas personas que tienen un historial traumático, pues el *mindfulness* te pone en contacto directo contigo mismo. En realidad es como si te pusieras a observar tu interior y vieras todo lo que ocurre allí. Es la oportunidad de visitar y explorar ese país que eres tú mismo. Ahora bien, si tu país ha estado en paz durante la mayor parte de tu vida, y el clima es bastante bueno, hacerle una visita no va a ser demasiado estresante, y tomar conciencia de todos los aspectos no va a precisar de demasiada ayuda. Simplemente, puedes relajarte y disfrutar de la escena, y de las cafeterías que se abren a las aceras. Pero si tu país ha estado en guerra durante los últimos diez años, si estás manteniendo encuentros de reconciliación, si estás recorriendo pueblos interiores que han sido diezmados, la toma de conciencia va a precisar de viajes más cortos y de mayores apoyos, dado que es mucho más estresante visitar una zona de guerra. Así pues, conviene ser consciente de la dosis de *mindfulness,* del mismo modo que lo harías con una medicación potente, como la quimioterapia.

Cuando yo era internista en psicología, dirigí un grupo de *mindfulness* en una unidad de hospitalización de adolescentes. Creé el grupo a través de ensayo y error, trabajando a partir de unos protocolos establecidos de *mindfulness* y, con el tiempo, creando un guion que encajara con las necesidades de las chicas y los chicos allí ingresados. Sólo había una regla: no puedes distraer a nadie. Además del guion, preparé una grabación con temas musicales suaves para que acompañara de fondo. A los jóvenes se les permitía llevar almohadas, y se les instruía para que adoptaran cualquier posición en la que se sintieran cómodos. Era una sesión de cuarenta y cinco minutos dividida en tres secciones: una práctica de cinco minutos y dos prácticas de veinte minutos seguidas. Las pausas entre las prácticas les daban a chicos y chicas la oportunidad de «volver a la superficie» y hacer comprobaciones. En mi papel de socorrista del *mindfulness,* yo podía establecer contacto visual con cada joven para asegurarme de que no se estaban «ahogando».

Había jóvenes que podían echarse en el suelo y relajarse durante la experiencia, en tanto que otros se sentaban rígidamente en una silla el primer día y se me quedaban mirando durante los cuarenta y cinco minutos. Pero, por difícil que les resultara, el *mindfulness* no deja de ser una poderosa medicina. En un entorno seguro y de atenciones, los músculos de la autoconciencia y el autocontrol se arreglan y reparan con bastante rapidez. En la unidad tenía a una chica a la que habían secuestrado y habían metido en el maletero de un automóvil. Cuando empezó, era incapaz de soportar un minuto de sosiego; pero dos semanas después, ya podía sentarse y practicar durante los cuarenta y cinco minutos, afirmando incluso que se sentía relajada. La relajación no es necesariamente el objetivo del *mindfulness,* aunque mucha gente dice que ésta es una de sus consecuencias. *Mindfulness* es la capacidad para descansar en la propia conciencia, y todo descanso, del tipo que sea, tiene propiedades curativas. Desde mi punto de vista, el objetivo del *mindfulness* es ser capaz de observar cualquier cosa que pueda haber ahí y permanecer ahí: ser consciente y no abandonarte a ti misma. El *mindfulness* es quizás la mejor manera de remendar el tejido del yo.

Cuando llegó el momento de iniciar mi tesis doctoral,[8] decidí que iba a hacer un estudio sobre un grupo de adolescentes similar al que había creado. Evidentemente, no podría hacerlo en el hospital, porque la duración de la estancia en una unidad de pacientes ingresados suele ser corta y, ciertamente, demasiado variable, de modo que opté por hacer mi estudio sobre un grupo que tenía grandes dificultades con el autocontrol y la gestión de las emociones: los delincuentes juveniles. Dirigí mi grupo en cuatro centros diferentes de detención de jóvenes y, de forma parecida a mi experiencia en la unidad

---

8. Gretchen Schmelzer, «The Effectiveness of a Meditation Group on the Self-Control of Adolescent Boys in a Secure Juvenile Detention Center», tesis doctoral, Northeastern University, 2002.

hospitalaria, descubrí que los chicos desarrollaban con el tiempo los músculos del *mindfulness*. Los chicos se mostraron inquietos en un principio, pero al cabo de las ocho semanas de práctica, les resultaba fácil asentarse en la experiencia. La práctica tuvo un efecto claro en los aspectos que yo estaba estudiando: el autocontrol y la agresión. Los chicos de mi grupo se mostraban menos agresivos que otros chicos que no habían participado en el estudio. Daba la impresión de que mi grupo de meditación venía a ser una especie de amortiguador ante el estrés de hallarse en aquel sitio encerrados.

Sin embargo, los comentarios anecdóticos de los chicos me resultaron aún más interesantes que estos resultados. Muchos de ellos comentaban que les resultaba más fácil dormirse por las noches. Concretamente, uno de ellos dijo, «Anoche no podía dormirme y, entonces, comencé a escuchar tu voz diciendo que prestara atención a los sentimientos en la parte superior de mi cabeza. E intenté seguir tus instrucciones lo mejor que pude, pero me quedé dormido». Los chicos pudieron encontrar en el país de ellos mismos un lugar donde sentir un poco de calma, un lugar donde descansar. Otro chico, que había montado un alboroto en la unidad y al que habían obligado a sentarse en la silla de «tiempo muerto», para que se calmara, dijo que, mientras estaba mirando el formulario que tenía que rellenar, y cuando estaba a punto de iniciar una pelea con un miembro del personal, decidió respirar profundamente tres veces. Y añadió, «Y, entonces, pensé en hacer tres respiraciones más». Al final, pasó el «tiempo muerto» haciendo incrementos de tres respiraciones, y de ese modo no perdió las riendas ni sus privilegios. Ciertamente, puedes desarrollar los músculos del autocontrol a base de realizar bloques de tres respiraciones.

Pero el *mindfulness* no es mágico, y puede ser demasiado duro en determinadas situaciones, pues tuve chicos que vinieron al grupo y, finalmente, tuvieron que dejarlo. En los inicios del grupo, estos chicos se sentaban, y cuando se hacía el silencio, se ponían a mirar a su alrededor con la mirada de alguien que estuviera atrapado en un incendio. Se sentían presa del pánico, y normalmente intentaban hacer que otros compañeros les hablaran, para romper el silencio, para evitar cualquier posibilidad de sumergirse en su propia conciencia. No podían asentarse en la conciencia todavía, y menos en aquel entorno. En mis días de líder de grupo, yo detectaba pronto a aquellos chicos y, o bien les preguntaba si iban a estar a la altura o bien les ponía límites, dándoles la oportunidad de esforzarse un poco o bien exigirles que se fueran. Sin embargo, hubo veces en que no lo hice, sobre todo al principio, cuando aún estaba aprendiendo a dirigir el grupo. Quería creer que el *mindfulness* sería capaz de cambiarlo todo. Pero no fue así, pues de pronto un chico se derrumbaba, o bien se peleaba con otro, perturbando así el funcionamiento del grupo. Me llevó un tiempo hasta que comprendí que tenía que respetar lo que cada uno de aquellos chicos estaba experimentando, respetar a los países desgarrados por la guerra que ellos visitaban cuando yo les pedía que guardaran silencio, respiraran y tomaran conciencia.

¿Qué puede hacer por ti el *mindfulness?* La mera práctica de la conciencia te puede proporcionar mucha información acerca de dónde te encuentras y qué puedes necesitar. La toma de conciencia, en y por sí misma, es un acto de preparación. Tomarse tres minutos para respirar y escanear tu cuerpo, tus sentimientos y tus pensamientos es en todo punto similar al chequeo que lleva a cabo un piloto de su avión antes del vuelo; comprobarlo todo pieza a pieza, remache a remache, para asegurarse de que se puede volar en ese avión con total seguridad. Al practicar *mindfulness* y llevar a cabo un escaneo, estás constatando si existe algún remache emocional o físico que necesita algún tipo de atención.

El *mindfulness* y la toma de conciencia es algo que sólo deberías de practicar, en principio, con tu terapeuta o con tu líder de grupo, pero sólo tú puedes hacerlo por ti mismo. Nadie más puede hacerlo por ti. Sólo tú eres capaz de escanear tus estados internos y tus pensamientos. La gente puede darte información o retroalimentación acerca de ti observándote desde el exterior: tu comportamiento y tus expresiones. Pero sólo tú tienes acceso a toda la información, si optas por bajar el ritmo, permanecer tranquila y prestar atención.

Confianza y cuerdas

Cuando yo tenía quince años y era Girl Scout, aprendí a escalar por paredes rocosas en las montañas de las Western Catskills. Antes de empezar, nuestro instructor nos estuvo hablando del concepto de asegurar. Asegurar es el acto de estar conectada a través de una cuerda con otra persona cuyo cometido es aguantar la cuerda, ofreciéndole anclaje y seguridad al escalador, al tiempo que le da suficiente cuerda como para que siga trepando. El asegurador o segundo de cordada es la persona que le permite a otra trepar por una pared rocosa ciertamente difícil, ajustando continuamente la cuerda, asegurándose de que ésta no está ni demasiado tensa ni demasiado suelta. La cuerda de seguridad te ofrece la posibilidad de trepar por superficies difíciles sabiendo que, si te resbalas o te caes, la cuerda te sujetará. Lo primero que teníamos que aprender era cómo mantenernos conectadas; cómo conectar nuestras cuerdas al segundo de cordada antes de comenzar la escalada.

Así pues, ¿qué aspecto tiene la conexión inicial? ¿En qué se sustenta la confianza y la conexión? Una de las primeras cosas a tener en cuenta son las reglas y las expectativas del tratamiento, tanto las tuyas como las de tu terapeuta o tu grupo. Cuando yo comencé a recibir terapia, recuerdo que le pregunté a mi terapeuta cuáles eran sus expectativas, y me dijo que sólo tenía dos expectativas de sus clientes: (1) aparecer a la hora de la cita y (2) que tenía que ser lo más sincera posible. A lo largo de los veinticinco años que llevo haciendo clínica y leyendo acerca de clínica, no he encontrado una serie mejor de expectativas para el trabajo de sanación. Aparecer es tu disposición a aferrarte o engancharte a tu extremo de la cuerda: literalmente, aparecer físicamente. Estar presente y estar en presencia de alguien. Como terapeuta, yo imaginaba que cada vez que venía alguien en busca de ayuda y se quedaba, le pasábamos un hilo de un lado a otro, como si nuestro primer objetivo juntos fuera tejer la cuerda que nos conectaría. El trenzado que hacíamos era una combinación de constancia de la relación y de las conversaciones que manteníamos: ¿estaba yo allí cuando mis clientes esperaban que estuviera? ¿Estaban ellos allí? ¿Se comenzaba a la hora? ¿Escuchaba y respondía lo suficientemente bien? ¿Eran ellos capaces de hablar?

Pero, además, aprendí que el trenzado de la cuerda tiene lugar en el marco temporal del cliente y no en el mío. Durante tres años trabajé en una clínica de salud mental para pacientes externos, dentro de un proyecto de viviendas en las cercanías de Boston; y, durante mis primeros seis meses en la clínica, ninguno de mis clientes apareció, pero tampoco se dieron por vencidos. Un joven, llamado Jim, pidió cita y, cuando llegó la hora, la sala de espera estaba vacía. Le llamé por teléfono para preguntar por qué había faltado a la cita y se disculpó por no haber aparecido, y de inmediato pidió otra cita para la semana siguiente. Estuvo haciendo esto cinco meses. Así es cómo Jim creaba la conexión. Era su forma de poner a prueba la cuerda. Quería estar seguro de que yo estaría ahí y me comprometería con él. Quería ver si yo era capaz de mantener la conexión. Y, finalmente, al cabo de cinco meses, fui a la sala de espera a la hora acordada con él y allí estaba.

En su forma más básica, *aparecer* significa estar ahí en cada una de las citas para terapia. De vez en cuando, mis clientes necesitan algo que les ayude a sentirse cómodos para estar presentes, cuando el mero hecho de estar presente se les hace muy difícil. Yo he conversado con niños que sólo estaban dispuestos a hablar conmigo si podían hacerlo desde debajo de su mantita, o desde detrás de un sillón de mi despacho. He recibido a adultos que venían a la primera cita acompañados por sus parejas, o por alguna otra persona importante para ellos, para sentirse más seguros. Lo importante, sobre todo durante el precioso tiempo que se pasa en el Campamento Base, es explorar, articular y experimentar con todo aquello que te ayude a *aparecer*. ¿Qué hace que la conexión te parezca más sólida, cómoda o segura?

La segunda petición de mi terapeuta, la de ser sincera, es un aparecer pero de un tipo diferente; es que no sólo el yo físico, sino también el yo emocional, el yo relacional –todos los aspectos posibles del yo– se dejen ver y escuchar. Así pues, no sólo significa aparecer a la hora de la cita, sino, una vez allí, traer al máximo posible a tu yo más pleno. Y, una vez más, aquí, en el Campamento Base, conviene explorar: ¿qué tiene de difícil el dejarte ver? ¿Qué tiene de difícil hablar? ¿Qué te dificulta el estar presente y qué podría facilitarte estar más presente? ¿Cómo sabrá tu guía cuándo la cuerda está segura y cuándo tiene que tensarla? ¿Cómo le puedes decir a tu guía que la escalada es excesivamente difícil, o que estás muy cansado y no puedes continuar? ¿Cómo le puedes decir a tu guía que estás lista para seguir avanzando, que necesitas que te suelte un poco más de cuerda para intentar algo novedoso?

En la escalada en roca existe un proceso de comunicación estructurado entre la escaladora y su aseguradora, porque hay muchos momentos en que no se pueden ver la una a la otra; la escaladora está muy por debajo de su aseguradora y fuera de vista. Tanto una como la otra tienen que saber cuándo la otra está lista, si puede comenzar a escalar y qué necesita cada una de ellas para sentirse segura y que la escalada sea un éxito. Han de tener una estrategia de comunicación para ponerse en marcha, para detenerse y para las emergencias.

Para los supervivientes de un trauma, los actos más básicos de confianza y de comunicación sincera les pueden parecer algo así como actos radicales, pues para ellos suelen suponer un gran paso, entre todo lo nuevo que están aprendiendo. Hay personas que equiparan la petición de sinceridad con la expectativa o la presión para que compartan todos sus secretos. Ésa no es la intención, si bien no hay tabú alguno en decir cualquier cosa que consideres que es importante o que se te pase por la cabeza. Pero lo que probablemente sea más útil en este punto de tu viaje curativo sea tu capacidad para detallar tu experiencia y explicar cómo te sientes aquí y ahora; es decir, ser capaz de decir a tu guía o tu grupo, «No sé lo que siento», o bien, «Me siento entumecido», o «Hoy no puedo hablar, me resulta demasiado difícil», o «Cuando me preguntaste por mi trabajo, tuve la sensación de que me estabas juzgando. ¿Es así?». Es importante comprobar las suposiciones y averiguar si estás escuchando con precisión su tono de voz o si estás interpretando correctamente sus expresiones faciales; y es importante tanto para el cliente como para el guía. Algo tan sencillo como «Pareces sorprendida por lo que acabo de decir» puede ayudar a que ambas os comprendáis mejor.

En cuanto dispongas de conexión y de comunicación, ya puedes comenzar a escalar. Cuando estaba aprendiendo a escalar en roca, los siguientes pasos de la instrucción tras aprender a asegurar me sorprendieron un poco. Nuestro instructor nos puso los arneses, nos hizo enganchar las cuerdas de seguridad y nos hizo trepar hasta una altura de alrededor de un metro del suelo, para luego instarnos a que nos dejáramos caer a propósito. Quería que *practicáramos la caída*, y lo hacía con un doble objetivo. En primer lugar, para que aprendiéramos a sentir la cuerda y a confiar en ella en una situación sin riesgos, para que nos sintiéramos seguras a medida que fuéramos trepando a mayor altura. Quería que confiáramos en la cuerda y en nuestra capacidad para caer y volver a escalar, con independencia de cuántos metros hubiéramos caído. Y en segundo lugar, la caída no era sólo para que practicara la escaladora, también era para la práctica de la aseguradora. Nos era útil a ambas, dado que aprendíamos a asegurar, a practicar el aseguramiento recibiendo el peso de alguien y desarrollar la habilidad para sostenerla fiablemente con la cuerda, cuando las apuestas aún no eran altas, cuando aún no corríamos riesgos. Aprendimos a comunicarnos entre nosotras y a percibir lo que se siente cuando *se depende de alguien,* o cuando *alguien depende de ti,* pero a un metro de altura.

Recuerda que, mientras aprendes a confiar en tu guía, éste también está desarrollando su confianza en ti. En esta etapa del viaje es importante descubrir el modo de comunicaros entre vosotros y de qué forma pedir ayuda cuando todavía estás a un metro del suelo. La manera de pedir ayuda puede ser muy concreta: «Llama a este número si tienes problemas» o «Sólo llámame en una emergencia: No utilices el *email*». Hay grupos en los que se permite recurrir a otras personas del grupo como apoyo, y hay grupos en los que sólo podrás recurrir al líder del grupo en busca de ayuda. Hay clínicas en las que hay alguien de guardia que quizás no sea tu guía, pero que hace el papel de asegurador o segundo de cordada las 24 horas, o quizás haya un número de emergencia que recibe las llamadas. Hablar de todo esto mientras aún estás a un metro del suelo es realmente importante. Quizás te parezca tonto o embarazoso, y quizás pienses, «Jamás voy a llamar para pedir ayuda, ¿por qué estamos perdiendo el tiempo con esta conversación?». Y, como escaladora, quizás nunca te caigas, pero no creo que quieras arriesgarte a comprobarlo cuando te halles a gran altura, donde un error puede ser peligroso.

Ten en cuenta que, incluso en la escalada en roca, necesitas que la cuerda ofrezca algo de resistencia; es decir, necesitas sentir que la otra persona se encuentra realmente en el otro extremo de la cuerda. Si ésta está muy suelta y no percibes resistencia en absoluto, quizás es que haya demasiada cuerda y, en caso de caída, podrías hacerte daño. Pero si la cuerda está muy tensa, si percibes mucha resistencia, no vas a poder moverte. Estará bien que tu terapeuta te empuje un poco o te pida que hagas cosas que se te antojan demasiado difíciles. Y tampoco hay problema en que tú eludas el empujón y digas, «Todavía no». *Resistencia* es otra de las formas en que nos protegemos, en que nos mantenemos a salvo. Hay veces en que nos sobreprotegemos y no somos capaces de estirarnos y crecer; y hay veces en que no nos protegemos lo suficiente y terminamos abrumadas. Tomar conciencia de estos detalles en nosotras mismas nos ayudará a comprender lo que queremos y lo que necesitamos; nos ayudará a entender lo que resultó dañado y lo que necesita ser reparado.

«Estupendo, llegué al Campamento Base, pero no estoy seguro de si podré seguir adelante. He echado un vistazo a las montañas y son enormes, de modo que abandono. Me vuelvo abajo».

A lo largo de mi vida he visto a muchas personas abandonar el tratamiento en este punto. Les he oído decir cosas tales como, «La terapeuta no me comprendía», «El terapeuta no era lo suficientemente inteligente como para trabajar conmigo», «El terapeuta no vivía mi trauma, de modo que, ¿cómo iba a comprenderme?», «Hablar de todo esto no me ayuda». Como siempre, lo primero que voy a hacer es animarte a que te escuches a ti mismo, a esa voz que hay dentro de ti, acerca de tu experiencia en la situación de ayuda. ¿Me siento seguro aquí? ¿Puedo confiar en esta persona *de verdad?* Y, después, quiero que reflexiones sobre lo que afirmas del proceso y te preguntes qué pasaría si las cosas fueran completamente al revés y te dieras cuenta de que es peor. ¿Qué pasaría si el terapeuta fuera lo suficientemente inteligente como para estar a tu lado y escuchar lo que tengas que decir? ¿Cómo te sentirías si se te comprendiera de verdad? Para muchas personas que han pasado por un trauma, las respuestas a estas preguntas serían igualmente aterradoras, pues ser comprendido supone asimilar la verdad de lo que viviste.

Puede ser útil hablar de otras ocasiones en tu vida en las que buscaste ayuda. Pueden ser relatos acerca de los progenitores, de los profesores, de las jefas, de una persona del clero, de camaradas del Ejército. ¿Quién te ayudó? Habla de las veces en que tú ofreciste tu ayuda. ¿Cuándo tuviste la sensación de ser una ayuda? ¿Cuándo tuvo alguien el otro extremo de la cuerda? ¿Y cuándo tuviste la sensación de que te soltaban y te dejaban caer? Las conversaciones acerca de experiencias de ayuda en el pasado, así como las decepciones que has tenido después de haber pedido ayuda, os van a permitir, tanto a ti como a tu terapeuta, comprender lo que significa para ti obtener ayuda, y os van a llevar a sentir compasión en el proceso de cultivo de la confianza. Como terapeuta, me resulta útil escuchar a alguien

---

9. Anne Lamott, *Traveling Mercies: Some Thoughts on Faith* (Nueva York: Anchor, 2000), 202.

decir, «Sí, mi último terapeuta guardaba silencio en todo momento y simplemente me miraba. Yo detestaba aquella actitud». De acuerdo, me mostraré más activa, entonces. Otras veces puede suceder que yo escuche todo lo contrario, «Mi orientadora no paraba de hablar. No hacía otra cosa que sermonearme». De acuerdo, evitaré darte una conferencia. Como cliente, aún recuerdo la primera sesión de terapia a la que asistí, cuando mi terapeuta me preguntó cuáles eran mis expectativas, y yo respondí, «No quiero que me arreglen». Aquélla era una respuesta a mis experiencias previas de ayuda, en las que me sentí como si todo el mundo tuviera una respuesta o un ejercicio, o bien un protocolo para mis problemas, antes siquiera de que hubiéramos hablado lo suficiente como para que tuvieran alguna idea de cuáles eran mis problemas. Tus experiencias de ayuda previas pueden darte un montón de información acerca de lo que funciona mejor en tu caso y lo que no.

Todas estas conversaciones en el Campamento Base constituyen una oportunidad para ti y para tu terapeuta o tus compañeros de grupo para conoceros mejor. Ni una sola conversación constituye la respuesta a nada; más bien, cada conversación os va a permitir conoceros mejor mutuamente. Cada conversación os proporciona la oportunidad de ser veraces, auténticos; no por algún ideal superior, sino en servicio de tu crecimiento y en servicio de tu sanación del trauma.

Este esfuerzo a baja altitud es importante porque hay tramos complicados por delante. Me acuerdo de una conversación, hace ya años, en que yo estaba pasando una mala racha y mi terapeuta me miró y me dijo, «Tenemos que averiguar esto. Aquí sólo estamos tú y yo». Pues bien, el peso de aquella afirmación, «Aquí sólo estamos tú y yo», me impactó. De pronto, pude sentir las conversaciones que habíamos tenido y la mutua confianza que estábamos cultivando. Podía sentir la responsabilidad, algo no muy diferente del escalador y el asegurador, que teníamos mutuamente. Pude sentir la responsabilidad que ella sentía por mí en aquel momento, y pude sentir que ella no iba a soltar la cuerda. Pude sentir, en definitiva, quizás por vez primera en mi vida, la responsabilidad que yo tenía en aquella relación. Que tenía que encontrar mis agarraderos y mis puntos de apoyo y responsabilizarme de la escalada. Eso es lo que tu coraje en estas primeras conversaciones va a hacer por ti. Te permitirá aprender de ti misma, y te ayudará a cultivar las importantes habilidades relacionales que necesitas para hacer este largo, importante y difícil viaje.

Los recursos: lo que necesitamos
y lo que llevamos

Llevaban todo el bagaje emocional de los hombres que podían morir. Pena, terror, amor, añoranza…, éstos eran intangibles, pero los tangibles tenían su propia masa y gravedad específica, tenían peso específico. Llevaban recuerdos vergonzosos. Llevaban el secreto común de la cobardía apenas contenida, el instinto de correr, de quedarse helado o de esconderse, y en muchos aspectos ésta era la carga más pesada de todas, ya que no podrían nunca desprenderse de ella, requería de un equilibrio perfecto y de una postura perfecta.

Tim O'Brien, *The Things They Carried*[10]

En uno de mis antiguos puestos de trabajo clínico, me desempeñé en una escuela elemental de Boston. Tenía que ir a recoger a cada uno de mis pequeños clientes a su propia aula y llevármelos al despacho. Y, desde el principio, cada vez que recogía a uno de aquellos pequeños, un tal Brian, de siete años de edad, él se echaba la mano al bolsillo y sacaba algo para enseñármelo. Podía ser una canica, un clip o un muñequito de Buzz Lightyear. Cada semana se traía algo distinto de casa para enseñármelo y compartirlo conmigo. Aquello era en parte ofrenda y en parte talismán, y quizás una representación de algún aspecto de sí mismo que necesitaba

---

10. Tim O'Brien, *The Things They Carried* (Nueva York: Houghton Mifflin, 1990), 86. Traducción al castellano: *Las cosas que llevaban los hombres que lucharon* (Barcelona: Editorial Anagrama, 2011).

fortalecer o sustentar. Claro está que él se llevaba al despacho otras cosas aparte de eso, pero todo lo que sacaba de sus bolsillos nos ayudaba a saber por dónde empezar.

Una manera de ver los recursos es ¿qué llevas contigo? Y otra manera de verlos es ¿qué tienes para sustentarte? Y quizás la pregunta más importante es, ¿qué necesitas, como exploradora, llevar al trabajo de tu sanación de un trauma prolongado para hacer el viaje con seguridad y recuperar con éxito tu totalidad?

Tienes que tomar en consideración algunos recursos importantes, mientras pasas tu tiempo aquí, en la fase de Preparación. Lo primero que tienes que considerar es qué recursos hay fuera de ti que te pueden sustentar. Tienes que estar viviendo con una relativa seguridad; no puedes estar padeciendo un trauma y, al mismo tiempo, resolver eso otro. Si estás viviendo el trauma todavía, entonces vas a necesitar protecciones que te ayuden a sobrevivir. Necesitas tus protecciones; es decir, el contrachapado o los ladrillos que pones delante de las ventanas para protegerte de los vientos huracanados. No es sensato quitar esas protecciones si el huracán todavía no ha pasado. Si te encuentras aún en una situación insegura, lo que tienes que hacer no es sanar del trauma, al menos todavía; lo que tienes que hacer es conseguir alcanzar un lugar seguro. Un país no puede sanar de una guerra mientras la guerra aún esté desatada.

Si no vives en una situación segura, lo prioritario en tu trabajo de sanación es conseguir una situación vital segura, y ésta debería ser la discusión que deberías mantener con tu terapeuta, guía o grupo. Estas personas de apoyo pueden trabajar contigo para que establezcas contacto con los recursos adecuados en tu comunidad, de modo que puedas dirigirte hacia una situación de seguridad. Hace falta mucho coraje para abandonar una mala situación familiar y dirigirse a una situación desconocida. También se precisa de mucho esfuerzo y de persistencia.

Si has conseguido establecer una situación vital segura, los siguientes aspectos en los que vas a tener que centrarte son la comida, un techo, unas relaciones de apoyo y una actividad significativa. Sanar de un trauma puede desorientar y desestabilizar bastante, y vas a necesitar tu propia versión personal de Campamento Base al cual regresar a medida que vayas realizando el trabajo. Tienes que cuidar de ti misma, comer alimentos nutritivos que te den energía y te mantengan sana. Necesitas un techo, un lugar donde vivir, y necesitas saber dónde vives. Pero «techo» significa también «un lugar que ofrece protección temporal ante las inclemencias del tiempo o ante un peligro», y tú necesitas también este tipo de «techo». Un lugar donde sepas que puedes tomarte un respiro si lo necesitas: tu dormitorio, el baño, una vuelta a la manzana, tu parque favorito. Tienes que identificar algunos lugares a los que poder ir, donde te sientas seguro y tranquilo, donde puedas recargar las pilas si lo necesitas.

Además de identificar lugares seguros donde tomarte un respiro, conviene también que hagas una relación de aquellas personas de tu entorno que podrían dar apoyo a tu proceso curativo. Algunas de esas personas puede que estén ya dándote apoyo; puede ser tu terapeuta o tu médico de atención primaria. Puede ser también tu cónyuge o tu pareja. Puedes elegir a algunas de estas personas para hablar con ellas del trabajo que estás haciendo sobre el trauma, y puedes elegir a otras para que se incorporen a tus relaciones de apoyo porque su mera presencia en tu vida te supone una ayuda, y quizás nunca se enteren de otro modo del trabajo que estás haciendo sobre el trauma. El trabajo sobre el trauma es difícil, y puede evocar emociones complejas que pueden hacer que desees aislarte. El hecho de disponer de una red de relaciones de apoyo es una manera de mantenerte conectada con el presente y de potenciar tu capacidad para gestionar el estrés. Yo suelo comparar esta red de ayuda con el equipo de apoyo de los ciclistas de élite en el Tour de Francia, que están respaldados por un conjunto de personas que les ayudan a llevar a término la carrera: preparadores y entrenadores, terapeutas físicos, mecánicos de bicicletas y conductores. Así pues, ¿quién crees que debería estar en tu equipo de sanación? Tu equipo —Equipo [pon tú nombre aquí]— es como el equipo de un ciclista de élite. Hazles saber, si puedes, que forman parte de él; ve informándoles de tus progresos si no te incomoda hacerlo; pídeles apoyo cuando tengas la sensación de que te falta energía o sientes que la desesperación te embarga; e, incluso, hazles camisetas con el nombre del equipo si eso hace las cosas más divertidas.

El último recurso externo importante que debe quedar establecido es el de disponer de una actividad significativa, con sentido. Un trauma puede suponer un poderoso desafío para tu sistema de creencias. Para sanar del trauma vas a tener que enfrentarte a poderosos sentimientos de desesperación y desesperanza, y una actividad con sentido puede ser ese lastre que te mantenga firme cuando te enfrentes a tales sentimientos, pues te recordará que sobreviviste al temporal y lograste alcanzar tierra firme. Una actividad significativa, con sentido, puede arrojarte una cuerda cuando tengas la sensación de que tu pasado está tirando de tus pies.

Hace muchos años, mientras trabajaba en una clínica de orientación en la ciudad, tuve dos clientes muy parecidas en edad y en los problemas que sufrían, pero que diferían significativamente en lo relativo a realizar una actividad con sentido. Una de ellas, Vivian, estaba deprimida y tenía una enfermedad crónica, pero iba a trabajar todos los días como cocinera en una residencia de ancianos, además de tener que cuidar de sus tres nietos. Forcejeaba con la precariedad, luchando por pagar la luz y la calefacción cada mes, pero trabajaba duro para ocuparse de sus nietos y conservar su empleo. La otra clienta, Wanda, también estaba deprimida y padecía una enfermedad crónica. Vivía sola, y sus hijas, ya independizadas, vivían en el otro extremo del país. Se pasaba la mayor parte del tiempo yendo al médico. A diferencia de Vivian, Wanda no disponía de actividad significativa alguna en su vida. No disponía de contactos con personas que no estuvieran relacionadas de alguna manera con su tratamiento. Una parte importante de su sanación pasó por reconectar con sus aficiones y hacer trabajos de voluntariado, para así no sólo vivir a diario su enfermedad, sino también sus virtudes y fortalezas, pudiendo ser consciente así de su impacto en los demás.

La única persona que puede decir si la actividad que realizas es significativa, si tiene sentido, eres tú mismo; pues aquí lo importante no es la noción de «sentido» que pueda darle otra persona. No tiene nada que ver con el dinero, ni tampoco con el éxito. La actividad puede ser un trabajo o pueden ser las responsabilidades familiares. Y si es un trabajo, puede ser remunerado o no. Una actividad significativa te ayuda a conectar con el mundo actual y a descubrir y apreciar tus capacidades. Te pone en contacto contigo mismo, con tus valores y tus pasiones. Según mi experiencia, cuanta más actividad significativa te permita conectar con tu propósito, tus valores y tu pasión, más te servirá como lastre en tu trabajo de sanación. Esto significa que, en ocasiones, puede no ser tu empleo, sino un trabajo de voluntariado, el que te sirva mejor como apoyo; o bien tu papel como abuelo o abuela, como paseador de perros, como trabajador de servicios comunitarios o como guardia de tráfico urbano. Puedes ser el propietario de una empresa o el recepcionista, el vendedor o el encargado de mantenimiento. Una actividad significativa es un requisito para la sanación porque te proporciona un anclaje en el presente, lo cual te permite explorar el pasado sin quedarte allí estancado. Te permite explorar el pasado y mantener la esperanza y el optimismo, lo cual te proporciona una conexión con el futuro y una esperanza en él.

Ésos son los recursos externos a ti; pero ¿qué hay de los recursos que albergas en tu interior? Los recursos internos, que son muy importantes, actúan como una fuente de energía para que prosigas tu viaje, sobre todo cuando las cosas se ponen mal. Por recursos internos entendemos la disposición, la esperanza, la gratitud y la perseverancia.

La *disposici*ón es el deseo de aparecer y de intentarlo. Es la energía que hace que sigas apareciendo en la consulta con cada cita. Aparecer para el tratamiento, aparecer por tu propio bien, aparecer en tu vida utilizando nuevas habilidades y conductas. La disposición es energía. No hace falta que se te dé bien algo ni que sepas cómo hacer algo; lo único que tienes que hacer es estar dispuesta. La disposición es un hábito que viene alimentado por la esperanza; y, sorprendentemente, es la disposición la que te lleva a cuestas en aquellos períodos en los que tus esperanzas son bajas. En momentos en los que albergues más esperanza, estarás alimentando las baterías de la disposición a través de la práctica y el hábito. En momentos más complicados, la disposición te llevará hasta que atisbes nuevas esperanzas.

La *esperanza* es lo opuesto a la desesperación; es esperar un resultado positivo, la visión de un estado diferente, una experiencia positiva diferente, una meta alcanzada. Es la capacidad para mantener la imagen de algo que aún no se ha hecho presente, alentar el sentimiento de que es posible. La esperanza no tiene por qué ser realista, como los sueños y visiones de la infancia, como el querer ser astronauta o bombero, que nos impulsan a aprender. No importa que nunca llegues a ser astronauta, porque la esperanza de convertirte en astronauta es lo que te lleva a aprender matemáticas y a hacer tu solicitud en la universidad. La esperanza en estos sueños te ayuda a explorar los límites de tus deseos. También es cierto que la esperanza funciona hasta que deja de hacerlo, dado que, muchas veces, la realidad termina imponiéndose a la esperanza. Con un metro y setenta y ocho centímetros de estatura, yo ya no puedo tener la esperanza de ser gimnasta, por ejemplo.

Yo he descubierto maneras de desarrollar la esperanza. Donde mejor vas a encontrar esperanzas para el futuro es en el presente, y las dos cosas que mejor pueden devolverte la esperanza son el *mindfulness* y la gratitud. El *mindfulness,* como ya he dicho, es el estar simplemente allá donde estés, prestando atención en ese instante a cualquier cosa que esté sucediendo. El ejercicio más sencillo de *mindfulness* es, simplemente, prestar atención a tu respiración. Sé que esto puede parecer excesivamente sencillo pero, de respiración en respiración, te puedes dar cuenta de que el futuro existe. En tus peores momentos, la vida puede parecer insoportable, como si no pudieras soportar otro minuto más. Y no puedes imaginar que las cosas puedan ser de otro modo. Sin embargo, la práctica de la respiración y de estar con la respiración puede levantar un puente que te lleve desde la desesperación hasta la esperanza. Respirando en este preciso instante, y después en este otro, y en este otro, llegas hasta el siguiente minuto. Y después al siguiente. Llegas al futuro que, hace unos minutos, era imposible llegar; y te das cuenta de que quizás el siguiente minuto también sea posible. Quizás el horizonte de tu esperanza sea de uno o dos minutos, pero es suficiente. Hay veces en que respirar, simplemente, te lleva hasta un instante en el que algo te distrae de tu desesperación. Quizás te percatas de la belleza de la luz incidiendo sobre la mesa, o quizás escuches el canto de un pájaro, te des cuenta de que tienes hambre o te preguntes qué vas a hacer para cenar. Por unos instantes, tus pensamientos dejan de ser pensamientos desesperados, y de pronto captas, aunque sólo sea por un instante, que el dolor es intermitente, y que puedes tomarte pequeños respiros de él. El *mindfulness* te ralentiza lo suficiente como para que te percates de lo que ocurre a tu alrededor.

Cuando te sientes incapaz de imaginar un futuro o de generar emociones positivas y esperanzadoras acerca del futuro, te puede resultar útil centrarte en la gratitud por todo aquello que sí que disfrutas en el presente. La *gratitud* es una antigua práctica, pero ha ganado atractivo en los últimos tiempos debido a los resultados de investigaciones recientes. Resulta que la práctica de la gratitud, al igual que la práctica del *mindfulness,* es una medicina eficaz no sólo para nuestro mundo emocional, sino también para nuestra manera de ver la vida. Como nos recuerdan los investigadores en la gratitud, Robert Emmons y Michael McCullough, la palabra «gratitud» procede del latín *gratia,* que significa «gracia». En un retiro de yoga al que fui en cierta ocasión, el instructor definió la gracia como «una bendición divina no merecida». La gracia es cuando se te presenta un don, un regalo, incondicional; algo por nada, algo simplemente porque existes.

Emmons y McCullogh han estudiado la gratitud en dos escenarios diferentes.[11] En primer lugar, dividieron a un grupo de estudiantes universitarios en tres grupos distintos: un grupo de gratitud, otro de molestias y otro neutral. Durante diez semanas, los participantes estuvieron rellenando un informe cada semana. A todos los grupos se les realizaba así una evaluación de bienestar, consistente en estado de ánimo, gestión emocional, síntomas físicos, tiempo dedicado al

---

11. Robert Emmons y Michael McCullough, «Counting Blessings versus Burdens: An Experimental Investigation of Gratitude and Subjective Well-Being in Daily Life», *Journal of Personality and Social Psychology* 84 (2003): 377-389.

ejercicio y dos preguntas generales sobre cómo se sentían respecto a su vida durante la última semana. Al término de la evaluación, cada grupo tenía una pregunta diferente por responder. El grupo de gratitud tenía que hacer una relación de las cinco cosas que, durante la semana pasada, les habían hecho sentirse agradecidas; el grupo de molestias tenía que relacionar las cinco cosas que más molestas les habían resultado durante la semana, y el grupo neutral tenía que hacer una relación de los cinco acontecimientos que más les habían impactado. Los resultados del estudio demostraron que los participantes del grupo de gratitud se sentían mejor con su vida y mostraban un mayor optimismo de cara a la semana que estaban a punto de comenzar. En resumen, la gratitud incrementaba la esperanza.

En su segundo estudio, Emmons y McCullough variaron el marco temporal. En lugar de hacer diarios semanales acerca de la gratitud, el estudio duró sólo dos semanas, pero las anotaciones se hicieron día a día. De manera similar al primer experimento, ambos grupos, el de gratitud y el de molestias, hicieron una relación de cinco elementos cada uno. El tercer grupo del estudio se basaba en una comparación social a la baja: hacer una relación de cosas en las que te desenvuelves mejor que cualquier otra persona. En este marco temporal más intensivo, los resultados mostraron que el grupo de gratitud experimentó beneficios significativos: mostraban estados de ánimo más positivos y era más probable que ayudaran a los demás. Los investigadores replicaron este estudio posteriormente, extendiendo el marco temporal desde las dos semanas a tres, y encontraron los mismos resultados, además de una mejoría en el sueño nocturno. Todos estos resultados positivos se derivaban, simplemente, de esa relación diaria de cosas por las que los participantes se sentían agradecidos.

Mi práctica de gratitud es lo que yo llamo las «cuentas de la gratitud». En realidad, son unas cuentas de oración budistas que compré hace unos años en Bouddanath, cerca de Katmandú, en Nepal. La totalidad de mi experiencia en Nepal fue una experiencia de gracia, de bendición divina no merecida. En el vuelo hacia Katmandú hice amistad con un monje budista que se ofreció a hacerme de guía en

Bouddanath y en su monasterio; incluso vino, con su joven monje asistente, a una cena de espaguetis en mi hotel. Pues bien, comencé con la práctica de las cuentas de gratitud porque yo tenía las cuentas de oración budistas, pero no conocía ninguna oración en concreto, ni budista ni de ningún otro tipo. En mi infancia, no se me había inculcado religión formal alguna. Cierto es que vivía en un vecindario católico y había memorizado el padrenuestro de un libro de la escuela, de modo que podía pasar desapercibida cuando las vecinas me llevaban a misa de cinco, pues éstas hacían subir en su camioneta a todos los niños con los que se encontraban los sábados a las cuatro y media. Pero el padrenuestro no parecía encajar bien con tantas cuentas como había en aquel extraño rosario, de modo que, en vez de pronunciar oraciones, comencé a realizar aquella nueva práctica, en la cual yo iba pasando las cuentas y diciendo algo por lo que estaba agradecida por cada una de las 108 cuentas del rosario. En la oración budista tradicional, tú repites un mantra por cada una de las cuentas. Lo tienes que pronunciar cien veces, aunque lo haces 108 veces por si te has equivocado al pasar las cuentas. En mi práctica no existen reglas, salvo la de decir algo con cada cuenta. Me siento agradecida por el buen tiempo, por las flores, por la sandía y por la gente que forma parte de mi vida. Estar agradecida por 108 cosas cada mañana me recuerda que mi vida está llena de riqueza, y lo mejor de todo es que siento la abundancia del mundo. Me siento agradecida por los narcisos, aunque sólo haya uno, pero en el acto de gratitud yo me siento agradecida por todos los narcisos.

Cuando trabajaba como terapeuta, normalmente asignaba la práctica de la gratitud a mis clientes como trabajo para casa, pero no hacía que buscaran 108 cosas por las cuales estar agradecidos, sino sólo tres. Les pedía que pusieran por escrito tres cosas cada mañana por las que se sentían agradecidos o que les hicieran felices. Los resultados eran sorprendentes, y sus informes eran coherentes. A medida que avanzaban en el proceso, mis clientes se percataban, en primer lugar, de que les resultaba fácil encontrar motivos para estar agradecidos; luego, se les hacía más difícil, y entonces notaban un tremendo cambio: se daban cuenta de que, a lo largo del día, estaban más atentos a las cosas por las que podían sentirse agradecidos y que les hacían felices. Cuando sucedía algo, se preguntaban: ¿podría ser ésta una de las cosas por las cuales estoy agradecida? Entonces, sus ojos, sus oídos y su corazón estaban al acecho de cosas por las cuales estar agradecidas, no decepcionadas. Era como si estuvieran reestructurando su cerebro para percibir todo lo bueno que había en sus vidas. Es mucho más fácil encontrar la esperanza, o recuperarla, cuando una siente la abundancia que la gratitud proporciona.

La gratitud puede dar soporte a tu trabajo curativo y a tu trabajo en la vida cotidiana. Como consultora, fomento el desarrollo del liderazgo con el fin de que las sociedades o comunidades aborden sus traumas y sus problemas sociales, como la violencia doméstica o los abusos sexuales. Recientemente, un grupo de Alaska adoptó la práctica de la gratitud de tal modo que cada persona asumió el compromiso de enviar un *email* semanal a todo el grupo para compartir tres cosas por las que se sentía agradecida. De esta manera, todo el grupo tenía la oportunidad de conocer los motivos de gratitud de todos sus miembros. Pero también en nuestro equipo consultor comenzamos cada día de trabajo con una «ronda de gratitud», con lo cual conjuntamos nuestros corazones y mentes como equipo.

La *perseverancia* se define como «el esfuerzo continuado por hacer algo, a pesar de las dificultades, del fracaso o la oposición», y en la sanación de un trauma repetitivo tienes la oportunidad de enfrentarte a las tres cosas en un momento u otro: las dificultades, el fracaso y la oposición (y en los días malos, hasta puede que las tres a la vez). Además de haber pasado por una experiencia traumática, la sanación del trauma puede ser uno de los trabajos más difíciles que tengas que realizar en tu vida. No olvides que estás regresando voluntariamente a la zona de guerra de tu experiencia, y que eres la que tiene que hacer todo el trabajo. Sí, tu guía, tus seres queridos y tus compañeros de viaje te apoyarán en la sanación, pero sólo tú puedes hacer el trabajo. En cualquier caso, en este aspecto no hay diferencia alguna con la curación física. Cualquier persona que haya sufrido una lesión o una herida física, sobre todo si los daños han sido graves, sabe que el proceso de sanación es difícil. Sabe que va a tener que pasar por largos períodos de rehabilitación; que, con frecuencia, tal rehabilitación, al tiempo que restaura el pleno funcionamiento, incrementa el dolor; que, mientras se cura, una no puede funcionar en plenas condiciones, que necesitará más descanso, más cuidados, más ayuda. Pero, además, convendría recordar que curar las heridas del corazón, del alma, del yo es, al menos, tan doloroso como curarse de una grave herida física, si no más. Ésta puede ser una de las partes más difíciles de todas. Y lo que es difícil para un superviviente de un trauma prolongado no será lo mismo para los demás. Aquellas personas que resultaron heridas, y durante largo tiempo, en su infancia, es muy probable que tengan que reaprender el apego, que tengan que aprender la confianza básica en la edad adulta. Se trata de algo bastante difícil de aprender en la infancia; no hay más que ver a una pequeña de dieciocho meses de edad cuando se la separa de la persona que la cuida habitualmente. Pues imagina ahora que tienes que aprender eso en la edad adulta, cuando nadie te va a tomar en brazos, ni te va a acunar ni a llevar de aquí para allá. Te darás cuenta de que mi descripción de *difícil* hasta puede quedarse corta. Aquellas personas que hayan sido duramente heridas en su edad adulta se tendrán que enfrentar al reto de encontrar su identidad e intentar aferrarse al quiénes eran antes del trauma y quiénes querían ser, todo lo que siempre supieron de sí mismas y lo que valoraban. Quizás sientan que una parte de ellas ha muerto. Quizás se pregunten si algún día podrán recuperar cierto sentido del yo.

El fracaso está garantizado en algún punto del viaje. Volviendo a la metáfora de la rehabilitación física, siempre vas a intentar hacer algo que está simplemente fuera del alcance de tu capacidad en ese momento. Te presionarás en exceso, pero resbalarás y perderás terreno. Tendrás que comenzar de nuevo. No estoy segura de si es posible que haya sanación, incluso crecimiento, sin el fracaso. Lo que sí te garantizo es que resbalarás y perderás terreno. Y volverás a hacer esa estupidez de nuevo. Volverás a decirle eso a la misma persona, pero lo harás ahora de forma más consciente. Te pillarás antes cometiendo ese error, y te resultará incómodo, cuando antes te parecía totalmente familiar. Cuando te hallas en un viaje de sanación, los fracasos que proceden de la perseverancia cumplen con una función de aprendizaje. En modo alguno se diferencia de aprender algo. Yo estoy volviendo a aprender a tocar la guitarra a los cincuenta y un años. Cometo errores a todas horas. Los errores están integrados en la experiencia. Cometo un error y lo intento de nuevo. Y lo vuelvo a intentar. Pues bien, la sanación no es diferente. No existe modo alguno de probar nuevas formas de estar en el mundo sin cometer errores. El antídoto aquí es la compasión y la bondad. Si una niña está aprendiendo a tocar el piano, no te vas a poner a gritarle cada vez que se equivoque. Simplemente, vas a dejar que siga tocando, que no se detenga, que persevere.

Cuando escuchas a tus amigos o a los miembros de tu familia decir que tienen que ir a rehabilitación física después de una lesión o de una operación, te percatas de que lo dicen entre gemidos y risas. Hablan de lo duro que es el terapeuta físico, lo mucho que les hace trabajar, lo mucho que duele… pero lo hacen de una manera que suene como muy «macho», muy rudo.

Sin embargo, ésa no es la conversación que la gente tiene normalmente cuando se habla de una terapia psicológica. Existe la creencia errónea, sobre todo cuanto peor se siente la persona, de que, tras una sesión de terapia psicológica, no te vas a sentir dolida, sino que te vas a sentir mejor; como si te hubieras sentado a charlar con una abuela amable o como si te hubieran regalado una tarjeta de felicitación de ésas de Hallmark, y no con una persona formada para ayudarte a sanar, estirarte y crecer.

La terapia psicológica es exactamente como la terapia física, salvo en que se hace mediante palabras en lugar de con esas bandas de goma de colores. Esos viejos músculos, que habitualmente están tensos, se ven obligados a estirarse y a encontrar nuevas maneras de moverse. Los huesos psicológicos que estaban fracturados y sanaron se vuelven a fracturar y ajustar para, a continuación, lentamente, ponerlos en uso para que tú los utilices de nuevo. Y todo este trabajo es doloroso. Todo este trabajo exige que te esfuerces y te estires.

Aquí es donde los clichés que utiliza la gente se te pueden hacer especialmente molestos, porque te preguntan «¿Te sientes mejor?», y a ti te gustaría gritar «¡No! ¡Estoy dolorida, me siento vacía y ansiosa! ¡Y estoy probando con cosas nuevas!». El problema es que, al igual que la rehabilitación física, términos como *sentirse bien* y *sentirse mal* no te dicen en realidad nada: siempre te sentirás dolorida en tu sendero hacia la funcionalidad. Valoramos la salud física en función de la flexibilidad, la fortaleza y la amplitud de movimientos. ¿No deberíamos valorar la salud psicológica de la misma manera? Algún día veremos la rehabilitación psicológica como algo tan duro y complejo como vemos la rehabilitación física. Cuando escuches a alguien decir que está esforzándose con sus problemas, dile, «¡Veo que es un trabajo sorprendente! ¡La curación es un mal trago!», y verás cómo sonríe. Tú puedes cambiar el tono de la conversación en lo relativo a la sanación psicológica.

En la definición de perseverancia, la idea de oposición parece contemplarse como una fuerza externa, perseverar frente a un «otro» que empuja en dirección contraria. Y cabe la posibilidad de que te encuentres con eso; que, a medida que crezcas y cambies, haya personas en tu mundo que ofrezcan resistencia (aunque deberás tener en cuenta que esto ocurre con cualquier cambio, no sólo con la sanación de un trauma). Quizás se resistan porque el cambio está teniendo lugar con demasiada rapidez, o no lo suficientemente rápido. La clave para resolver estas oposiciones es la conversación. No vas a tener respuesta para todo, y todo aquel que te quiera va a tener que perseverar también. Pero sea cual sea el problema, puedes comprometerte a mantener la conversación el tiempo suficiente como para sentirte conectado con tal problema, aunque éste no se pueda resolver todavía ni comprender siquiera. Os podéis contar mutuamente por qué este problema es importante, y lo que esperáis al resolverlo. Algunas personas, grupos o sistemas pueden ofrecer resistencia a tu proceso de curación, y es posible que optes finalmente por tomarte un respiro de ellos. Puede que tengas que reconocer que su resistencia no es fruto del cariño, el amor o su apoyo, y quizás ni siquiera respondan a la conversación. Puede que tengas que aceptar que hay alguna oposición que en realidad es sólo oposición, y puede que tengas que tomarte un respiro de ellos para hacer tu propio trabajo.

Sí, en ocasiones, la oposición es externa, pero desde mi experiencia con la sanación, lo más probable es que la oposición sea interior. Como Pogo afirmó sabiamente, «He visto al enemigo, y está dentro de nosotros». La mayor parte de la oposición a la que te enfrentes es muy probable que sea tuya: miedo al cambio, miedo a enfrentarte al pasado o miedo a tener que enfrentarte a todo eso a la vez dentro de tu cabeza. El trauma repetitivo te exigió la creación de un sistema de defensas para protegerte, y esas protecciones fueron importantes, pues te salvaron la vida. Protegían a tu verdadero yo. Pero, ahora, mientras intentas desmontarlas y crear una serie diferente de protecciones, protecciones saludables, que se correspondan con el presente y no con el pasado, te vas a encontrar con algunas de las oposiciones más fuertes que te hayas encontrado jamás. Quizás llegues a desear que la oposición hubiera sido externa, allí donde pudieras verla, gritarle, alejarte de ella. Pero, por ahora, no olvides que la perseverancia es una aliada determinante.

Lugares seguros

Yo vivía a noventa minutos de la facultad en la que estaba haciendo mi máster, y la mayor parte de las veces iba y venía a diario entre Natick y Springfield. Pero una noche en que terminé tarde las clases y tenía que regresar temprano por la mañana a la facultad, le pregunté a una amiga si podría quedarme a dormir en casa de sus padres, que vivían en Amherst, no muy lejos de Springfield. Jean y John, que así es como se llamaba la pareja, no me conocían demasiado, pero no obstante aceptaron acogerme de buen grado. Jean me ofreció un refresco cuando llegué, e hizo una cena sencilla pero maravillosa a base de croquetas de bacalao y patata. La casa era amplia y cómoda, y mantuvimos una conversación muy agradable durante la cena. La habitación de invitados era acogedora y, cuando me acosté en la cama por la noche, tomé conciencia de que estaba en una casa en la que no tenía que prestar atención a responsabilidad alguna. En aquella época, yo trabajaba los fines de semana como encargada, y única empleada del personal, de un hogar residencial en el que vivían cinco adolescentes emocionalmente perturbadas. En este trabajo, yo estaba al cargo de la seguridad, en una situación en la que me superaban en número y rara vez dormía. Sin embargo, en aquella casa en la que me habían invitado, había dos adultos amables que hubieran respondido a la puerta o al teléfono en caso de que alguien hubiera llamado, o se hubieran ocupado de todo en caso de emergencia. Yo sabía que Jean y John se llevaban bien y que no suponían un peligro el uno para la otra; no se peleaban entre ellos, a diferencia del hogar en el que crecí. Mientras estaba en aquella cama, mirando al techo, me sentí impactada al pensar en cuán segura me sentía aquella noche. La sensación de seguridad me inundó y me hizo hundirme profundamente debajo de la manta. Me sentía a salvo. Y me sumergí en uno de los sueños más profundos que pueda recordar hasta el día de hoy.

Sobrevivir a un trauma repetido no te proporciona una sensación de seguridad. Te proporciona una sensación de supervivencia, la de estar en todo momento lista para dar un salto y echar a correr. Vives con un sentimiento de cautela ante todo y ante todos. El miedo como compañero permanente. No es que sea crítica con la supervivencia, pues supera con creces a su alternativa, claro está. La supervivencia puede darte confianza. Pero la supervivencia es también vigilancia constante, y eso es agotador.

La seguridad es la capacidad para descansar, asentarte, respirar con facilidad. La seguridad es la capacidad para centrarte en algo más aparte del peligro o de la muerte. Como afirma Judith Herman en su libro *Trauma and Recovery (El trauma y su recuperación),* «la tarea principal de la primera fase [de la recuperación] es establecer cierta seguridad».[12] Tal como he dicho anteriormente, la fase de Preparación se ocupa enteramente de la seguridad, prestar atención a la seguridad en el presente, y cultivar las habilidades, los recursos y los cimientos necesarios para conservar una situación segura durante el trabajo de sanación del trauma, además de cultivar los fundamentos que te lleven al futuro.

El Campamento Base es un lugar seguro. Un lugar seguro es aquél en el que puedes respirar con facilidad y reparar o reponer tus necesarios recursos. Lo que resulta difícil explicar en la sanación de una herida profunda, en la curación de un trauma mantenido durante largo tiempo, es que este lugar es, en ocasiones, un lugar

---

12. Judith Herman, *Trauma and Recovery* (Nueva York: Basic Books, 1997), 155.

físico, como ese lugar en el que te encuentras con tu terapeuta o con tu grupo. Puede ser una habitación, un despacho o un salón de reuniones. Puede ser un lugar real que te nutre y que te proporciona paz: tu habitación favorita, un lugar especialmente señalado de la naturaleza, el porche delantero de la casa. Hay veces en que ese lugar es la relación entre tu terapeuta y tú en el aquí y el ahora. Es la sensación de que alguien sujeta el otro extremo de la cuerda. En ocasiones, ese lugar es la experiencia de la relación que llevas contigo, la relación confortante que puedes conjurar en tu mente, donde siempre hay una voz reconfortante que te recuerda que todo está bien.

Como demuestra lo que he dicho más arriba acerca de mi experiencia en la casa de Jean y John, de hundirse profundamente debajo de la manta, la seguridad es tanto una sensación fisiológica como psicológica. Y yo he descubierto que, con el fin de experimentar realmente la seguridad, ambas sensaciones tienen que estar entrelazadas. A lo largo de mi propio viaje curativo, yo utilizaba mis habilidades cognitivas para visualizar lugares seguros, y solía darme autoinstrucciones, decirme cosas tranquilizadoras a mí misma; pero todo esto rara vez tenía el efecto fisiológico que me hubiera llevado a experimentar la seguridad físicamente. Mi cerebro estaba preparado para creer en la seguridad, pero mi herido cuerpo animal no había hecho ningún plan para abandonar su vigilancia.

Eso no significa que la práctica de la seguridad –utilizando las habilidades psicológicas de la visualización, las autoinstrucciones o el *mindfulness*– no fuera útil. De hecho creo que, con el transcurso del tiempo, esas prácticas me ayudaron inmensamente y me prepararon para sentirme cada vez más a salvo. Pero conviene reconocer que estas prácticas no *se sienten* como algo seguro en un principio; eran prácticas que yo realizaba y podía utilizar para autorregularme un poco. Formaban parte de la fase de Preparación. El sentimiento de seguridad es un resultado, no un aporte, en el trabajo sobre el trauma. Tú generas un entorno seguro –en tu mente, en tu cuerpo, tu espíritu, tus emociones y relaciones–, y luego practicas la manera de llevar a tu interior esa seguridad.

¿Por qué es tan difícil de describir este lugar seguro? Porque los seres humanos estamos programados para la conexión, y estamos programados desde la infancia para encontrar seguridad en las relaciones. Estamos programados para buscar la protección de nuestros cuidadores cuando tenemos miedo. De hecho, buscar conexión cuando tenemos miedo es lo que distingue un apego seguro en la infancia.

Pero el trauma quiebra esa conexión. El trauma interfiere con los sentimientos de seguridad asociados con la conexión, de ahí que la primera tarea del tratamiento sea la reconstrucción de la confianza.[13] La mayoría de los traumas suponen un acto en el que un ser humano se vuelve contra otro, en el que la experiencia de la relación ya no es de seguridad, sino de poder utilizado para causar daño. A las personas que resultaron heridas en la infancia les resulta difícil confiar en una relación de cariño diseñada para ayudarlas. He visto dilemas similares en el tratamiento de los veteranos de la guerra de Vietnam, que se sentían traicionados por el Ejército y, sin embargo, tenían que confiar en él para que les proporcionaran tratamiento a través de Veterans Affairs.[14]

Todo cuanto debes saber en este punto es que, mientras estás trabajando en el Campamento Base –mientras estás aprendiendo a apoyarte en las cuerdas de la confianza–, ese *trabajar de forma segura* y esa *sensación de seguridad* pueden no ir de la mano. Aprender a confiar de nuevo, o por vez primera, forma parte del trabajo; es tan-

---

13. Mary R. Fabri, «Reconstructing Safety: Adjustments to the Therapeutic Frame in the Treatment of Survivors of Political Torture», *Professional Psychology: Research and Practice* 32 (2001), 452-457. Como señala Fabri: «El superviviente a una tortura aprende, a través de una experiencia extrema de dolor a manos de otro ser humano, que el peligro es inherente a toda relación humana. Las desconfianza resultante en los demás se convierte en una fuente de angustia para los supervivientes, aun después de superar los miedos con los que viven después de la tortura» (p. 452).

14 Department of Veterans Affairs (Departamento de Asuntos de los Veteranos). Este departamento de Estados Unidos es una agencia federal que proporciona atención sanitaria a los veteranos del Ejército en centros médicos y clínicas para pacientes externos localizadas por todo el país. *(N. del T.)*

to un requisito como un resultado del tratamiento. Y no pasa nada por sentirse aterrada mientras una aprende a sentirse segura.

Comenzamos esta conversación acerca de la fase de Preparación describiendo el Campamento Base como un lugar al que volver, un lugar donde puedes descansar y recuperarte. Por otra parte, la seguridad es el estado desde el cual podemos generar salud y crecimiento, y los lugares seguros tienen que ser abundantes mientras realizas este trabajo; es decir, necesitas múltiples puntos de contacto de seguridad mientras te curas. Las raíces del término «seguridad» provienen del latín *securitas* (cualidad de estar sin cuidado).[15] Uno de los primeros lugares a los que hay que prestar atención para la seguridad es el cuerpo físico. ¿Qué aspecto debería tener? ¿Cómo debería sentirse? ¿Qué tendrías que hacer para sentirte más cómodo en tu cuerpo? ¿Cuándo fue la última vez que fuiste a tu médico de atención primaria o te hiciste un examen físico? ¿Te alimentas bien? ¿Duermes el tiempo suficiente? ¿Te cuidas a ti misma del mismo modo que cuidarías a alguien a quien quieres? La seguridad es el entorno que necesitamos para sanar nuestro cuerpo, nuestra mente y nuestro espíritu.

Por definición, el trauma trata de sentimientos de indefensión y de impotencia; de ahí que, en la sanación de un trauma, convendrá que sientas que puedes mantenerte a salvo y sentirte seguro. En ocasiones, tendrás que sobrecompensar para sentirte a salvo (aunque, lógicamente, ya *estés* a salvo). Por ejemplo, en mi propia sanación, hubo veces en que me resultaba más fácil hablar con mi terapeuta si lo hacía desde debajo de una manta; es decir, ocultando mi cuerpo a la vista. De ese modo me sentía protegida y con cierto control sobre mi nivel de exposición. Yo he tenido clientes que sentían la necesidad de sentarse cerca de la puerta, que preferían tener la puerta abierta o que preferían que habláramos mientras dábamos un paseo, en lugar de en mi despacho. He tenido adolescentes que sólo estaban dispuestas a hablar desde detrás de unas gafas de sol. Ninguno

---

15 En el original inglés, *safety.* La autora dice que proviene del latín *salvus,* «seguro», y *salus,* «sano», «saludable». *(N. del T.)*

135

de estos comportamientos de autoprotección y seguridad duraban eternamente. Algunos duraban semanas, otros estuvieron apareciendo de forma intermitente durante años, operando como una forma de reducir la ansiedad lo suficiente como para poder trabajar algún aspecto concreto. Y todos se abandonaban, al igual que las ruedas de entrenamiento de los hámsteres, cuando, en vez de facilitar las cosas, se interponían en el camino de la conexión o en el trabajo.

Tendrás que trabajar a un ritmo con el que te sientas cómoda, y deberás tener voz a la hora de decidir de qué se habla y en qué medida. Tu guía no deberá ir más rápido de lo que tú te sientas cómoda, pero tendrá que reducir tu velocidad si considera que vas demasiado rápido para tu seguridad.

Prácticas útiles para la fase de Preparación

Vamos a revisar y clarificar algunas prácticas útiles que pueden sustentar tu trabajo en la fase de Preparación. En ciertos aspectos, las prácticas que te van a resultar más útiles en la fase de Preparación son lo que yo llamo «el trabajo antes del trabajo», frase que una vieja colega solía utilizar para describir la importante fase de trabajo o de cambio que tenía que darse antes del trabajo que todo el mundo sabía que había que hacer. Mi primer empleo tras acabar los estudios en la universidad fue en Germaine Lawrence, un centro de tratamiento residencial para chicas adolescentes. Germaine Lawrence era un lugar donde «el trabajo antes del trabajo» se respetaba profundamente, donde me enseñaron el valor y la importancia del acto sencillo y callado.

Germaine Lawrence dedicaba mucho tiempo a su personal, y eso suponía alguna que otra exigencia: que teníamos que asistir a cuatro horas de formación cada dos semanas, tanto si nos pillaba un día laboral como si librábamos. Esto era «el trabajo antes del trabajo». No sólo nos formaban en lo que teníamos que hacer, sino que también nos ayudaban a ver con claridad que lo que hacíamos tenía unos profundos efectos en las chicas, y por qué eso era importante. Nos explicaban que, cuando las chicas pedían algo sin importancia, como un vaso de agua, y se lo proporcionábamos, les estábamos ayudando a restablecer la confianza, en tanto en cuanto aprendían que podían pedir algo y lo conseguían. Cuando les traíamos un paño frío, hacíamos que se sintieran cuidadas. Nuestro trabajo consistía en ayudar a las chicas, que normalmente venían de hogares violentos y caóticos, a confiar de nuevo en los demás a través de la coherencia, a través de pequeños actos. En Germaine Lawrence, nuestros pequeños actos insignificantes como auxiliares de atención infantil no se veían como tales; se veían como uno de los principales elementos del tratamiento. Nuestro trabajo en los dormitorios ofrecía los cimientos para la creación de un entorno seguro y confiable en el cual las terapeutas pudieran llevar a cabo su trabajo. Cuanto más seguras se sintieran las chicas con nosotras en su experiencia cotidiana, más probable sería que sanaran de su trauma. Y eso no era sólo una teoría, pues funcionaba de verdad. Yo misma pude presenciar cómo las chicas cambiaban, cómo comenzaban a apoyarse en los adultos y crecían de nuevo. Entraban en nuestro programa con la armadura de la «chica dura»: no necesitaban a nadie, ni tampoco necesitaban ayuda. Y luego, poco a poco, se permitían el lujo de pedir cosas, rudamente en al principio: «¡Dame leche!». Después, gradualmente, se iban suavizando. Sin tomar conciencia de que todas las interacciones que yo estaba teniendo con ellas ya era terapia, podría haber malinterpretado las exigencias de las chicas, podría haberlo interpretado todo como grosero o agresivo, y haber respondido en consecuencia, en vez de adoptar aquella otra actitud como una vía necesaria para suavizar sus defensas. Aprendí a sentirme realmente bien con los actos intrascendentes de mi trabajo, y a tener la sensación de que estaba haciendo mi aportación al trabajo de curación de aquellas chicas. Aprendí que hay muchas más cosas que sanar de lo que la mayoría de la gente imagina. Aprendí a apreciar el trabajo antes del trabajo y, en un modo ciertamente profundo, aprendí que el resto del día[16] era tan importante para su sanación como la hora de terapia que se les proporcionaba. Aprendí que la sanación consistía

---

16. Albert Trieschman, James Whittaker y Larry Brendtro, *The Other 23 Hours: Child Care Work with Emotionally Disturbed Children in a Therapeutic Milieu* (Pistcataway, Nueva Jersey: Aldine, 1969).

en crear un entorno de sanación, y no sólo en lo que pudiera decir un terapeuta o la medicación que se pudiera prescribir. Puede parecer desconcertante que mi premisa sea que una persona no se puede sanar sola y que, ahora, esté destacando el hecho de que, mientras estás recibiendo tratamiento, el resto del tiempo de la semana sea tan importante para tu sanación como la terapia. La sanación de un trauma repetido se parece un poco a recibir clases de música. Tienes que ir a clases con una profesora que te enseñe a tocar un instrumento, pero una vez que aprendes las escalas o las notas, lo que tienes que hacer es practicar todos los días para desarrollar tus habilidades. En la fase de Preparación, cualquier cosa que favorezca el cultivo de la autoconciencia, que potencie tus recursos o que te lleve a practicar sustentándote en la relación terapéutica –y en tu propia experiencia de seguridad– será formidable para tu trabajo de preparación.

Una de las primeras prácticas que recomiendo es la de sentarse en silencio. Se trata de un paso previo a la meditación, previo al *mindfulness*. Consiste en sentarse simplemente y no hacer nada en particular, y hacerlo de tal modo que te sientas cómodo y tranquilo. Yo lo llamo *el lugar silencioso*. El lugar silencioso no es un concepto nuevo. Casi todas las religiones organizadas tienen algún concepto sobre la quietud. La oración y la meditación son ejemplos habituales. Existen desde hace miles de años porque la quietud siempre fue útil para las prácticas religiosas. Pero ¿cómo puede sernos útil la quietud a nosotras? ¿Qué sentido tiene estarse quieta? Desde mi perspectiva, la quietud, con independencia del modo en que la utilices, es como dejar que el agua se asiente en una poza de las que dejan las mareas al retirarse. De repente, toda la vida que existe bajo la superficie del agua, que dota de salud a la totalidad del mar, se puede ver con claridad. Cuando el agua está agitada, no puede verse la vida que existe bajo la superficie. Pero si el agua está tranquila, puedes verla y apreciarla, y puedes tener una idea mejor de lo que se mueve por debajo. Y todos sabemos que el mar se agitará de nuevo, pues ningún mar sobre la tierra permanece al mismo nivel todo el tiempo. Las mareas suben y bajan; los vientos encrespan las olas. Todo es parte de lo mismo. Pero aprender a sumirse en la quietud constituye el necesario contrapunto para la agitación en la que habitualmente vivimos. Todas nuestras adicciones y nuestros afanes nos alejan de la riqueza de esa vida que existe bajo la superficie.

En esta misma línea, quizás te convenga buscarte un sillón cómodo y envolverte en una manta. O puede que prefieras sentarte en el porche o en el patio trasero de tu casa. El lugar lo tienes que elegir tú. Si necesitas música para mantenerte tranquilo y cómodo, también está bien. (Probablemente sea mejor la música sin letra, para que puedas tomar mejor conciencia de tus propias palabras interiores, pero recuerda que no hay ninguna «policía musical» que se vaya a plantar delante tu puerta; es decir, haz lo que a ti te funcione mejor). Yo aconsejo a los adolescentes en mis grupos de meditación que se pongan «en cualquier posición que les resulte cómoda». Por lo pronto, sólo vas a practicar la experiencia del silencio y la quietud. Más tarde podrás experimentar con prácticas de meditación o sentadas más formales. Pero, justo ahora, el objetivo no es la postura. El objetivo es el estado que estás generando para ti mismo con la práctica de sentarte en silencio: déjate simplemente *ser* con cualquier cosa que suceda o aparezca en tu mente.

De acuerdo, ya tienes tu posición confortable. «¿Ahora qué hago?», preguntarás. Pues, simplemente, estar sentada. Simplemente, siente lo que es estar sentada. ¿Cómo lo vives? ¿La mente comienza a ir de aquí para allá? ¿Adónde va? No juzgues nada. Simplemente, explora. Es como ponerse a mirar una poza de esas que dejan las mareas. ¿Qué hay por debajo de la superficie? ¿Qué ves? ¿Una estrella de mar? ¿Algas? ¿Nada? ¿Y qué pasa si te distraes? Simplemente, date cuenta de ello y vuelve, y ponte a mirar de nuevo la poza de la marea. ¿Y qué pasa si te aburres? Pues te aburres y sigues mirando la poza. ¿Cuánto tiempo debes estar en ese lugar silencioso? Y aquí vuelvo con la metáfora del baño. Permanece en el agua el tiempo suficiente como para desarrollar un poco tus nuevas habilidades, pero no tanto como para saturarte o para que los labios se te pongan de color azul.

En mi trabajo con adolescentes y adultos que han pasado por un trauma en su infancia o un duelo importante, he descubierto que aprender a estarse quieta es una tarea difícil, por lo que convendría dividirla en pequeños pasos. A mí me gusta verla como si fueran las ruedas de entrenamiento de la meditación. Si la mera quietud te resulta de todos modos demasiado difícil porque tu mente se desboca o sientes que tu ansiedad se eleva, puedes comenzar con un sistema más estructurado a la hora de adentrarte en el mundo de la quietud. Yo te recomendaría que utilizaras grabaciones de meditación guiada, que asistieras a clases de yoga, que utilizaras técnicas de imaginación guiada o que usaras una aplicación de *mindfulness*. Una estructura creciente puede ayudarte a abordar mejor el tema.

Te voy a poner un ejemplo realista de cultivo del músculo de la quietud. Algunas de las personas con las cuales trabajo sólo son capaces de tolerar 30 segundos de completa quietud (sin instrucciones de guía) cuando comienzan el aprendizaje de la quietud. Si tú puedes sentarte en silencio durante sólo un minuto, hazlo, y añade quince segundos a la semana siguiente. O bien siéntate durante el tiempo que dure una pieza musical que te ayude a serenarte. Los músculos de la tranquilidad que nunca se han usado son como unas piernas atrofiadas con las que nunca se hubiera caminado. Tendrás que rehabilitarlos poco a poco y con cuidado. ¡Pero qué sensación más agradable cuando puedes utilizarlos!

«No ocurre nada», es un comentario habitual. En el tiempo de silencio no se pretende que ocurra nada. No se busca con ello convertirse en otra persona o hacerse mejor persona, ni iluminarse ni nada en particular. Simplemente, se trata de saber qué hay ahí. Es muy básico y, en ocasiones, hasta puede parecer aburrido, pero hasta eso está bien. ¿Has escuchado alguna vez a una niña pequeña hablar de todo lo que le ha pasado durante el día en el colegio? No para, y a menudo se repite; y, por mucho que intentes comprender, no vas a poder discernir un argumento, ni siquiera vas a entender realmente qué ha sucedido. Pues lo mismo ocurre cuando te sientas serenamente en un lugar silencioso. Lo importante no es el contenido de la historia. Lo importante es estar presente y escuchar la historia. Dar sustento a la experiencia de la niña. Lo que te pido es que des sustento a tu propia experiencia, sea cual sea. No existe un modo correcto ni erróneo. El desempeño aquí no tiene importancia. Con el tiempo cambiará. Una niña a la que se le permite que cuente sus historias irá ganando gradualmente confianza en su propia voz, e irá dotando a su narración de más claridad y sentido con el transcurso del tiempo. Y esto te ocurrirá a ti también.

El lugar silencioso supone sentarse en un espacio seguro y de confianza, y supone cultivar una relación contigo mismo. Con los años, me he dado cuenta en mi trabajo como terapeuta, sobre todo con niñas y niños que viven en situaciones precarias (en casas de acogida, etc.), que las relaciones, al igual que un lugar silencioso, son algo muy básico, pero no son fáciles. Las relaciones de confianza sólo se construyen a través de una asistencia constante y benigna a lo largo del tiempo. Hasta la más severa desconfianza cede el paso ante esta poderosa fuerza, como el agua y el viento que horadan la roca. La asistencia prolongada en el tiempo es casi invisible, pero es transformadora. Y aquí es donde entra la palabra *práctica*. Tienes que encontrar tiempo todos los días para ir a tu lugar silencioso. Puede ser un minuto al día o pueden ser cuarenta minutos. Hay monjes que hacen esto durante tres años ininterrumpidamente, pero hasta eso tiene que comenzar en algún momento. Por tanto, el lugar silencioso es algo que tienes que crearte, algo que te resulte confortable, que tienes que dejar que sea lo que tenga que ser y que lo practiques a diario.

Además del *lugar silencioso,* la fase de Preparación es un buen momento para experimentar con otras actividades o experiencias que te resulten relajantes, pues en la Inintegración vas a tener que utilizar prácticas tranquilizadoras fiables. Marsha Linehan, en su obra sobre terapia conductual dialéctica,[17] explica cómo tranquilizarse a través de los cinco sentidos,[18] y ésta puede ser una buena

---

17. Marsha Linehan, *Cognitive Behavioral Treatment of Borderline Personality Disorder* (Nueva York: Guilford, 1993), 19-22.
18. Marsha Linehan, *Skills Training Manual for Treating Borderline Personality Disorder* (Nueva York: Guilford, 1993), 167. Traducción al castellano: *Manual de tratamiento de los trastornos de personalidad límite* (Barcelona: Paidós Ibérica, 2003).

manera de comenzar a experimentar con todo aquello que te resulte relajante. ¿Qué imágenes visuales te ayudan a sentirte mejor? Yo, por ejemplo, llevo en mi teléfono móvil un montón de fotos relajantes para contemplar cuando necesito cambiar mi estado de ánimo y sentirme mejor. ¿Qué sonidos o qué músicas te ayudan a sentirte mejor? Para muchas personas, el sonido blanco o los sonidos de la naturaleza les ayudan a relajarse. La fase de Preparación es un buen momento para experimentar con todo esto. Prueba con diferentes cortes de música o sonidos y toma nota de los efectos que tienen en tu cuerpo, en tu mente y tus emociones. De este modo, podrás extraer conclusiones respecto a lo que te resulta relajante y tu propia autoconciencia. Con el sentido del sonido, puedes experimentar creando listas de música, grabaciones de *mindfulness* o aplicaciones para teléfonos móviles. Puedes experimentar yendo a dar un paseo con música y sin música; ¿cómo te relajas más? Puedes experimentar con lo que sea más relajante para tu sentido del tacto: mantas acogedoras, mantas pesadas, baños calientes o bien sentarte fuera a que te dé el aire. Si no te hace sentir violenta, puedes probar con el masaje o con otras terapias basadas en el tacto para ver de qué modo impactan en tu estado de relajación. También puedes ver lo que te resulta relajante a través de tu sentido del olfato, o qué cosas te gusta comer o beber y, al mismo tiempo, te relajan. Se trata en todo momento de experimentar y de tomar conciencia, simplemente darse cuenta de qué puede serte útil en tu trabajo de sanación, y qué no te parece útil en estos momentos.

También es un buen momento para experimentar con lo que te ayude a *aparecer* en tu trabajo de terapia. Aprende lo que te ayuda a aparecer en un sentido literal; cosas prácticas como un horario que puedas gestionar, cerciorarte de que alguien cuida de tus hijos, o tomarte el tiempo suficiente como para desplazarte hasta las citas concertadas. Pero, una vez que estés allí, ¿qué puede ayudarte a entrar? Esto es similar a lo que comentaba antes sobre lo que te resulta relajante, pero guarda relación con lo que te ayuda a sentirte más relajada a la hora de buscar ayuda. En otra sección comenté sobre los casos de algunos niños que necesitan hablar con el terapeuta desde debajo de una manta, o de clientes que llevan consigo a su pareja en la primera visita. Cuando yo trabajaba con adolescentes que tenían dificultades para establecer contacto visual, les permitíamos que llevaran puestas las gafas de sol para que pudieran calibrar hasta qué punto querían que yo las «viera» cuando venían a la consulta. Y aunque este libro está dirigido principalmente a clientes, diré que el mejor modo en que una terapeuta puede ayudar a un cliente a que aparezca en la terapia es ir a su encuentro allá donde se encuentre; es decir, comenzar por su capacidad para hablar, o qué necesita traerse a la consulta y a la conversación.

Hay que dejar que el cliente se marque la agenda, aunque esto no significa que tengamos que ser una pizarra en blanco o que tengamos que guardar completo silencio. Una vez trabajé con una clienta durante seis semanas, y durante todo aquel tiempo ella sólo pronunció una palabra. Simplemente, la palabra «Palabra». Y he trabajado también con niñas que nunca me llegaron a hablar, o a las que les llevó un año comenzar a hablarme. Estas niñas utilizaban el silencio para estar tranquilas. Hay clientes que necesitan del silencio, y lo traen consigo. Pero el silencio, al igual que el viento, se introduce de mil maneras. El silencio puede tener diferentes aspectos. Yo he tenido por clientes a niños que eran muy ruidosos y no paraban de hablar; y, sin embargo, tampoco ellos decían nada en realidad. Vivían en familias donde reinaba el «código del silencio» típico de los vecindarios en los que yo trabajaba, y su cháchara, su conversación, era un fluido arte de silencio conversacional. Era *como si* tuvieras una conversación, pero no la tenías. A los adolescentes suele dárseles bien este silencio conversacional. Son buenos respondiendo a preguntas con descripciones tales como *bien, bueno, no mucho, es raro, puede ser, sí* y, con todo, no decir *nada*.

Las niñas y niños que tuve por clientes y que vivían con el «código del silencio» necesitaban aquel parloteo para sentirse *tranquilos* en mi presencia. No querían sentirse bajo el foco. Yo creo que el silencio se enseñó durante mucho tiempo y se entendió como una manera de no obstaculizar, de no interferir en el discurso de otra persona. Pero el silencio no siempre es callado. Puede ser tremendamente sonoro si no estás habituado a él o si te parece peligroso. Las personas que han conseguido mantenerse a distancia de sus temores durante años tienen que acercarse de nuevo a ellos gradualmente, y el silencio puede ser para ellas como estar encerradas en una jaula con sus peores pesadillas.

En el campo de la psicología se ha discutido mucho sobre el tema del silencio: qué significa y cuándo debería de utilizarse. Pero yo creo que del silencio se discute de una forma demasiado literal, y también se entiende de una manera demasiado literal. Creo que conviene comprender que el silencio es necesario (¿Qué hace el silencio? ¿Qué es el silencio?) y que puede servir para sanar y crecer, tanto para el cliente como para el terapeuta. Desde el punto de vista del cliente, el silencio te ofrece protección y espacio. Si guardas silencio, estás protegiendo tus verdades de la escucha ajena y, más importante aún, de tener que escuchar sus verdades. El silencio, bajo cualquiera de sus formas, significa algo así como *No tengo por qué ocuparme de eso todavía.* El silencio puede ofrecerte espacio; espacio para «simplemente ser», sin tener que ser nada en particular. Es una pizarra en blanco, y tú puedes acercarte a ella y escribir o dibujar en ella lo que quieras.

Creo que el primer error que cometemos es creer que el silencio es sonido, porque yo pienso que es mejor pensar en el silencio como *descanso,* como espacio en el que puedes relajarte, como una hamaca. Ese lugar donde te sientes a salvo, en calma o interesado; interesado como los bebés a los que tan felices se les ve en esas mochilas portabebés. Y me centro en ese estado de descanso porque un cerebro relajado es un cerebro pensante y un cerebro que aprende. Un cerebro relajado puede obtener cierta perspectiva. Un cerebro relajado puede sanar. En ocasiones, es un silencio *real* que ayuda, y en ocasiones es algo que se nos antoja como lo más alejado del silencio lo que ayuda. Pienso en algunas ocasiones en las que yo tenía importantes proyectos de escritura y buscaba alguna cafetería en la cual mi mente pudiera descansar sobre el fondo de ruido blanco de la cháchara de los parroquianos. Cada persona puede necesitar algo diferente para relajarse y encontrar el estado preciso para crecer, para la conversación, la creación o la sanación. Y yo he descubierto que, para las personas que han pasado por un trauma, la capacidad de modular cómo se te escucha y cuándo estás dispuesta a hablar no sólo es importante, sino que es un aspecto fundamental de la sanación.

PARTE 3

Inintegración

Creemos que la clave estriba en pasar la prueba o superar el problema, pero lo cierto es que las cosas no se resuelven realmente. […] Vienen juntas y se derrumban.

PEMA CHÖDRÖN, *When Things Fall Apart:*
Heart Advice for Difficult Times[1]

---

1. Pema Chödrön, *When Things Fall Apart: Heart Advice for Difficult Times* (Boulder, Colorado: Shambhala, 1997), 115. Traducción al castellano: *Cuando todo se derrumba: Palabras sabias para momentos difíciles* (Móstoles: Gaia, 2011).

La Inintegración

Los dos templos de Abu Simbel que construyera el faraón Ramsés II durante el siglo XIII a. C., tuvieron que ser trasladados para no quedar sumergidos bajo las aguas del lago Nasser, creado artificialmente tras la construcción de la presa de Aswan en los años sesenta. A estos templos se los ha denominado tradicionalmente como el Templo Mayor, dominado por una fachada con estatuas del faraón de dieciocho metros de altura, y el Templo Menor, que tiene cuatro enormes estatuas de Ramsés y dos de Nefertiti. Para salvarlos de las aguas, se creó una agrupación de agencias de distintos países para diseñar un plan. Precisó de bastante tiempo, de planificación y de muchos preparativos, algo no muy distinto de la fase de Preparación en la sanación de un trauma, descrita en la segunda parte; se llevó a cabo una «extensa investigación geológica y geotécnica, y se determinaron las tensiones internas y la ubicación de fisuras en la arenisca».[2] Para garantizar la integridad del templo mientras se desmontaba, fijaron andamios de acero en el interior de sus habitaciones, pusieron un relleno provisional delante de cada fachada, y excavaron y quitaron toda la roca que había sobre el templo.[3] Se

---

2. Lennart Berg, «The Salvation of Abu Simbel Temples», *Monumentum* 27 (1978), 36.
3. VBB Valtenbyggnadsbyran, «The Salvage of the Abu Simbel Temples», *Con-*

hicieron ingentes dibujos de la construcción desde cada punto de vista, para que el templo mantuviera posteriormente la misma relación con respecto a los puntos cardinales; el sol debía de iluminar los rostros de las estatuas en el mismo punto a la misma hora del día. Los dibujos indicarían también el modo de tallar el monumento en bloques, de tal manera que su tamaño y su peso pudiesen ser evaluados. Una vez terminado el trabajo preparatorio, el equipo talló tanto la fachada como los muros del templo en gigantescos bloques. «Los rostros esculpidos se dejaron enteros siempre que fue posible, y ningún friso se dividió en ningún punto de especial fragilidad. Los techos del santuario, que durante generaciones se habían mantenido unidos de acuerdo con los principios básicos del arco, se tallarían y se almacenarían poco a poco, llevando consigo el efecto del arco».[4] El más pequeño de los bloques tallados pesaba veinte toneladas, y todos ellos se numeraron y almacenaron. Posteriormente, los bloques se trasladaron a un lugar más elevado, y ambos templos se reconstruyeron pieza a pieza. Fue un trabajo concienzudo.

La Inintegración es la segunda fase del Ciclo para la Sanación de un Trauma Repetitivo, y sigue a la fase de Preparación. Sé que *Inintegración* es una larga e incómoda palabra, pero encaja mejor con la experiencia que cualquier otra palabra que haya podido encontrar. Inintegración no es demolición, sino que describe más bien un «derrumbe» intencionado y sustentado. Los templos de Abu Simbel se *inintegraron.* No se *desintegraron,* ni fueron derruidos. Se desmontaron, teniendo en cuenta los puntos débiles en los muros y la fuerza vibratoria de las herramientas utilizadas. Se desmantelaron cuidadosamente para poder volver a montarlos posteriormente con más solidez. Cada bloque se reforzó en el momento en que se extrajo y se inspeccionó con atención; y, siempre que fue necesario, se reforzó de nuevo. La Inintegración es una fase importante que supone no sólo

cluding Report enviado a la República Árabe de Egipto, Ministerio de Cultura, patrocinado por la UNESCO (1976); Georg Gerstner, «Abu Simbel's Ancient Temples Reborn», *National Geographic Magazine* (mayo de 1969), 724-744.

4. Anne Michaels, *The Winter Vault* (Nueva York: Knopf, 2009), 27. Traducción al castellano: *La cripta de invierno* (Barcelona: Alfaguara, 2010).

un desmontaje similar, sino también un reforzamiento. De modo que vamos a dedicar algún tiempo a aprender todo lo relativo a la Inintegración, y a comprender esta importante fase de la sanación.

La primera vez que me encontré con la palabra *inintegración* fue leyendo a D. W. Winnicott mientras estudiaba el doctorado.[5] Winnicott es famoso por su trabajo con madres e hijos, y utiliza este término para describir una parte del desarrollo evolutivo por el que pasan la mayoría de los bebés y los niños. Según Winnicott, la inintegración es importante porque es un espacio en el que la niña se siente lo suficientemente relajada y segura como para desprenderse de la sensación de mantenerse unida y permitir que todas las piezas que la componen –las sólidas, las que están creciendo, las que se hallan en los límites del aprendizaje, todos los sentimientos, pensamientos y experiencias– se junten para que la niña pueda experimentarse a sí misma como un todo.[6] Winnicott describe la escena típica de un niño muy pequeño descansando en el regazo de su madre, y yo he contemplado la imagen perfecta de esto: la de mi sobrina Jesse cuando tenía dos años de edad, sentada en el regazo de mi cuñada al final del día, cuando todos los adultos estaban charlando. Le acababan de dar un baño y estaba envuelta en una toalla, mirándonos a todos a ratos con sus ojos azules y dormitando a ratos. Se sentía acogida y reconfortada, pero no era el centro de atención. En el lenguaje actual de la calle, Jesse estaba como «colgada».

Winnicott define la inintegración como un estado de descanso. Mark Epstein, psiquiatra, autor de libros de terapia y budismo, compara este estado de descanso con la meditación: un estado de *no-ser.*[7] En cierto modo, podemos ver este estado de descanso tanto como un estado del *ser,* es decir, ser con cualquier cosa que sea, y

5. D. W. Winnicott, «Ego Integration in Child Development», en *The International Psycho-Analytical Library* (Londres: Hogarth Press y el Institute of Psycho-Analysis, 1962/1965), 60.

6. Donald W. Winnicott, *Playing and Reality* (Nueva York: Routledge, 1971), 55. Traducción al castellano: *Realidad y juego* (Barcelona: GEDISA, 1982).

7. Mark Epstein, *Going to Pieces without Falling Apart: A Buddhist Perspective on Wholeness* (Nueva York: Broadway Books, 1998), 36-39.

un estado de *no-ser,* en el sentido en que no tienes que *ser* nada en concreto: te permites congregar todos los aspectos de ti misma en un único lugar. Descansas en la hamaca de ti misma, sin *congregarte a ti misma*. Lo que respalda esta experiencia es un *entorno de sustentación*.

En el caso de un niño, ese entorno de sustentación es la madre, el padre o un cuidador, y el espacio seguro que le proporcionan. En el caso de una persona aquejada por un trauma, el entorno de sustentación es la relación que la persona tiene con su terapeuta, guía o grupo terapéutico. Como ya se dijo en la segunda parte en la fase de Preparación, este entorno de sustentación trata de generar un espacio seguro en el que la persona pueda confiar y apoyarse, en el que las cuerdas de escalada estén conectadas, ni demasiado sueltas ni demasiado tensas. Es aquí donde, como dice Winnicott, puedes *descansar* y dejar que todas las piezas se congreguen en un lugar.

Hasta el momento, la descripción de la inintegración como un lugar de descanso parece relajante. Aunque es el estado en el que las partes dispersas se congregan, es una experiencia de sentirse sostenido y sentirse íntegro. Y aquí es donde la descripción que hace Winnicott de la inintegración en el desarrollo normal y la experiencia de la inintegración en la sanación de un trauma toman senderos distintos. La acción o actividad es la misma: apoyarse en un entorno de sustentación y dejar que todas las partes de ti se desmantelen para que puedan juntarse de nuevo. Sin embargo, ambas experiencias se viven de un modo enormemente diferente. En tanto que, en el desarrollo normal, la inintegración se vive como una ensoñación, en la sanación de un trauma, lo más habitual es que la inintegración se viva como una crisis.

En la fase de Preparación te esfuerzas por consolidar los puntos fuertes de tu interior y de tu relación con tu terapeuta para sentirte seguro. Comienzas a apoyarte en esa seguridad hablando del trauma, de tus sentimientos y de cuáles son tus experiencias en estos momentos. Incluso dedicas algún tiempo a hablar de lo que te impide expresarte apropiadamente. Y toda esta seguridad, este potente entorno de sustentación, te permite desprenderte de todo aquello que habías estado utilizando para protegerte. Es decir, puedes desmontar algunos de tus muros.

Ésta es la ironía de la inintegración, que no es una crisis que te haga sentir mal. Es la seguridad. Es esa seguridad que te permite hacer un trabajo, el trabajo que desencadena los sentimientos de la *antigua crisis*. Cuando tú dejas que las piezas se dispersen, tienes la sensación de estar cayéndote a pedazos porque te permites sustentarte en la seguridad. Winnicott compara la inintegración –un estado relajado de disgregación para volver a reconectarse– con la desintegración. La desintegración no es un desmantelamiento planificado, sino un desmoronamiento por crisis. La inintegración es la disgregación o desmantelamiento que vives cuando te sientes lo suficientemente segura como para experimentar una *antigua crisis*, mientras que la desintegración es la disgregación que puede ocurrir en una *crisis actual* o en un estado de saturación.

Echemos un vistazo a ejemplos reales de desintegración e inintegración. Voy a comenzar con la desintegración y a contarte la historia de Stephanie, que vino a verme por sus problemas de ansiedad y en sus estudios en la universidad. En la primera sesión, Stephanie me dijo que había tenido un trauma en la infancia y que ya había estado en terapia previamente. En un principio, quería centrarse en su ansiedad y en el desarrollo de unas estrategias que le permitieran organizar mejor sus estudios universitarios. En las primeras sesiones, trabajamos juntas para que desarrollara algunos sistemas de atención y cuidado personal para reducir la ansiedad y algunas estrategias organizacionales para sus estudios. Tal enfoque se corresponde con el trabajo de la fase de Preparación y, dado su alto nivel de ansiedad y su traumático historial, fue lo mejor que podíamos hacer en un principio. Pero a la semana siguiente, Stephanie no apareció para la sesión. Llamó por teléfono unos cuantos días después y dijo que había tenido una sobredosis de la medicación que recibía para su trastorno de déficit de atención e hiperactividad (TDAH), y que la habían tenido que llevar al hospital. Dijo también que corría el riesgo de que la echaran del apartamento en el que estaba alquilada, que había dejado entrar en su casa a un antiguo novio que se pasaba el día borracho y se negaba a irse, y estaba preocupada por la probabilidad de faltar a las clases. Stephanie estaba en crisis en, al menos, tres frentes diferentes; estaba en un estado de desintegración porque su crisis tenía lugar en el presente. No era una antigua crisis (aunque pudiera ser un reflejo de una de ellas), sino una crisis actual, de ahí que su trabajo en terapia no fuera un trabajo sobre el trauma, sino un trabajo que tenía por objetivo estabilizar su vida.

Ahora echemos un vistazo a la historia de Kelly para ver la diferencia con la inintegración. Kelly vino a verme en principio porque tenía un grave trastorno alimentario. Nos pasamos casi dos años trabajando juntas para que pusiera bajo control sus problemas con la alimentación y con el peso. Con frecuencia cancelaba las sesiones, pero a medida que fue mejorando su alimentación y su peso, su asistencia se fue haciendo más regular, hasta que se atrevió a hablar de sus reticencias a permitir que su relación conmigo le importara. Poco a poco, fue también capaz de hablar más de los problemas que la habían llevado a su trastorno alimentario, entre los que se incluían una infancia de malos tratos. No mucho después de que comenzara a venir a consulta regularmente y de nuestras conversaciones acerca de su infancia, Kelly me dijo que se iba a mudar a Denver, donde tenía una amiga que podía ayudarla a conseguir empleo. Le pregunté por qué quería mudarse y me dijo que «simplemente, tenía que escapar». Durante el transcurso de las siguientes sesiones, Kelly se atrevió a hablar de su miedo y su ira, sentimientos que habían comenzado a emerger al hablar de su infancia: sentía cólera por lo que le había ocurrido. Pero no sólo era cólera. También era consciente de que, cuanto más cerca se sentía de mí, más miedo tenía de que yo terminara abandonándola como la había abandonado su padre, de ahí que confesara que prefería dejarme ella a mí primero.

Kelly se había apoyado en la relación terapéutica y había dejado caer el peso de sus protecciones, pero luego había comenzado a sentir la crisis que había vivido cuando era niña. Éste es un ejemplo de inintegración. Al compartir su historia y apoyarse en la relación, Kelly experimentó el miedo al abandono que había sentido en el pasado. Era una antigua crisis que se había revelado en el presente debido a que se encontraba en un entorno lo suficientemente seguro como para dejar caer los muros, y se sentía lo suficientemente segura como para permitirse sentir aquello. Mi trabajo como terapeuta tendría que consistir en ayudarla a que soportara la antigua crisis sin crear una crisis actual, en el presente. Estuvimos hablando de sus planes de traslado y negocié con ella la posibilidad de que demorara la decisión por un año. Kelly accedió a continuar con el trabajo curativo durante un año más, y después hizo una serena y planificada mudanza a Denver.

El problema estriba en que la desintegración y la inintegración pueden vivirse exactamente de la misma manera cuando tienen lugar, y con frecuencia no está claro cuál de ellas está sucediendo. Tú viniste a tratamiento para sanar tu trauma y sentirte mejor, y al principio te sentías mejor; pero ahora, cuanto más te esfuerzas por sanar, peor te sientes. Ésta es la experiencia que, normalmente, hace que la gente quiera abandonar el tratamiento; puede ser muy problemático esforzarse tanto para terminar sintiéndote peor, en lugar de mejor. Y, en ciertos aspectos, me pregunto si las profesionales de la psicología no habremos hecho suficientemente bien nuestro trabajo para ayudar a la gente a comprender el proceso y hacer saber en qué consiste exactamente el trabajo con un trauma. De ahí que muchas personas se sientan desestabilizadas cuando entran en la fase de Inintegración y tienen la sensación de haber hecho algo mal.

La inintegración no sucede porque se haya hecho algo mal. De hecho, puede ser una señal de que las cosas van bien, que te has esforzado para crear una plataforma segura y sólida en tu vida y en la relación con tu terapeuta o grupo. La inintegración tiene lugar porque es suficientemente seguro hacer los trabajos de reparación de una crisis antigua. Sí, la inintegración se vive como una crisis, pero es una crisis planificada en el sentido de que, realmente, estás haciendo lo que tienes que hacer con el fin de sentirte lo suficientemente segura como para disgregarte. Es una crisis controlada en el sentido en que vas a controlar la cantidad de estrés que puedes gestionar. Y es una crisis sustentada (sé que parece una contradicción) en la que, a diferencia del trauma por el que pasaste, donde no tuviste ningún tipo de ayuda ni de apoyo, ahora dispones de una red de apoyos que te van a ayudar a navegar por estas aguas.

Pero, aún con todo esto –el trabajo, la planificación, el cuidado, el apoyo–, no te vas a sentir bien. De hecho, normalmente te sentirás mal. Los sentimientos en esta fase pueden ser como los de una verdadera traición. Nada te prepara de verdad para esta experiencia. Un minuto antes estás caminando sobre terreno sólido y, al instante siguiente, *zas,* te sientes como si cayeras en barrena. Algunas señales que tienes en esta etapa: puede que te sientas realmente incómodo, o que no encuentres la manera de ponerte cómodo; todo te parece un error; estás de mal talante, irritado, sin motivo aparente; y no hay nada que parezca que te vaya a hacer sentir mejor. Ayer daba la impresión de que disponías de unas coordenadas y un rumbo, y ya no. Pocas cosas existen que te puedan preparar para este estado. Y no es tanto que hayas decidido entrar en él como que simplemente te ha sucedido. Es algo así como que, cuando te sientes suficientemente bien, sólido y sustentado, decides inconscientemente dar un salto. Pero no vas a saber cuándo va a suceder. Esta etapa te puede pillar con la guardia baja; algo que, debido a que eres el superviviente de un trauma, es lo que más detestas.

Pero lo que hace más confusa esta experiencia es que todos tus esfuerzos de la fase de Preparación pueden haber consolidado tu vida más que en los últimos años o, incluso, que en toda tu vida. Tus adicciones puede que estén remitiendo, quizás tengas una vida mucho más tranquila y segura, y hasta puede que hayas conseguido un empleo más gratificante y mejor remunerado. ¡Tú vida va viento en popa! Y es posible que te preguntes: «¿Por qué, de repente, me siento tan desequilibrada?».

La fase de Inintegración es como abrir el cubo de basura de tu mundo emocional. Durante años estuviste metiendo allí todo aquello que no querías sentir o en lo que no querías pensar. Ahora estás abriendo el cubo, y todo lo que hay dentro está saliendo. Con frecuencia, lo que sale son emociones que tememos y que son bastante difíciles de gestionar. En muchos casos, se trata de sentimientos de tristeza, depresión y vulnerabilidad. En otros, es cólera y furia. Para casi todas las personas que han pasado por un trauma, se trata de sentimientos de indefensión y de vergüenza. En la fase de Inintegración, vas sacando del cubo cada uno de esos sentimientos poco a poco y con cuidado.

El estado que sustenta la inintegración es similar a la práctica del *mindfulness* de la que hablábamos en la sección sobre la toma de conciencia, en la segunda parte. Recuerda que la meditación del *mindfulness* no es fácil para las supervivientes de un trauma. Es una medicina sanadora, pero hay que tomarla en dosis manejables. Existe una similitud entre el estado de descanso del *mindfulness* y el estado de descanso de la relación curativa. En el *mindfulness,* tú descansas básicamente en una relación en ti misma, y en la fase de Inintegración estás descansando en la relación curativa real con los demás. En ambas situaciones estás descansando, como si estuvieras en una hamaca, apoyándote en la calma y la seguridad. Tanto la meditación como la inintegración son estados en los que una está expuesta a lo que hay ahí; son estados de quietud dentro del entorno. Y, como ya dije respecto al *mindfulness,* cuando una superviviente de un trauma se sienta en silencio, normalmente se halla expuesta a las difíciles experiencias por las que ha pasado. Para las personas que han tenido una vida relativamente pacífica, la experiencia de la inintegración puede resultar incluso relativamente placentera. Pero, para las personas que han pasado por un trauma repetido, la experiencia de la inintegración puede ser muy incómoda al principio, y durante bastante tiempo. Cuando el agua se aquieta y se aclara en las pozas de la marea, donde algunas personas ven estrellas de mar, otras ven tiburones.

Comprender el apego

En la segunda parte, en la fase de Preparación, hablábamos de la conexión con tu terapeuta y guía, e iniciamos la conversación sobre la confianza y lo que se precisa para cultivarla. Ahora quiero llevar esa conversación aún más lejos. El inicio del viaje de sanación y la obtención de ayuda puede parecer bastante sencillo. *Esta persona está ahí para ayudarme, y yo soy una persona adulta, por lo que creo que lo podré llevar adelante.* Y, en realidad, ésta es una magnífica actitud. Los inicios de la terapia pueden ser reconfortantes y sustentadores. Pero aquí, en la fase de Inintegración, quizás descubras que lo que parecía simple se complica. Puede que de pronto sientas que el mero hecho de hablar o de confiar puede ser bastante difícil. O puede que te sorprendas o que te abrumes ante la idea de cuán importante puede llegar a ser la terapia o la relación terapéutica: ¿Por qué esta persona o mis emociones están ocupando tanto tiempo y espacio? ¿Por qué confiar en alguien me parece tan peligroso o temible, en vez de parecerme una ayuda? En la segunda parte hablábamos de la necesidad de seguridad y de cuán importante era generar una experiencia de seguridad en tu vida, en tus relaciones y con tu terapeuta. Y también decíamos que eso no es tan fácil como parece, que la *experiencia de seguridad* y la *sensación de seguridad* no siempre van juntas cuando estás intentando sanar de un trauma. Veíamos cuán inestable y peligrosa puede ser, paradójicamente, la confianza. De modo que aquí, en la fase de Inintegración, vamos a ver cómo podemos comprender la seguridad y la conexión en las relaciones, y cómo éstas se han visto afectadas por el trauma.

¿De qué modo puedes aprender, o reaprender, la seguridad? ¿Cómo puedes cultivar unas relaciones sanas en las que te sientas a gusto? ¿De qué modo puedes utilizar tus conexiones con los demás para calmarte, tranquilizarte y estabilizarte? ¿Por qué es determinante una relación curativa para sanar del trauma? La respuesta a todas estas preguntas cae dentro del área del apego. El apego es todo un campo de investigación y estudio, y evidentemente no voy a cubrir íntegramente el tema en este libro, pero quiero que tengas al menos una idea de dónde procede y cómo la mera comprensión de los componentes del apego puede apoyar tu trabajo de sanación del trauma.

Los estudios sobre el apego tuvieron su inicio tras la Segunda Guerra Mundial, cuando los psicólogos comenzaron a observar los problemas que mostraban aquellos niños y niñas que habían sido separadas de sus progenitores durante la guerra. Con anterioridad a esto, la psicología evolutiva infantil (es decir, cómo nos convertimos en lo que somos) no había estudiado realmente a niños de verdad, sino que había estado mirando por el retrovisor, viendo cómo los adultos recordaban los retos de su infancia. Pero tras la Segunda Guerra Mundial, este nuevo colectivo de psicólogos se puso a observar a los niños *reales* y sus dificultades, y comenzó a comprender algo fundamental en lo relativo a cómo nos organizamos, cómo organizamos nuestras relaciones y cómo comprendemos el mundo.

Uno de estos psicólogos fue John Bowlby, que estudió a niños que habían sido puestos bajo el cuidado de otras personas, lejos de sus progenitores.[8] Quizás recuerdes que, en Inglaterra, durante la Segunda Guerra Mundial, padres y madres de Londres enviaban a sus hijos a vivir en el campo con otras familias o en hogares infantiles. Esas

---

8. John Bowlby, *Attachment and Loss, vol. 2: Separation* (Nueva York: Basic Books, 1973). Traducción al castellano: *La separación afectiva* (Barcelona: Paidós Ibérica, 1993).

madres y padres lo hacían por el mejor de los motivos, porque querían alejar a sus hijas de los peligros y horrores de la guerra. Sin embargo, resultó que aquellos niños que habían sido separados de sus progenitores y habían sido enviados al campo en realidad sufrieron más angustia que los niños que se quedaron con los suyos y se vieron expuestos a los peligros de la guerra. La investigación demostró que existe algo fundamental, esencial para nuestro crecimiento, bienestar y capacidad para gestionar el estrés, algo que obtenemos de nuestras relaciones primarias. Éste fue el inicio de los estudios sobre el apego, unas investigaciones que continúan hoy en día.

Normalmente, cuando pensamos en el apego pensamos en nuestras relaciones o conexiones, lo que habitualmente denominamos *relaciones íntimas.* Pero el apego es mucho más que eso. El apego es todo un *sistema* que opera en nuestro interior. Cuando iba al instituto me inscribí en un curso de programación de ordenadores; entonces nos encontrábamos en la Edad Media de la informática, cuando la sala contigua a la sala de ordenadores estaba ocupada por enormes ordenadores centrales. ¡Vaya, que no eran iPads! ¡Eran Cadillacs! Aprendíamos a programar en BASIC (Beginner's All-purpose Symbolic Instruction Code, código de instrucciones simbólicas para todo propósito para principiantes, un sencillo lenguaje informático). También aprendíamos a resolver problemas matemáticos y a crear rudimentarios juegos de ordenador.

Esto era en la época anterior a los ordenadores personales, y yo me fui a la universidad con mi regalo de graduación de secundaria: una máquina de escribir eléctrica Olivetti. Me especialicé en literatura alemana y no pensé mucho más en los ordenadores hasta bastantes años después, cuando me puse a estudiar Psicología y estaba escribiendo el trabajo de fin de máster, cuando tuve que programar mis propias estadísticas para el análisis de datos. De modo que allí estaba yo, en la sala de ordenadores de los sótanos de la facultad, con dos manuales del tamaño de listines telefónicos del SPSS, el mejor programa estadístico en aquellos momentos, para programar los cálculos del ordenador. No sabiendo nada más aparte del BASIC que me habían enseñado en el instituto, descubrí que con un entramado mental básico (BASIC) de cómo funciona un ordenador, era capaz de decodificar cualquier programa, aunque tuviera que utilizar las pantallas de ayuda para ello. El BASIC me había proporcionado el armazón necesario para comprender cómo «piensa» y responde un ordenador. Y, cuando algo no funcionaba, sabía perfectamente dónde mirar y qué comando tenía que buscar. El BASIC me permitía comprender las expectativas del ordenador y cómo resolver los problemas con él, a pesar de no estar segura de lo que tenía que hacer.

Pues bien, una forma de entender el apego es que es una especie de sistema operativo BASIC para seres humanos. Es un sistema operativo relacional y emocional sobre el cual se construyen todos los demás sistemas. Y, al igual que tu ordenador, cuando existe un problema con el sistema operativo, todos los demás programas y procesos se ven afectados por él. Si contemplas el apego como un sistema operativo, podrás entender por qué casi todos los aspectos de tu trabajo curativo dependen de él y se ven afectados por él. También podrás ver que, aunque algunos de tus síntomas más complejos puedan haber mejorado (quizás ya no tengas tantos recuerdos recurrentes, o estés durmiendo mejor), puede que aún te resulte difícil gestionar tus relaciones o tu estado de ánimo. Sólo con que comprendas por qué es tan importante el apego entenderás por qué puede resultarte tan difícil reconstruir la confianza y tu sistema de autorregulación, por recompensante que sea su consecución. El apego es una serie de procesos que vienen funcionando a lo largo de toda la evolución y la historia del ser humano tanto en su función de sistema de seguridad como en la de sistema de autorregulación.[9] Teóricamente, tú formas un sistema de apego seguro en los primeros años de la infancia, y este sistema conforma después el molde o armazón de todas las relaciones que puedas establecer a lo largo de la vida, de tu sistema de regulación del estado de ánimo ante el estrés y de tu visión del mundo en general.

---

9. Judith Schore y Allan Schore, «Modern Attachment Theory: The Central Role in Affect Regulation in Development and Treatment», *Clinical Social Work Journal* 36 (2008): 9-20.

Así pues, ¿cómo funciona este sistema operativo del apego? ¿Y cómo afecta el trauma a este sistema operativo? En los términos del trauma, en su nivel más básico, tienes que comprender que un trauma reiterado destroza tu experiencia relativa a la confianza y las relaciones. El trauma es, ante todo, una experiencia extrema de indefensión, de sentirse totalmente sola y sin apoyos en un momento de terror, miedo o amenaza física. Esa experiencia puede destruir tu confianza en los demás y en lo que esperas de otras personas. Pero el trauma puede también destruir la confianza que tienes en ti mismo, en quién crees que eres como persona. Y esto es especialmente cierto cuando lo terrible ni siquiera es otra persona, cuando es un huracán o una enfermedad. Pero la mayoría de los traumas repetitivos son traumas cuyo perpetrador es un individuo o un colectivo. Hablaríamos aquí de los traumas por malos tratos en la infancia, abusos sexuales, abusos del clero, violencia doméstica, violencia callejera, violencia policial, genocidio y guerra. La mayor parte de los traumas repetitivos son *traumas relacionales repetitivos* y, por tanto, lo que queda maltrecho es tu experiencia de las relaciones, tu comprensión de las relaciones y tu capacidad para recurrir a las relaciones como forma de crecimiento y sanación. Si tu trauma tuvo lugar en la infancia, lo más probable es que nunca hayas llegado a desarrollar un apego seguro. Puede que tengas la necesidad de mantener cierto estado de alerta en tus relaciones, siempre vigilante y preocupada ante la posibilidad de que te abandonen. O puede que hayas desarrollado la creencia de que no necesitas a nadie, que puedes y debes hacerlo todo por ti misma. Si tu trauma tuvo lugar en la edad adulta, es muy probable que tus creencias en la seguridad de las relaciones quedaran truncadas o alteradas de algún modo. Quizás te encuentres en la situación de no saber en quién puedes confiar, o puede que creas que el trauma te ha convertido *a ti* en una persona indigna de confianza, o que tienes que ocultar tu trauma para no perder las relaciones que tienes.

El apego se puede ver afectado por cosas que quizás no llamarías «trauma», y que incluso puede no haber intencionalidad en ellas. El quid de la cuestión estriba en si las necesidades biológicas y psicológicas de la niña se satisfacen normalmente y si no se la abandona en un estado de angustia insostenible. Esto puede venir propiciado tanto por negligencia como por cualquier cosa que pudiéramos calificar como abusiva (de hecho, en ocasiones, más que eso). Algunos traumas pueden deberse también a la depresión o la enfermedad de uno de los progenitores, o a alguna otra catástrofe familiar que haya podido interferir con la atención parental sobre el niño.

Pero la paradoja es que este sistema, el sistema de apego, es una de las principales víctimas del trauma repetido, al tiempo que es el principal sendero que se debe recorrer para sanar de un trauma. Es tanto lo que se necesita rehabilitar como la fuente de sanación, y en esta paradoja se halla la dificultad. Esa parte de ti que está herida, que es vulnerable, que está incluso en carne viva, es exactamente aquello con lo que tienes que trabajar para sanar del trauma. Quizás seas tú una de esas personas que hayan cultivado por vez primera un saludable sistema de apego, o quizás seas una de esas otras personas que están rehabilitando un sistema de apego que resultó dañado o roto. Sea como sea, estarás trabajando con tu sistema de apego en las relaciones; pues, recuerda, nadie se cura solo.

¿Qué es el sistema de apego?

El sistema de apego es un sistema biológico, psicológico y social-conductual compuesto por tres factores principales. Se diseñó para que busques cuidadores y apoyo social bajo estrés (búsqueda de proximidad); para que sientas la suficiente seguridad que te ayude a gestionar y calmar tus diferentes emociones e incrementar tus emociones positivas, experiencias que se convierten en parte de tu biología y tu neurología (refugio seguro); y para que utilices ese refugio seguro como punto de partida para explorar, jugar y trabajar, sabiendo que tienes un apoyo detrás de ti al que puedes regresar si lo necesitas (base segura).[10] El sistema de apego no describe la totalidad

10. Kenneth Levy *et al.*, «An Attachment Theoretical Framework for Personality Disorders», *Canadian Psychology* 56 (2015): 197-207.

de la relación entre tu cuidadora o cuidador original y tú, sino más bien los comportamientos y experiencias que se desencadenaron y se gestionaron cuando te hallabas bajo estrés. En ciertos aspectos, puedes considerar el sistema de apego como el sistema de respuesta fundacional ante el estrés que tenemos los seres humanos.

La mejor manera de comprender cómo construir o reconstruir un sistema de apego es ver cómo se formó tu sistema de apego en la infancia. Sé que puede parecer una exageración hablar de comportamientos en la primera infancia cuando tú estás preocupado por tu trauma como persona adulta, pero se trata de un sistema de por vida, y una parte sustancial de tu trabajo va a consistir en hablar de tu propio sistema de apego y en rehabilitarlo, dado el punto en el que te encuentras ahora. Y para rehabilitar tu sistema de apego tienes que saber, antes de nada, cómo se formó.

Todos los mamíferos nacen pequeños y relativamente indefensos; y a los bebés humanos, sobre todo, les lleva mucho tiempo crecer hasta su edad adulta, precisando de muchos años de cuidados a lo largo de su desarrollo. Cuando tú eras un bebé, necesitaste de un cuidador que te protegiera del peligro y que te ayudara a gestionar tus estados físicos y fisiológicos: no podías alimentarte por ti misma, vestirte sola o cambiarte los pañales. No podías calmarte ni alegrarte sola. Hay personas que no lo consiguieron, pero, teóricamente, todo lo que llegaste a hacer por ti misma con el tiempo lo aprendiste de tus progenitores o de tu cuidadora. Winnicott, el psicólogo infantil que acuñó el término *inintegración,* dijo también que «no podemos describir al bebé sin describir su entorno»;[11] es decir, todo bebé es en realidad la suma de su relación entre él y su cuidador. Todo cuanto sabes y comprendes de ti mismo y del mundo lo aprendiste a través de tus primeras relaciones.

Existen tres aspectos principales en el apego. El primero se denomina *búsqueda de proximidad,* y significa simplemente que tú buscas

---

11. Donald Winnicott, «The Mother-Infant Experience of Mutuality», en *D. W. Winnicott: Psycho-Analytic Explorations,* ed. Clare Winnicott, Ray Shepherd y Madeleine Davis (Cambridge, Massachusetts: Harvard University Press, 1969/1989), 251-260.

tus relaciones de apego, buscas estar cerca de esas personas cuando las necesitas o las quieres. Cuando eres pequeño, esto significa que quieres estar físicamente cerca de esas personas, y a medida que te haces mayor, buscas esa cercanía de otras maneras (con un anillo de bodas, por ejemplo) o las fotos en tu escritorio o en el teléfono móvil. El segundo aspecto del apego es el modo en que la cuidadora proporciona un entorno seguro y satisface la mayoría de las necesidades del bebé, tanto físicas como psicológicas, calmándolo o tranquilizándolo cuando tiene miedo, está disgustado o enfadado. A este tipo de seguridad se le denomina *refugio seguro*.[12] El tercer aspecto emerge cuando el bebé puede expandir esa sensación de seguridad a su entorno y explorarlo, utilizando a su cuidador como *base segura* a la cual retornar. Por desgracia, en gran parte de la literatura sobre el tema, existe la confusión de hablar de «base segura» para referirse a todo, dando a entender la seguridad y la tranquilidad que genera un apego seguro.

Como podrás imaginar, o quizás sepas por experiencia, no todos los apegos son iguales. Dependiendo de la relación entre progenitor e hija, pueden darse distintos estilos de apego. Echemos un vistazo primero a lo que ocurre cuando el apego va bien. Quiero que conozcas a Lyla y a sus progenitores, Jesse y Hans. Lyla tiene seis meses y está aprendiendo cosas acerca de ella y del mundo a través del apego. El apego no es pasivo. Es activo, pues el apego supone un trabajo tanto por parte de los progenitores como del bebé. Lyla está ocupada comunicándose con su madre y su padre (les hace saber cuándo está hambrienta, mojada, cansada o incómoda) a través de expresiones faciales, chillidos y movimientos. Y sus progenitores, Jesse y Hans, responden lo mejor que pueden a lo que Lyla les dice. Jesse y Hans tienen que adivinar normalmente lo que Lyla intenta comunicarles, y le responden a la niña con palabras y acciones para devolverla a su estado de confort. En este intercambio, Lyla asimila las palabras y los actos tranquilizadores de Jesse y Hans. Así, en los senderos neuronales de Lyla se establece la conexión entre «Estoy in-

---

12. Bowlby, *Attachment and Loss, vol. 2: Separation.*

cómoda» y «Me puedo sentir mejor». «Me puedo sentir incómoda y el mundo puede ayudarme a sentirme más cómoda». Por ahora, ella necesita a su padre y su madre en estos aspectos. Pero, poco a poco, con el tiempo, a medida que asimile esta experiencia segura, Lyla podrá llegar a hacer todo esto por sí misma. El apego se construye a través de la repetición. No es algo que se aprenda de una vez; se aprende a través de cientos, incluso miles, de pequeñas repeticiones. Las respuestas coherentes de Jesse y Hans ante las necesidades de Lyla están desarrollando en la niña un apego seguro. Pero el apego no supone sólo tranquilizarla cuando siente emociones negativas; es también responder ante las emociones positivas, ante los intentos de conexión. Lyla se comunica a través de sonrisas; Lyla sonríe y su madre, Jesse, le sonríe a su vez. Estas respuestas animan a Lyla a seguir comunicándose; le dicen «Te escucho», «Te veo», «Existes para mí». Esta retroalimentación de sentimientos y expresiones, sean positivos o negativos, se denomina *especularización* (en inglés, *mirroring*, de *mirror*, «espejo»). Es éste un poderoso impulsor en el apego. Parece muy sencillo, y es lo que la mayoría de las personas hacen automáticamente cuando se encuentran cara a cara con un bebé. La especularización ayuda al bebé a conocer su propia mente y a comprender las mentes de los demás.

Así pues, si todo va bien, como en el ejemplo de Lyla, tienes lo que se llama un *apego seguro*. Un apego seguro es aquél en el cual la niña sabe que tiene que recurrir al adulto que la cuida para sentirse más segura, así como para tranquilizarse y autorregularse. Con un apego seguro, la niña recurrirá al progenitor como una base segura, un lugar seguro desde el cual aventurarse al exterior y regresar. La niña irá de aquí para allá y jugará; pero, si algo le resulta angustioso, regresará a sus progenitores para calmarse y tranquilizarse. En esta forma de apego, la relación puede parecer invisible en tanto no aparezca un estresor, momento en el cual se «enciende la luz» y ves cómo se activa el sistema de apego. Éste es también el motivo por el cual tus hijos te pueden confundir cuando, aparentemente, pasan todo el día bien en la escuela y, de pronto, al volver a casa, se desmoronan por algo que les ha sucedido allí. El motivo es que, normalmente, nos guardamos las angustias para las personas con las que tenemos un apego fuerte: sabemos dónde ir para sentirnos seguras y compartir nuestras mayores penas y problemas.

El apego y el trauma

Pero ¿qué ocurre si las cosas no van bien? ¿Qué pasa si el niño no tiene una seguridad o coherencia en las atenciones y el cuidado de los mayores, o si existe algún tipo de maltrato? En estas situaciones, lo que se genera entre el cuidador y el niño es un apego *inseguro*. Si el progenitor le rechaza, está enfadado o asustado, el niño aprenderá que no puede recurrir a ese progenitor para tranquilizarse o en busca de seguridad; el niño no buscará la proximidad con ese progenitor y no podrá recurrir a él para autorregularse. Un apego inseguro es aquél en el cual, con el fin de sentirse segura, la niña mantiene una actitud de vigilancia con respecto al progenitor (con la intención de cuidar de él o de asegurarse de que no la abandona), o bien siente que tiene que ignorar por completo o desapegarse de la relación. En un apego inseguro, el cuidador, que se supone debería ser quien proporciona seguridad, es el que está generando estrés y temor.

Y ahora, antes de que cada madre o padre que este leyendo esto se suma en la angustia ante el temor de haber arruinado la vida de su hija, lo que conviene comprender acerca del apego y de las relaciones es que *es imposible hacerlo todo bien y en todo momento*. No se trata de ser un padre o una madre perfecta. Para que el niño desarrolle un apego seguro, lo único que tienes que hacer como cuidadora es ser «lo suficientemente buena»,[13] lo cual significa simplemente

---

13. Donald Winnicott, «Clinical Regression Compared with Defense Organization», en *D. W. Winnicott: Psycho-Analytic Explorations,* ed. Clare Winnicott, Ray Shepherd y Madeleine Davis (Cambridge, Massachusetts: Harvard University Press, 1969/1989), 193-199. «Para mí, una madre suficientemente buena, unos progenitores suficientemente buenos y un hogar suficientemente bueno dan, de hecho, a muchos bebés y niños pequeños *la experiencia de no haber sido decepcionados de forma significativa.* Así, la mayoría de los niños tienen la oportunidad de desarrollar la capacidad para creer en sí mismos y en el mundo, pues

que *la mayor parte del tiempo* seas capaz de ayudar a tu hijo con sus necesidades y no lo dejes demasiado tiempo en un estado traumático de angustia. De hecho, existen investigaciones bien fundamentadas que indican que tanto los progenitores que tienen una relación segura con su hijo como los que tienen una relación insegura se equivocan más o menos la misma cantidad de tiempo (en torno al 50 por 100); es decir, todo progenitor va a meter la pata en algún momento. Una madre será demasiado ruidosa y chillona o no será lo suficientemente ruidosa. Zarandeará al niño cuando éste quiera estar quieto o no lo zarandeará cuando el niño quiera estar activo. *Equivocarse* es, en realidad, parte de lo que significa mantener una relación *normal.* De modo que lo que distingue una relación segura de una relación insegura no es el hecho de hacerlo todo perfecto, sino tu capacidad para corregir los errores.[14] Los progenitores que tienen una relación segura con sus hijas no dejan de intentar cosas en la interacción hasta que lo hacen *suficientemente* bien, o bien se disculpan por equivocarse; o bien se equivocan e investigan el error. Y ese estado constante de «intentar algo/equivocarse/corregir el error» es el modo en que los seres humanos nos enseñamos unos a otros cómo relacionarnos.

Tolstoy dijo que las familias felices son todas ellas parecidas y las familias infelices son diferentes a su manera; y este adagio tiene su reflejo en el apego; pues los apegos en los que las cosas van bien son apegos seguros, en tanto que si las cosas no van bien, los apegos son *desdichados* a su manera, dando lugar a tres tipos diferentes de apego inseguro: el ansioso (preocupado), el evasivo (despreciativo)[15] y

desarrollan una estructura sobre la acumulación de confiabilidad introyectada» (p. 196).

14. Beatrice Beebe y Frank Lachmann, *Infant Research and Adult Treatment: Co-constructing Interactions* (Hillsdale, Nueva Jersey: Analytic Press, 2002); Edward Tronick, «Emotions and Emotional Communication in Infants», *American Psychologist* 44 (1989): 112-119; Daniel Stern, *The Interpersonal World of the Infant: A View from Psychoanalysis and Developmental Psychology* (Nueva York: Basic Books, 1985).

15. Mary Ainsworth y Barbara Wittig, «Attachment and the Exploratory Behaviour of One-Year-Olds in a Strange Situation«, en *Determinants of Infant Behaviour,*

el desorganizado (temeroso-evasivo).[16] Echemos un vistazo a cada uno de ellos, porque esto te permitirá comprender el impacto del trauma y algunas de las cosas que te pueden ser útiles en la sanación. En primer lugar, es hasta cierto punto útil pensar en cada uno de los estilos de apego inseguro como en una solución a un problema. Cada uno de estos estilos de apego fue la mejor solución que se te ocurrió para enfrentarte a unas atenciones y cuidados pobres, incoherentes, negligentes o abusivos. El estilo que terminaste desarrollando tiene que ver con tu estilo de personalidad, con el comportamiento de tus progenitores o cuidador, y con el éxito o no de la estrategia que elegiste para enfrentarte al estrés de la inseguridad.

Si tienes un apego ansioso, es porque decidiste utilizar una estrategia de gestión de cuidados incoherentes consistente en la hipervigilancia y la ansiedad. Tú quieres creer en las relaciones y prestas mucha atención a las relaciones, pero crees que no te puedes fiar de ellas. Los niños que emplean esta estrategia parecen dependientes o temerosos; nunca quieren soltarse, por miedo a que ya no puedan volver a agarrarse de nuevo. Si eres una persona adulta que emplea esta estrategia es posible que descubras que, hagas lo que hagas, la gente que quieres te va a abandonar, o bien la relación será demasiado frágil como para manejar los problemas.

Si eres una persona con un estilo de apego despreciativo, es porque te orientaste hacia la estrategia opuesta; es decir, decidiste que era demasiado difícil o doloroso intentar confiar en unos cuidadores

vol. 4, ed. B. M. Foss (Londres: Methuen, 1969), 113-136; Amir Levine y Rachel Heller, *Attached: The New Science of Attachment and How It Can Help You Find –and Keep– Love* (Nueva York: Penguin, 2011).

16. Mary Main y Judith Solomon, «Procedures for Identifying Infants as Disorganised/Disoriented during the Ainsworth Strante Situation», en *Attachment in the Preeschool Years,* ed. Mark T. Greenberg, Dante Cicchetti y E. Mark Cummings (Chicago: University of Chicago Press, 1990), 121-160; Karlen Lyons-Ruth, «Attachment Relationships among Children with Aggressive Behavior Problems: The Role of Disorganized Early Attachment Patterns», *Journal of Consulting and Clinical Psychology* 64 (1996), 64-73; Karlen Lyons-Ruth, Lisbeth Alpern y Betty Repacholi, «Disorganized Infant Attachment Classification and Maternal Psychosocial Problems as Predictors of Hostile-Aggressive Behavior in the Preschool Classroom», *Child Development* 64 (1993), 572-585.

poco fiables y optaste simplemente por «no necesitar» a nadie, considerando como una debilidad cualquier búsqueda de proximidad normal; en cambio, intentas protegerte mediante la autosuficiencia. Se te ve muy sólida desde el exterior, pero desconectada en el interior. Es posible que los demás tengan la sensación de que nunca podrán acercarse a ti lo suficiente.

Y la última categoría de apego inseguro es la que se denomina «desorganizada» en la infancia y «temerosa-evasiva» en la edad adulta, y suele ser el resultado de la más abusiva y negligente de las crianzas. En muchos aspectos, es un estilo de apego en el que ninguna de las estrategias de los otros dos estilos, ansioso y evasivo, funcionaron bien (ni acercarse ni mantenerse a distancia te funcionó de manera constante) por lo que es muy probable que te descubras alternando entre estas dos posturas, en lo que uno de mis colegas en psiquiatría describió una vez como un problema de «cercanía-distancia».[17] Como persona temerosa-evasiva no vas a encontrar una distancia segura, por lo que, con frecuencia, la solución es un *falso yo*. Te inventas una imagen pública que agrade de cara al exterior, pero crees que si alguien supiera quién es el «verdadero tú» que hay en tu interior, te abandonaría. Esto te obliga a esforzarte desesperadamente por ofrecer una buena imagen, lo cual significa que tienes que ocultar tus problemas, en lugar de buscar ayuda. Y dado que tú crees que este falso yo es un fraude, te resulta difícil dejar a nadie que se acerque por miedo a ser descubierta.

Hay un elemento común en todos estos apegos inseguros, y es la falta de un refugio seguro o base segura constante. Tienes la sensación de que no hay un lugar seguro al cual puedas regresar, y que no dispones tampoco de una sensación sólida interior que puedas llevar contigo. Es decir, no hay lugar donde puedas descansar confortablemente. La premisa básica del apego es que *el miedo constriñe y la seguridad expande.* El apego seguro y los tres tipos de apego inseguro muestran que nuestra experiencia primaria de relaciones constantes

---

17. Andrew Bush MD, Psychology Fellow Family Therapy Case Conference Seminar, Cambridge Hospital, 1998.

afecta a nuestra creencia en las relaciones y a cómo nos vamos a relacionar en un futuro. Pero el apego no es exclusivamente el molde de las relaciones; es también la forma en la que interiorizamos esas relaciones, el modo en que el confort y la tranquilidad de una relación se convierten tanto en nuestra biología como en el marco interior dentro del cual regular nuestras emociones.

Así pues, ¿cómo se convierte en biología en nosotras la experiencia del apego? ¿De qué modo la base segura pasa de ser una parte de tus relaciones y de tu entorno a convertirse en un recurso fundacional para afrontar situaciones problemáticas? Es decir, ¿cómo pasa a ser parte de tu sistema operativo de por vida? Echemos un vistazo a esto en la misma serie de pasos que tienen lugar a medida que te desarrollas. Lo primero que tienes que comprender es el desarrollo físico. Los bebés que se desarrollan dentro de un apego seguro tienen un desarrollo físico y un desarrollo cerebral más saludables. Tales desarrollos le permiten al bebé ser más resistente ante el estrés, así como generar un sistema nervioso más saludable (cómo nos calmamos o tranquilizamos y cómo nos estimulamos). Así, lo primero que hay que comprender es que la base segura de una relación puede convertirse en una base segura en nuestra biología a través del sistema nervioso: se convierte en un sistema de autorregulación.

Tu cerebro está organizado en diferentes partes que tienen diferentes funciones,[18] y normalmente se constata que tiene tres niveles básicos de organización. El cerebro inferior –lo que a veces se denomina «cerebro reptiliano»– es el responsable de los actos básicos de supervivencia: respiración, alimentación, insomnio y equilibrio. Mantiene la homeostasis física, como la temperatura corporal, y nos mantiene en equilibrio fisiológico. El cerebro central, o cerebro límbico, es el encargado del mundo emocional y relacional. Durante los primeros años de vida, tu memoria y tu experiencia son, principalmente, experiencias del hemisferio derecho del cerebro, y la memoria se almacena en la amígdala, el lugar donde se almacena

18. Daniel J. Siegel, *Mindsight: The New Science of Personal Transformation* (Nueva York: Bantam, 2011), 15-22. Traducción al castellano: *Mindsight* (Barcelona: Paidós Ibérica, 2011).

la memoria emocional. El sistema límbico es el centro del sistema de apego y el centro del sistema de regulación emocional. El cerebro límbico es subcortical (literalmente, por debajo del córtex o cerebro superior). Y el cerebro superior, o el neocórtex y los lóbulos frontales, es donde se almacena el aprendizaje, y donde se realiza el pensamiento, el aprendizaje y la toma de decisiones. Pero la integración de estas estructuras cerebrales afecta a la autorregulación, y la estructura del cerebro que conecta las distintas partes del cerebro es el córtex prefrontal (que en esencia es un centro de control para la planificación y la anticipación). El córtex prefrontal se halla en la intersección de las otras tres secciones del cerebro: el cerebro inferior, el cerebro límbico y el neocórtex. Es la parte del cerebro que nos permite inhibir conductas que no queremos materializar o iniciar conductas que necesitamos materializar.

El cerebro límbico se desarrolla enormemente durante el primer año de vida,[19] y de ahí que las áreas subcorticales del hemisferio derecho en desarrollo[20] se vean más afectadas por el entorno y por la relación con la persona que te cuida. La relación con la cuidadora y la experiencia del mundo como algo seguro o inseguro se convierte en «memoria». Pero la memoria subcortical es diferente de la memoria de la que solemos hablar. Nos gusta pensar en la memoria como en una grabadora, y normalmente la vemos en los términos de lo que recordamos en concreto (en la cuarta parte, profundizaré más en el tema de la memoria). Para el siguiente ejemplo, utilicemos la metáfora de una canción o una danza. Es como si, en los primeros años de vida, estuvieras escuchando una canción muy importante y aprendiendo unos pasos de ballet muy técnicos, pero no almacenaras la letra de la canción ni la historia del ballet; no, al menos, de

---

19. Rebecca Knickmeyer *et al.*, «A Structured MRI Study of Human Brain Development from Birth to 2 Years», *Journal of Neuroscience* 28 (2008): 12176-12182; Hannah Kinney *et al.*, «Sequence of Central Nervous System Myelination in Human Infancy: Patterns of Myelination in Autopsied Infants», *Journal of Neuropathology and Experimental Neurology* 47 (1988), 217-234.

20. Louis J. Cozolino, *The Neuroscience of Psychotherapy: Building and Rebuilding the Human Brain* (Nueva York: Norton, 2002); Allan Schore, *Affect Regulation and the Origin of the Self* (Mahwah, NJ: Lawrence Erlbaum, 1994).

un modo que puedas recuperar. Lo que almacenas en la amígdala y en el sistema límbico es la melodía y la coreografía. Te acuerdas de la sensación de la interacción, no del contenido. Recuerdas el movimiento de la danza. Así es como se almacena la memoria emocional, y así es como funciona en tanto parte del sistema operativo. La memoria emocional se almacena en el córtex, y las emociones (la parte «sentida» de la experiencia) se almacenan en el sistema límbico. Ésta es la razón por la cual las situaciones pueden desencadenar una emoción en nosotras, aunque no parezca lógico y no dispongamos de palabras ni lenguaje para describir la experiencia.

Así pues, con el sistema de apego estás asimilando la coreografía necesaria para tranquilizarte a ti mismo, para gestionar el estrés y mantener la conexión en las relaciones. Aunque los mecanismos exactos de la transmisión todavía se están explorando, las investigaciones revelan algunos detalles interesantes sobre el apego seguro y su impacto en los sistemas de respuesta del bebé ante el estrés. Esta línea de investigación toma como referencia normalmente el nivel de cortisol. El cortisol es una hormona del estrés que está relacionada con altos niveles de activación fisiológica y estrés. Un grupo de investigadores estudió cómo gestionaban el estrés los bebés en sus visitas pediátricas de vacunación. Pusieron a prueba a los bebés a lo largo del tiempo y descubrieron que, al principio, los bebés lloraban y eran confortados por sus progenitores. Las palabras y los gestos tranquilizadores de éstos les ayudaban a sentirse mejor y a reducir sus niveles de cortisol. Pero, con el tiempo, a diferencia de los bebés con apego inseguro, los bebés con apego seguro eran capaces de reducir por sí solos su estrés, dado que su experiencia previa les indicaba que un acontecimiento estresante iba acompañado de manera oportuna por el efecto calmante de las palabras y gestos de sus progenitores. A esto se le denomina *apego de amortiguación (attachment as buffer,* en inglés).[21] De este modo, la fisiología de los bebés con

21. Megan Gunnar *et al.,* «Dampening of Adrenocortical Responses during Infancy: Normative Changes and Individual Differences», *Child Development* 67 (1996), 877-889; Megan Gunnar y Karina Quevedo, «The Neurobiology of Stress and Development», *Annual Review of Psychology* 58 (2007), 145-173.

apego seguro comienza a ser un reflejo de la experiencia relacional real que estaban recibiendo de sus progenitores; bajo estrés, en cuanto las hormonas del estrés se activan, su propio sistema de calmante relaja todo el organismo.

Por tanto, si una persona crece con las atenciones y cuidados suficientes, no sólo experimentará un apego seguro en el exterior, bajo la forma de una relación relajante y sustentadora, sino que tal relación se interiorizará y se convertirá en parte del sistema de autorregulación de la persona, que habrá aprendido a evocar en su organismo un estado confortable. Esta capacidad para gestionar el estado emocional en el que se encuentra la persona (bien calmándose o bien estimulándose) se genera a través de las relaciones de apego. Este sistema de relajación y regulación, una vez que se desarrolla, cumple un papel amortiguador en todos los aspectos de la vida de la persona. Se ha demostrado incluso que tiene un efecto protector en aquellas personas que han pasado por un trauma en fases posteriores de la vida; los soldados que tenían un apego seguro antes de entrar en combate eran menos proclives a padecer un síndrome de estrés postraumático que aquellos soldados que no disponían de un apego seguro.[22] No se trata de un sistema de protección perfecto, pero parece que para algunas personas supone una evidente ayuda.

Además, el comportamiento de apego no sólo reduce el cortisol, la hormona del estrés, sino que incrementa también la oxitocina. La oxitocina es una neurohormona que nos impulsa al trato social, a las relaciones, y nos sensibiliza ante la percepción social. Es decir, nos hace más proclives a buscar la compañía de los demás. Por tanto, ¿qué ocurre con tu sistema de autorregulación si no tienes la fortuna de disponer de un apego seguro, de un entorno seguro? ¿Qué pasa si creces en un entorno temible, peligroso o negligente? Volvamos atrás y veamos el sistema de apego desde una perspectiva biológica en una situación de apego inseguro. En el apego seguro, un estresor aparece y la madre interviene de forma oportuna. En el

---

22. Sandra M. Escolas *et al.*, «The Impact of Attachment Style on Posttraumatic Stress Disorder Symptoms in Postdeployed Military Members», *U.S. Army Medical Department Journal* (Julio-Septiembre 2012), 54-61.

apego inseguro, el niño queda en un estado de angustia más prolongado de lo que es capaz de manejar. Pero el mayor problema es que, dado que los niños dependen de los adultos para gestionar sus estados internos y externos (no disponen de muchos recursos para enfrentarse a una angustia severa), o bien intensifican la respuesta, gritan y lloran, intentando llamar la atención y los cuidados de uno de los progenitores, o bien se encierran por completo en sí mismos para desconectarse del estrés de la situación en la que se encuentran.

Volviendo a las partes del cerebro que nos ayudan a gestionar las emociones (el sistema límbico y la amígdala), si no te tranquilizan oportunamente y vives en un estado de angustia o retraimiento, la amígdala, que está diseñada para evaluar el peligro, entra en un estado de hiperalerta; entra en un estado de vigilancia constante y busca y ve peligros por todas partes, aunque no haya amenazas reales.

Lo que conviene comprender acerca de la relación de apego como autorreguladora de la biología (o que la carencia de una relación de apego interfiere con el establecimiento de tal autorregulación) es que la autorregulación busca principalmente gestionar el nivel de activación: gestionar cuánta estimulación o intensidad entra y durante cuánto tiempo. Es decir, determina hasta qué punto conservamos la calma. El cerebro y los sistemas físicos funcionan mejor cuando operamos en lo que Dan Siegel denomina «ventana de tolerancia»:[23] la zona media de activación, ni demasiado alta ni demasiado baja.

¿De qué forma se ve afectado el sistema de apego si pasas por un trauma repetido en la edad adulta? Lo bueno es que si llegaste a la edad adulta con un sistema de apego seguro, dispones de más protección, de más resistencia que cualquier otra persona que haya entrado en esta fase con un apego inseguro. Pero el trauma reiterado afectará, de todos modos, al sistema de apego; en primer lugar, porque tu sistema de apego se convierte en núcleo de lo que tú denominas tu *yo* (es decir, de la persona que crees ser), por lo que el trauma repetitivo puede dañar tu sentido del yo.

---

23. Daniel Siegel, *The Developing Mind,* 2.ª ed. (Nueva York: Guilford, 2015), 281-286. Traducción al castellano: *La mente en desarrollo: Cómo interactúan las relaciones y el cerebro para modelar nuestro ser* (Bilbao: Desclée de Brouwer, 2013).

Todos somos yoes-en-relación:[24] nuestro sentido del yo se construye en las relaciones y perdemos los sentimientos de conexión en las relaciones cuando lo que sentimos por nosotras mismas cambia debido a un trauma. Un ejemplo de ello es un veterano de guerra, Mike, quien, durante una incursión nocturna en Afganistán, junto con su pelotón dispararon a un grupo de ancianas en presencia de sus nietos. Es ésa una imagen que Mike no puede borrar de su cabeza y, cuando está en casa con su esposa y su suegra, con quien se lleva de maravilla, Mike es incapaz de estar a solas con la mujer en la misma habitación. Todos en la familia afirman quererle, pero Mike piensa que ya no es el mismo desde que regresó de la guerra. Tiene la sensación de que hubo «un Mike antes de la guerra» y hay «un Mike después de la guerra». Él no quiere que conozcan al Mike que mató a la abuela. Aunque mantenía unas estupendas relaciones cuando partió hacia la guerra, y a pesar del apoyo que está recibiendo actualmente de sus seres queridos, Mike no puede apoyarse en estas relaciones. Sus apegos son ahora inseguros debido a que el yo que había construido apegos ha resultado herido.

El apego es el fundamento de cómo construimos las relaciones y de cómo esas relaciones se convierten en nuestro sistema de autorregulación. El apego conforma el sistema operativo que fundamenta nuestras relaciones, nuestra visión del mundo y nuestra capacidad para adaptarnos emocionalmente, y un trauma repetido afecta a este sistema operativo básico, siendo esta perturbación una importante fuente de problemas para las personas que sobreviven a un trauma repetido. Y no sólo es que hay que sanar y prestar atención al sistema de apego, sino que éste es, al mismo tiempo, un sendero hacia la sanación. Esto exige de los supervivientes a un trauma una enconada lucha contra el miedo y la desconfianza que puede generar un trauma repetitivo, así como reparar el sistema operativo básico del apego.

---

24. Jean Baker Miller, *Toward a New Psychology of Women* (Boston: Beacon Press, 1976); traducción al castellano: *Hacia una nueva psicología de la mujer* (Barcelona: Ediciones Altaya, 1995); Judith Jordan *et al.*, *Women's Growth in Connection: Writings from the Stone Center* (Nueva York: Guilford Press, 1991).

Aprender a apoyarse

Apoyarse es lo que permite la inintegración, lo que te va a permitir que dejes de cargar tu peso sobre las antiguas protecciones, lo que te llevará a desprenderte de la rigidez de las viejas normas y de la antigua historia. El hecho de apoyarse en las relaciones y en la confianza es algo que pone a prueba tus viejas experiencias referentes a las relaciones y al modo en que el trauma puede haberlas afectado. Si no te apoyas y descargas el peso de aquello que está herido, las viejas normas y protecciones se aferrarán rígidamente a su sitio con el fin de entablillar las fracturas. Sin embargo, si te apoyas y descargas el peso (es decir, si permites que lo que estaba herido quede a la luz al ser despojado de tanta protección), comenzarás a ver y a sentir en realidad tanto las protecciones que has estado utilizando como aquello que estaba herido.

La mayoría de las personas aprende a apoyarse de manera gradual, paso a paso, de un modo parecido a cómo la gente aprende a «confiar en la caída», un popular ejercicio para el cultivo del trabajo en equipo. Para este ejercicio se necesitan dos personas, que se colocan una delante de la otra, dando esta última la espalda. La persona que está a espaldas de la otra apoya las manos levemente en el dorso de la persona que está delante, manteniendo al mismo tiempo una postura firme que le permita sujetar y aguantar el peso de la persona que tiene delante. Al darse la señal establecida, la persona que está delante deja caer su peso hacia atrás, sabiendo que la otra persona la va a sostener. Hay personas que sólo se dejan caer hacia atrás un par de centímetros, en tanto que otras se dejan caer por completo. Si utilizamos este ejemplo como metáfora, diremos que la mayoría de los supervivientes a un trauma apenas se dejan caer hacia atrás, a pesar de que a ellos les parece haberse dejado caer en un profundo vértigo. Quizás se hayan dejado caer unos milímetros y, sin embargo, tienen la sensación de haber perdido el control.

Apoyarse implica ceder el control, depender de alguien. Implica permitir que alguien se acerque lo suficiente como para que te apoye, lo cual significa que tu sistema del miedo va a considerar (y a sentir) que alguien está lo suficientemente cerca como para hacerte daño. Recuerda que el trauma supone una situación en la que una siente que no estuvo suficientemente en guardia, de ahí que conservar el control se perciba como una manera de protegerse. Esto implica que el mero hecho de apoyarte te proporcione instantes en los cuales no vives en el mundo organizado por el trauma; lo cual, en la fase de Inintegración, se puede vivir como una pérdida total de control.

Sobrevivir a un trauma trae consigo un conjunto de comportamientos que te mantienen a salvo y, con frecuencia, a distancia de los demás; pues el trauma te hace cauteloso, receloso y desconfiado. Te lleva a guardarlo todo dentro, estrechamente entrelazado; y cuando te apoyas en el proceso curativo, las distintas partes del trauma comienzan a soltarse entre sí.

Cuanto más joven seas, más fácil te resultará aprender. Hace años trabajé con un niño muy pequeño llamado Daniel en un programa de intervención precoz; y, aunque nunca sabré qué problemas podría tener aquel pequeño en casa, lo que sí sé es que llegaba a la escuela en el autobús escolar en un estado casi catatónico: no establecía contacto visual, no hablaba y no se movía. Yo lo recogía de su asiento en el autobús y lo sujetaba con fuerza, dejando que apoyara todo su peso sobre mí. En ese momento se convertía en un peso muerto increíble; era como si llevara consigo una batería de automóvil descargada y no pudiera moverse. Apoyaba la cabeza en mi hombro y se limitaba a respirar profundamente, con los ojos cerrados. Normalmente, Daniel estaba en aquella postura durante alrededor de diez minutos, a veces más, recargando sus baterías del apego. En un momento determinado, cuando el chico había conseguido cargar suficiente energía, levantaba la cabeza, decía «Tengo que bajar» y descendía del autobús en dirección a clase.

Cuanto más mayores somos, y cuanto mayor es la herida, más difícil es aprender a apoyarse. Dicho de una manera sencilla, es más difícil aprender a apoyarse cuando no podemos aprender a apoyarnos ni siquiera físicamente, como hacía Daniel. Y no es fácil porque este tipo de seguridad no es algo que se aprenda de una sola vez y para siempre. No puedes aprender apego apoyándote sólo una vez; te tienes que apoyar miles de veces. Y cuando tienes que reaprender a apoyarte, o aprender a apoyarte por vez primera en la edad adulta, no supone apoyarse físicamente, sino apoyarse en otros aspectos de las relaciones y el apego. Puedes apoyarte en la estructura de las relaciones (en su confiabilidad o constancia), y puedes descolgarte en ellas como lo harías con las cuerdas de seguridad en la escalada. Para sanar del trauma, tienes que desaprender las autoprotecciones que te impiden apoyarte, y tienes que reaprender la experiencia del apoyo. Pero tienes que hacerlo gradualmente, a tu propio ritmo. Por otra parte, aprender a apoyarse es una de esas habilidades que resultan paradójicas, en tanto en cuanto más que forzarte a apoyarte, lo que tienes que hacer en realidad es dejarte ir.

Durante la última semana he estado pensando en esto aún con más intensidad, debido al hecho de haber estado intercambiando mensajes de texto con mi amiga Laura, cuya pequeña, Emma, está teniendo problemas para dormirse por las noches. Emma nunca ha mostrado dificultades con el sueño pero, ahora, en su agitada niñez, se ha convertido de pronto en un importante problema para su madre, que tiene que estar con ella, calmándola, hasta que se duerme. La niñez es una fase de exploración y de movimiento. Las niñas pequeñas, de entre 1 y 2 años, van de aquí para allá, cada vez más lejos, y su curiosidad y su entusiasmo no dejan de espolearlas.

Es como si algo las empujara constantemente a saltar y zambullirse en el río de la vida, para de pronto sentirse abrumadas cuando se dan cuenta de que se han ido río abajo, demasiado lejos de mamá, de papá o de la cuidadora. «¡Un momento! ¿Cómo he llegado hasta aquí? ¿Dónde estás? ¿Cómo has podido abandonarme?».

Los niños pequeños aún están aprendiendo a confiar en la constancia del mundo y de las relaciones. ¿Sigues estando ahí aunque yo no te vea? Y, si no estás ahí, ¿yo sigo existiendo? Los niños pequeños no disponen aún de la capacidad para albergar la presencia de otra persona en su mente. Si no estás a la vista, ya no estás. Y necesitan tomar prestada la batería de los progenitores para relajarse, para reducir la velocidad de su vida y sentirse tranquilos. De ahí que dormir les resulte tan difícil, tanto a los niños como a los progenitores, porque nadie puede forzarse a dormir. En este asunto, todo esfuerzo trae el resultado contrario; cuanto más te esfuerzas, más despierta estás. Y cuanto más te enfadas por ello, más difícil te resulta dormir.

Dormirse es un dejarse llevar. Y toda vez que nos enfrentamos a la doble tarea de aprender a dejarse llevar y confiar al mismo tiempo, nos enfrentamos a una de las curvas de aprendizaje más difíciles que nos podamos encontrar. Algunas de estas curvas de aprendizaje llegan en las fases de desarrollo normales, como ocurre con la hija de mi amiga Laura, en tanto que otras llegan cuando regresamos para enmendar los trozos rotos. Tenemos que aprenderlo todo de nuevo, o quizás incluso por vez primera, que es como dejarse llevar y confiar lo suficiente en otra persona como para apoyarse y sanar.

Aprender a apoyarse y aprender a dormirse tienen algo en común. Ambas cosas son como aprender a flotar. Es increíblemente difícil enseñarle a una niña a flotar. En primer lugar, porque no existe una razón lógica para creer a primera vista que su cuerpo puede flotar, pues cuando pones cualquier objeto en el agua se hunde. Todos los niños pequeños lo saben. Así pues, cuando les dices que lo único que tienen que hacer es echarse en la superficie del agua, la mayoría de los niños te miran como si te hubieras vuelto loca. Sí, están decididos a aprender a nadar, pero decirles que se echen allí tranquilamente se les antoja una completa locura.

En realidad, es un proceso gradual. En primer lugar, tienes que conseguir que la niña se apoye en ti, y cuando se sienta lo suficientemente confiada, tienes que aguantarla sobre los brazos extendidos, sustentando todo su peso. Finalmente, poco a poco, irás bajando los brazos hasta que el agua la sustente.

Tiene que ser gradual. ¿Por qué? Porque en el momento en que la niña se asuste, ¿qué es lo que va a hacer? Se va a agitar presa del pánico y se va a hundir, tras lo cual se va a agarrar a tu cuello desesperadamente, con lo cual no habrás hecho otra cosa que confirmarle la idea de que flotar es imposible. Por este mismo motivo, Laura debe poner a su hija en la cama y permanecer lo suficientemente cerca de ella como para que la niña sienta su presencia y, poco a poco, ir alejándose mientras la pequeña aprende a flotar en el sueño. Laura debe mantener sus brazos emocionales por debajo de la niña de tal modo que ésta la sienta.

Durante un tiempo estuve enseñando a nadar a los niños, y me encantaba enseñarles a flotar porque era algo muy tangible. Es fácil sostener físicamente a un niño y hacerle sentir tu presencia, sabiendo que puede confiar en ti. Recuerdo que podía sentir hasta qué punto el niño podría tolerar la falta de sustentación antes de que hiciera gestos que indicaran que necesitaba que lo sostuviera de nuevo. El niño sentía que se le confería un nuevo poder al aprender a flotar y a sentir aquella sustancia que, previamente, le parecía tan peligrosa. En sus caras se podía ver el orgullo y la dicha que sentían al verse flotando.

Esto me llevó a intentar, como terapeuta, que el proceso que lleva a la clienta a confiar en mí pudiera ser tan sólido y tangible como aprender a flotar. Aprender a apoyarse emocionalmente en alguien sigue el mismo proceso, si bien los incrementos de dificultad han de ser más escalonados debido a que es más difícil. No es fácil para una persona adulta sentirse tan vulnerable. Para un adulto es difícil aprender a nadar y flotar, y también le resulta difícil aprender a confiar lo suficiente como para apoyarse en alguien emocionalmente.

Aprender a apoyarse como adulto, y aprender a apoyarse como persona adulta que ha sido herida con frecuencia, es algo que se basa normalmente en el ritual de la repetición y en una extensión gradual de las propias capacidades. Tú aprendes a apoyarte en la seguridad de la confianza antes de que puedas creer en la seguridad de la relación en sí, y por tanto antes de que te apoyes en ella. Tú te apoyas en un programa de sesiones con tu terapeuta, confiando en la constancia de que ambas vais a aparecer en la consulta. Te apoyas en cómo comienzan o terminan las conversaciones. Te apoyas en los rituales que te ayudan a afianzarte o a encontrar tus puntos fuertes, como el *mindfulness,* la gratitud o el ejercicio físico. Te apoyas en la práctica de decir cómo te sientes y de dejar que otra persona sea testigo de ello y te lo refleje de vuelta.

Y, poco a poco, te dejas ir y comienzas a apoyarte, y sientes un instante, o minutos u horas de seguridad; y, mientras te sientes bien, o sientes alivio, también es cierto que ese apoyo pone en marcha el proceso de inintegración. Ésta es la paradoja de la seguridad en la sanación: que puede hacer daño. Alguna vez la he comparado con lo que se siente cuando se te duerme un pie o una pierna y, súbitamente, comienzas a sentirla de nuevo, con ese doloroso hormigueo que se siente. El poder de la fase de Inintegración es el ritmo al cual tiene lugar ésta. De forma muy parecida a lo que conté antes sobre los templos de Abu Simbel, el proceso tiene que ser lento y deliberado. Hay que tener en cuenta el peso de lo que hay que desmantelar; cuanto mayor es el trauma, cuanto más prolongado haya sido el trauma, más atención hay que prestar al tamaño de lo que se inintegra en un momento dado. Pero según mi experiencia, tanto de terapeuta como de cliente, si tú confías en el proceso que te lleva a apoyarte y dejas que la seguridad dirija el proceso de desvelamiento del trauma, éste se revelará de tal modo que podrás tolerarlo y mantenerlo.

El contenedor: la gestión de las emociones de la inintegración

El proceso en el cual te adentras con la inintegración es, normalmente, lo que denominamos *regresión* en los niños. En el desarrollo infantil, cuando un bebé está a punto de realizar un cambio evolutivo –por ejemplo, aprender a mantenerse de pie o a caminar– por lo general se pasa una semana alborotado. A lo mejor ya dormía bien durante toda la noche y, de pronto, te despierta llorando de nuevo. Quizás se estaba portando bien y, súbitamente, empieza a mostrarse exigente e irritable. Antes y durante la transición hacia el nuevo paso de desarrollo, los niños pueden mostrarse intranquilos; y es que tienen que desprenderse de su actual habilidad para poder asumir e integrar una nueva habilidad. Todo esto lo vemos como algo normal y necesario en los niños, en tanto que lo vemos como un problema en un adulto. T. Berry Brazelton, pediatra que ha escrito mucho acerca del desarrollo infantil, se refiere a estos períodos evolutivos como *puntos de contacto (touchpoints,* en inglés).[25] El desarrollo precisa de esfuerzo y energía, y se hacen necesarios períodos de reincidencia con el fin de

---

25. T. Berry Brazelton y Joshua D. Sparrow, *Touchpoints: Birth to Three,* 2.ª ed. (Cambridge, MA: Da Capo Press, 2006), xix-xxi.

dar el siguiente salto hacia delante. Pues bien, estoy aquí para decirte que crecer es imposible sin regresiones, sin desandar algunos pasos y sin inintegración.

La regresión es una experiencia. No es necesariamente una forma de vida. No tienes por qué renunciar a todas tus capacidades en todo momento (no tienes por qué dejar de ir a trabajar, por ejemplo) con el fin de cambiar. Pero sí que vas a necesitar momentos en los que puedas trastocarte lo suficiente como para cambiar. El problema que tienen las experiencias incómodas es que resulta difícil recordar que son experiencias temporales, y el concepto que tenemos de la línea diagonal de crecimiento lo empeora aún más. Nos pasamos el tiempo ascendiendo arduamente por la escabrosa montaña, y nos aterroriza la idea de una regresión; después de todo, la propia gravedad debería hacernos retroceder por esa línea diagonal, como si la vida fuera el juego de mesa de Serpientes y Escaleras. O bien te vas directamente arriba, o bien te vas directamente abajo.

¿En qué te puedes sustentar mientras tienes esta experiencia de desmoronamiento? La fase de Inintegración puede evocar emociones potentes, emociones que pueden derribarte o desequilibrarte, y vas a tener que controlarlas de alguna manera para poder gestionar el trabajo que estás haciendo, para que tu trabajo con el trauma *sea* manejable. Y lo que puede hacerlo manejable es crear un contenedor.[26] En las secciones previas acerca del apego dije que el apego genera una base segura, y de eso es esencialmente de lo que voy a hablar con lo del contenedor. El contenedor de la relación está compuesto por la confianza y los comportamientos que incrementan la confianza. El sistema de apego se establece para crear una base segura dentro de las relaciones y para generar una base segura y un sistema de autorregulación emocional en nuestro yo físico y emocional. Así pues, el contenedor del que estoy hablando se encuentra tanto dentro de la relación curativa como dentro de ti mismo.

---

26. La noción de contenedor procede de la conversación que los terapeutas del trauma tienen acerca del trabajo de contención. Jody M. Davies y Mary G. Frawley, *Treating the Adult Survivor of Childhood Sexual Abuse: A Psychoanalytic Perspective* (Nueva York: Basic Books, 1994), 202-208.

Lo que sé ahora respecto a la creación del contenedor en la relación curativa es que gran parte de él supone respetar el tamaño del contenedor (cuánto puede aguantar) y el ritmo de aquello de lo que se habla: cuánto dejar entrar, cuánto tiempo hablar de algo o experimentar algo, con qué frecuencia reunirse, cuán intensas pueden ser las conversaciones o las sesiones, etc. Muchas de estas decisiones, sobre todo al principio, las toma la terapeuta o guía; pero yo creo que si comprendes el papel del contenedor y cómo ser consciente de tus propios niveles de activación o estrés, puedes convertirte en coautora del proceso, haciendo así el contenedor mucho más fuerte y seguro.

¿Cómo puedes hacerlo? Es simple, pero no es fácil. Comienzas por ser consciente del estado en el que te encuentras: qué sientes, qué estás pensando. Lo haces manteniendo conversaciones básicas: ¿en qué consiste tu experiencia de la conversación? ¿Es excesiva? ¿Necesitas reducir el ritmo? ¿Tomarte un descanso? ¿Cambiar de tema por momentos? ¿Cómo estás viviendo la relación? O, dicho de otro modo, ¿qué tiene que ocurrir para que puedas sentir más seguro el contenedor? ¿O para que te sientas tú más seguro? ¿O para que te sientas libre para hablar?

Sin embargo, para crear el contenedor entre tu guía y tú tendrás que comprender tu propio contenedor interior, tu *ventana de tolerancia*,[27] porque el contenedor exterior te va a ayudar a fortalecer el contenedor interior. Lo haces prestando atención a tu yo físico y a lo que éste te dice, y a tu yo emocional y a lo que éste te dice. De ahí es de donde obtendrás la información que necesitas acerca de lo que es demasiado y lo que es insuficiente, tanto si tienes la sensación de que necesitas reducir el ritmo, detenerte o seguir adelante.

¿Qué es la ventana de tolerancia? Cada persona tiene una ventana de tolerancia, que es el límite que existe entre lo que se percibe como un exceso de activación o estimulación (demasiada ansiedad, tristeza, furia) y lo que se percibe como poco estimulante, poca activación (sentirse completamente apagado y adormecido). Funcio-

---

27. Siegel, *The Developing Mind*, 281-286.

namos mejor, nuestro cerebro opera mejor y podemos aprender e interactuar mejor cuando nos hallamos entre esos dos límites de nuestra ventana de tolerancia. En esos márgenes sentimos que nos controlamos mejor a nosotras mismas y al mundo que nos rodea. Sin embargo, nuestra ventana de tolerancia puede verse afectada por muchas cosas: el cansancio, el hambre, la enfermedad o el estrés, así como por experiencias previas, sean positivas o traumáticas. Las personas que sobreviven a un trauma suelen estrechar su ventana de tolerancia debido a que el trauma hipersensibiliza nuestro sistema ante cualquier cosa que nos recuerde al trauma; de ahí que los supervivientes tengan la sensación de que queda muy poco recorrido entre una activación excesiva y una activación insuficiente. Tan pequeña ventana de tolerancia puede hacer que tengas la sensación de que no dispones de libertad de movimiento en tu mundo, de que toda tu energía se centra en mantener alejado cualquier recuerdo, cualquier vivencia, cualquier sentimiento que te reconecte con tu trauma. Gran parte del trabajo de sanación del trauma implica, por tanto, una expansión de la ventana de tolerancia, y esto se lleva a cabo poniéndose en contacto, en pequeñas dosis manejables, con las emociones y los aspectos de tu historial traumático. A medida que aumentes tu capacidad para autorregularte, autogestionarte y tranquilizarte (mediante el *mindfulness,* las técnicas de gestión del estrés y la autoconversación) te sentirás más capaz para situarte en el exterior de tu ventana de tolerancia sin padecer una ansiedad extrema, sin desmoronarte ni adormecerte. Y cada vez que seas capaz de ampliar tu ventana de tolerancia y sentirte segura, tu contenedor se hará más grande y más sólido. Podrás sustentar cada vez mayores dosis de tu experiencia.

Ya hemos hablado del *mindfulness* y de la toma de conciencia como métodos para reducir el ritmo y tranquilizarse. Echemos ahora un vistazo breve a la autoconversación, que no es otra cosa que un discurso interior: las conversaciones que mantenemos y las instrucciones que nos damos en nuestro interior. El discurso interior es bueno, es necesario, hace falta. De hecho, la autoconversación sustenta tanto el aprendizaje como la acción. Por mucho que en alguna ocasión lleguemos a detestar esa cháchara interior de la voz dentro de nuestra cabeza, sin ella tendríamos una grave desventaja, pues las personas que carecen de la capacidad del discurso interior tienen severos problemas de aprendizaje y de memoria, y suelen carecer de la capacidad para controlar su comportamiento. El discurso interior nos permite aprender mediante la repetición de instrucciones, y sustenta la acción a través de la narración de lo que hay que hacer; nos ayuda a anticipar, planificar y completar.

Pero hay algo crucial que tenemos que comprender acerca del discurso interior, y es que todo discurso interior, toda autoconversación, se inició como «conversación con otro».[28] Aprendimos a hablarnos a nosotras mismas a través del lenguaje de los demás, a través del tono de los demás, a lo largo de toda nuestra vida. La autoconversación comienza siempre como parte de nuestras relaciones de apego. Lo que nuestros primeros cuidadores nos dijeron se convierte en las primeras grabaciones interiores, a las que se añadieron posteriormente otras voces importantes hasta conformar un coro interno. La capacidad para asumir las voces de los demás nos hace adaptativas como especie; en una generación podemos cambiar el aprendizaje si hace falta, y esto nos facilita la vida en comunidades; tenemos literalmente una voz comunitaria que nos ayuda a navegar entre normas y reglas dentro de los colectivos.

Tu propio discurso interior va a ser la voz que con más frecuencia vas a escuchar a lo largo de tu vida. Esa voz tuvo su inicio como un discurso externo en torno a los tres años de edad, para convertirse posteriormente en un discurso interior silencioso hacia los siete años. Desde ese momento, ha sido una presencia constante en tu vida. Pero la cuestión es ésta: ¿está esa voz a tu servicio? ¿Está al servicio de tu aprendizaje? ¿Está al servicio de tu sanación? ¿Está

---

28. Lev Vygotsky afirmaba, «Podría decirse que las relaciones entre la función mental superior eran, al mismo tiempo, relaciones reales entre las personas. [...] Yo me relaciono conmigo mismo de la misma forma que la gente que relaciona conmigo». Lev Vygotsky, en *The Collected Works of L. S. Vygotsky, vol. 4: The History of the Development of Higher Mental Functions*, ed. Robert W. Rieber (Nueva York: Plenum Press, 1997), 103.

al servicio de tus relaciones y de tu trabajo? Porque, en cuanto entras en la edad adulta, puedes editar y revisar tu propio discurso interior. El discurso interior tiende a ser breve y a estar compuesto de instrucciones. De modo que, a media que avances en este proceso de sanación, quizás convenga que utilices algunas afirmaciones con el fin de facilitar tu sanación, como «Estoy muy bien», «Sé que puedo hacerlo», «Puedo pedir ayuda» o bien «Es duro, pero soy fuerte». El discurso interior te ayuda a cultivar los músculos emocionales de forma lenta, pero constante.

Otro aspecto del contenedor en el trabajo de curación del trauma es el hecho de que sanar del trauma no es el único aspecto de tu vida, aunque en algunos momentos pueda parecerlo. Quizás te parezca que lo único real en tu vida es el trabajo de sanación que estás haciendo. Incluso puede que te parezca temible que, de repente, la terapia se haga tan importante, y hasta puede parecer que tu vida anterior a la terapia se desvanece en los telones de fondo de tu memoria. Pero conviene recordar que tú eres mucho más que una superviviente de un trauma, y que tu vida es mucho más que sanar de un trauma. Mientras te estás sanando del trauma, tienes que sustentar los múltiples y diferentes aspectos de tu vida; es decir, tanto la vida que vives actualmente como los aspectos de tu vida que hay que sanar. Durante el tratamiento, tendrás que dejar que ambos senderos de tu vida discurran al mismo tiempo. Una vez que hayas obtenido un terreno firme en la fase de Preparación, tendrás que involucrarte en tu propia vida: tendrás que ir a trabajar, tendrás que hacer cosas con tus amigos y tu familia, tendrás que realizar tus quehaceres cotidianos, participar en tu comunidad, etc. Tienes una vida completa y complicada. Al mismo tiempo, estarás haciendo tu trabajo en la terapia o en el grupo, que estará sacando a la luz viejas historias y sentimientos, que quizás te desestabilicen y te hagan sentir que tu vida se desmorona o que eres tú quien se desmorona. Puedes llegar a sentir estos dos aspectos diferentes de tu existencia como cosas muy lejanas entre sí, y cada uno puede hacer que el otro te parezca irreal.

Ahí es donde tienes que aferrarte a los dos senderos y tratar que ambas experiencias de tu existencia sean auténticas al mismo tiempo. Tu vida actual discurre a lo largo de los habituales altibajos, y en cualquier momento puedes sentir la punzada de los sentimientos del pasado o aquel dolor que ha estado durante mucho tiempo desatendido.

Una manera de ver la terapia consiste en entenderla como un segundo empleo o un pasatiempo intenso. Tengo un amigo que trabajaba como chef durante el día, pero que se pasaba las noches renovando su vieja casa. Su trabajo como carpintero cada noche no negaba en modo alguno sus habilidades como chef, ni sus habilidades como chef negaban sus capacidades con la carpintería. Ambas series de capacidades no eran otra cosa que aspectos diversos de su yo. Mientras cocinaba, pensaba en los nuevos proyectos que quería llevar a cabo en la casa, qué materiales iba a necesitar y qué cosas tendría que pasar a recoger por la tienda de bricolaje de camino hacia casa. Y mientras trabajaba en la casa, pensaba en los platos que prepararía al día siguiente, o qué podría inventar con los ingredientes que tenía a su disposición.

Esa capacidad para discurrir por dos senderos al mismo tiempo tiene múltiples ventajas. En primer lugar, te permite, incluso te anima, a seguir con tu vida cotidiana mientras mejoras de tu trauma. Yo he visto muchas veces a personas traumatizadas con el deseo de desaparecer en algún centro de tratamiento para volver poco después «arregladas». Pero sumergirte en tu vida cotidiana y vivirla plenamente no sólo es importante por cuestiones de seguridad, refugio, conexiones sociales e ingresos, sino también, y quizás más importante, porque te permite descubrir tus puntos fuertes y virtudes, tu resistencia y tu lado más saludable. Conviene que sientas a diario que tú eres mucho más que tu historia traumática. Tienes que darte cuenta de que no sólo has sobrevivido, sino que has sido capaz de construirte una vida y de que dispones de fuerza, de atenciones, de persistencia, generosidad, paciencia y humor. Hay gente que se preocupa por ti, que te quiere y a quien tú quieres. Puedes hacer aportaciones al mundo con tus talentos y tu esfuerzo. Cuando estás sanando de un trauma repetido, aferrarte a esta línea de anclaje con el presente es una de las medidas de seguridad más importantes que puedes adoptar. Sanar del trauma puede desencadenar emociones y recuerdos muy difíciles, que se sienten como muy reales, en ocasiones más reales que la vida que se despliega delante de tus ojos. Pero ambas realidades son auténticas, tanto el presente como el pasado son reales.

«Pero ¿acaso no es mentirse sentirse de un modo y actuar de otro? ¿No estaré siendo deshonesta con la gente que me rodea si no les digo cómo me siento?».

No existe una respuesta sencilla para esto, salvo decir que, en todo momento, ambas cosas pueden ser ciertas. Puedes sentirte terriblemente mal: ansiosa, triste, devastada, aislada…, cualquier cosas que emerja con tu historia traumática. Pero ésos son sentimientos antiguos, como la banda sonora de una película que no vemos ahora. En ocasiones, esos sentimientos apagan el sonido de la actual banda sonora, pues es difícil escuchar el presente sobre el estruendo del pasado. Pero tienes que recordar que la banda sonora actual –tu actual vida– es real. Tus antiguos sentimientos son reales, porque los tienes, pero no son sentimientos relacionados con el presente; y si puedes dejar sonar ambas bandas sonoras al mismo tiempo, la vieja banda sonora terminará desvaneciéndose gradualmente.

Mantener dos senderos o vías a un tiempo es difícil, y si no puedes hacerlo te va a resultar más difícil sanar, por lo que creo que ésta es una habilidad que bien vale la pena aprender y practicar. Cuando estás curándote de una lesión física, conviene prestar atención a la gestión del dolor y a los ajustes o compensaciones físicas que vas a tener que hacer tanto para sanar como para seguir con tu vida cotidiana. Pues bien, lo mismo ocurre con la sanación de un trauma. Tendrás que gestionar el dolor emocional y hacer los ajustes necesarios para continuar con el trabajo de curación, pero también para continuar con tu vida actual en su máxima expresión.

Desmantelando las defensas

El trauma es lo que nos sucedió, pero también es lo que hicimos para sobrevivir. Tanto nuestras defensas como nuestras protecciones forman parte de nuestra historia traumática y, si bien las creamos para protegernos del impacto del trauma, esas defensas nos mantienen encerradas ahora en un mundo en el que tenemos la sensación de que el trauma es de nuevo inminente. Y puede parecer difícil detener esos viejos comportamientos protectores. Puede parecer realmente difícil imaginar que existe un mundo diferente en el que no vayas a necesitar ya esas protecciones. La fase de Inintegración es donde comienzas a ver realmente tales protecciones y forcejeas con ellas para apartarlas de tu vida. Pongamos que una de las maneras en las cuales te protegías cuando eras joven consistía en imaginar que tenías un mayor control de la situación del que realmente tenías. Tú imaginas que a los siete años deberías haber sido capaz de proteger a tu madre de la violencia de tu padre. Te culpas a ti mismo por la violencia que tenía lugar en tu casa y creas una defensa, la de no bajar la guardia y mantener siempre el control. La historia actual que te cuentas acerca del trauma es que tú deberías haber tenido un mayor control y deberías haber sido más valiente. Esta historia te protege del temor a que esto pueda ocurrir de nuevo, porque el problema no consistía en que hubiera alguien poderoso que se comportara de forma violenta y se descontrolara, lo cual sumiría a todos en la indefensión. El problema consistía en que tú no fuiste lo suficientemente valiente ni estuviste suficientemente en guardia como para impedir aquella violencia, lo cual significa que, si esto volviera a ocurrir, tú imaginas que lo detendrías.

En la fase de Inintegración, mientras hablas de tu experiencia pidiendo ayuda y de lo que te ocurrió, te topas con tu vieja historia. En muchos aspectos, no vas a poder ver tu vieja historia en tanto no la desafíes en el presente. Esa vieja historia de «Yo debería de haber sido valiente y haber protegido a todos» se convierte en la defensa o norma que dice «Tengo que estar en guardia ante cualquier emoción negativa que pueda llevar a la violencia» y «No puedo decir nada que pueda dañar o asustar a nadie». En la fase de Inintegración, tus viejas normas, tu vieja historia y tus defensas se ven sometidas a prueba porque ni en la terapia ni en la vida tienen sentido estas normas de protección extrema. Tu terapeuta te recuerda que, en realidad, no es trabajo tuyo cuidar de ella, o bien te señala que en la historia de tu trauma tú sólo tenías siete años, y se supone que un niño de siete años no puede encargarse de la seguridad de una persona adulta. O bien puede que te diga, simplemente, que hablar de tus sentimientos no os va a hacer ningún daño, ni a ella ni a ti. Todas estas declaraciones ponen a prueba esas protecciones que organizan la forma en la que vives en el mundo.

Es en la inintegración cuando puedes apartarte lo suficiente de tus defensas como para comenzar a sanar. La experiencia de sobrevivir a un trauma repetido es diferente a la de sobrevivir a algo terrible que te sucedió sólo una vez. Si un trauma sucede sólo una vez, tal acontecimiento atravesará tus defensas naturales y ya está; pero si algo difícil ocurre reiteradamente, intentarás protegerte de ello. Construirás defensas, protecciones, que se convertirán en parte de lo que eres, se convertirán en hábitos y definirán el modo en que ves y comprendes el mundo. Las defensas son los pensamientos, creencias, actitudes o comportamientos que utilizas para protegerte y no verte abrumado por tus sentimientos de ansiedad, miedo, furia, tristeza, indefensión o vergüenza. Las defensas no son malas, ni tampoco buenas. Son parte de lo que implica funcionar como un ser humano. Es absolutamente necesario tener defensas, pues te permiten gestionar y modular la cantidad de estrés que puede llegarte en un momento dado. Conviene tener acceso al proverbial caparazón de tortuga, de tal modo que, cuando sea necesario, puedas recluirte en su interior y encontrar seguridad. Pero lo más importante que debes comprender acerca de las defensas no es que no debas tenerlas, sino que es mejor que las puedas elegir; es decir, cuando eliges cuándo y cómo utilizarlas, en lugar de operar con el piloto automático y tener la sensación de que no tienes otra elección en lo relativo a cómo te sientes, cómo piensas o cómo te comportas.

La inintegración hay que realizarla de forma lenta y progresiva. Si los cambios en el comportamiento son pequeños, podremos mantenernos en un rango de emociones que, aunque nos resulte incómodo, sea, no obstante, tolerable. Esos pequeños cambios nos permiten no sólo mantenernos en la ventana de tolerancia, sino también expandirla. No se diferencia demasiado de la terapia que se realiza con una lesión física; tú quieres estirar el músculo para incrementar su rango de acción, pero si te excedes se va a tensar demasiado o te vas a lesionar nuevamente, de modo que será mejor que equilibres tu necesidad de forzarte sin interferir con el proceso curativo.

La inintegración no ocurre porque tú intentes desmontar tus defensas. Ocurre porque pones a prueba las viejas defensas o protecciones con un comportamiento novedoso. Por ejemplo, te apoyas en la relación con tu terapeuta o guía, desafiando así tu antigua postura de autosuficiencia; o bien comienzas a contar tu historia traumática, tu verdad, poniendo así a prueba tu vieja regla de silencio. Lo importante aquí, en la fase de Inintegración, es cómo te sientes, porque lo que sale por tu boca puede parecer muy similar en las fases de Inintegración, Identificación e Integración. Por ejemplo, quizás digas, «Mi padre bajó a mi hermano a rastras por las escaleras», lo cual puede parecer que estás contando tu historia traumática, pero tu experiencia al contar esto es muy diferente en cada fase del ciclo curativo. En la Inintegración, quizás estés diciendo eso, pero no estás escuchando tu propia historia, o no la estás escuchando como si te perteneciera a ti. El trauma fragmenta los recuerdos y las experiencias, de modo que nos encontramos a muchos kilómetros de distancia de nuestras historias y emociones, aun cuando podamos estar contándolas.

Uno de los efectos del trauma repetitivo, como ya se señaló, es que terminas protegiéndote de todo como si fuera el trauma que viviste realmente. Te envuelves en cualquier protección que te sirviera en aquella época: evitación, obediencia, resistencia, imaginación, temeridad o control. Llegas a creer en esas protecciones del mismo modo que crees en la gravedad: sin ellas, literalmente te caerías, te desmembrarías, dejarías de existir. No son sólo protecciones, son tus leyes de la naturaleza, las reglas que gobiernan el mundo. E igual que las leyes de la naturaleza, no las ves hasta que no las sometes a prueba, hasta que, en la fase de Inintegración, haces o dices algo que te obliga a no seguir una de esas leyes sagradas. Y entonces tienes la sensación de que todo tu mundo se desmorona.

En la puerta de mi refrigerador tengo pegada una foto de un periódico en la que se ve a un monje budista, con sus ropajes de color azafrán, de pie en medio de una calle, desafiante, frente a una hilera de jóvenes soldados. Los soldados se hallan en fila, y portan cascos y escudos grises, llevan sus rifles colgando de los hombros y van armados con porras. Mantienen los escudos delante de ellos como si el monje tuviera un arma con la cual dispararles, aunque el monje va desarmado. El monje sólo lleva su hábito de color azafrán agitado por el viento. Sus únicas protecciones son su fe y sus convicciones. Conservé esta foto porque creo que es la mejor ilustración de las defensas ante el trauma que yo haya visto jamás. Pensamos en las defensas como algo fuerte y poderoso, pero cuando nos encontramos con nuestras defensas internas, se nos antojan tercas e inflexibles. Puede ser difícil verlas, puede ser difícil hacer que depongan las armas, y el instinto nos dice que intentemos imponernos, someterlas por la fuerza. Nuestras defensas internas son esos jóvenes soldados, y esta foto nos lo dice todo acerca de ellas. En la foto no puedes ver el rostro del monje, pero puedes ver los rostros de los soldados. Los soldados disponen de todo tipo de armas y protecciones, pero, por muchas protecciones externas que tengan, no proyectan fuerza alguna. En sus caras se puede ver el miedo. Frente al verdadero coraje y la convicción, no parece que estén dispuestos a proteger nada; parecen, más bien, dispuestos a huir. El poder del coraje que ven delante de ellos es más grande que ellos, y lo saben.

Aun cuando estés deseando cambiar o ver cuán importante puede ser el cambio en tu vida, en tus relaciones o tu trabajo –es decir, aun cuando puedas ver cuánto necesitas cambiar–, te va a resultar difícil cambiar tu comportamiento. Es ahí donde vas a entender que tus defensas suponen ciertamente una *resistencia*. La resistencia ha sido definida como «las fuerzas motivadoras que operan contra el crecimiento o el cambio, intentando mantener el *statu quo*».[29] La psiquiatra Martha Stark simplificó aún más esta definición hasta convertirla en una tensión entre el «sí» y el «no»:[30] «Sí, quiero cambiar» y «No, quiero seguir igual». Stark afirma que si te inclinas más por hablar del «sí» o trabajar con el «sí» (querer cambiar), te vas a sentir más ansiosa e incómoda. Y si te inclinas más por evitar los cambios o no hablar de ellos, tu ansiedad se reducirá. Así pues, en ciertos aspectos, si no te sientes al menos un poquito incómoda, ansiosa o torpe, deberás saber que, muy probablemente, no estás haciendo algo diferente; que, probablemente, no estés esforzándote por ir más allá de tus viejas defensas. Como ya comentamos al hablar de la ventana de tolerancia, de lo que se trata es de llegar a un punto de equilibrio entre tus esfuerzos por desarrollar nuevos comportamientos y tu tolerancia ante los sentimientos que los acompañan, retrocediendo un poco después del esfuerzo para recuperarse. Aprender a evaluar la cantidad de tensión o de ansiedad, mientras trabajas con el crecimiento y el cambio, es una de las habilidades más importantes en la sanación de un trauma.

---

29. Emmanuel Ghent, «Masochism, Submission, Surrender: Masochism as a Perversion of Surrender», en *Relational Psychoanalysis: The Emergence of a Tradition,* ed. Stephen Mitchell y Lewis Aron (Hillsdale, Nueva Jersey: Analytic Press, 1999), 215.

30. Martha Stark, *Working with Resistance* (Northvale, Nueva Jersey: Jason Aronson, 1994), 2.

Todo esto eres tú, y cuando intentas hablar de ello lo puedes sentir todo como cosas dispares, y la incoherencia de la conversación puede hacer que te precipites, puede llevarte a ser una cosa o la otra: la persona que fue herida o la que está protegida, y no ambas a la vez, y no todos los sentimientos que pueda haber en medio. La incongruencia de la conversación, las emociones que te abruman y la vergüenza que provoca el no ser capaz de contar coherentemente tu historia pueden hacer que la fase de Inintegración resulte realmente incómoda. Estás asumiendo todos esos riesgos, eres lo suficientemente valiente como para sumergirte una y otra vez, y durante largo rato, sin una recompensa tangible. En el trabajo para recuperar la integridad, conviene tener a alguien ahí como salvavidas, alguien que observe mientras te sumerges una y otra vez, que vigile que emerges de nuevo para tomar aire y que te anime a sumergirte de nuevo. Y con cada zambullida, cada pequeña conversación hace emerger otro trozo de tu interior, que tú vas a utilizar para hacer tu mosaico; es otra pieza que, con el tiempo, formará parte de tu historia traumática completa.

Jaulas, recreación y vuelo

Cuando estaba en la universidad, tuve un sueño acerca de un águila herida.

Estoy nadando en un lago mientras el sol brilla sobre las aguas. Hay otras personas nadando también. Miro a través del lago y veo una jaula grande sobre el agua. Dentro de la jaula hay un águila. Nado con rapidez hacia la jaula porque temo que la jaula pueda hundirse y el águila se ahogue. No sé cómo puede estar flotando la jaula en el agua, pero estoy segura de que no queda mucho tiempo para que se hunda. A medida que me acerco a la jaula, me doy cuenta de que el águila tiene un ala herida; la tiene doblada, y veo una herida abierta. Lo único que deseo es llegar a la jaula y abrir la puerta, para que el águila pueda salir y volar antes de que la jaula se hunda. Finalmente, alcanzó la jaula y, cuando estoy intentando abrir la puerta, el águila comienza a aletear y se golpea el ala herida contra los barrotes de la jaula; todo ello sin dejar de mirarme. Me retiro por unos instantes para que el águila se calme. Luego, vuelvo a acercarme a la jaula y, una vez más, el águila comienza a aletear y se lastima aún más el ala. Tengo miedo, y me siento frustrada. Quiero ayudarla, pero todos mis intentos no hacen otra cosa que lastimarla más. No sé cuánto tiempo me queda hasta que la jaula se hunda, y no sé qué hacer

199

para que el águila comprenda que no quiero hacerle daño,
que quiero liberarla. Cada vez que me acerco a la jaula,
el águila se golpea el ala herida contra los barrotes. No me
quita los ojos de encima ni un instante, y me preocupa que
si finalmente consigo abrirle la puerta, ya no sea capaz de
volar. El águila observa atentamente cada uno de mis mo-
vimientos, y cada vez que percibe una señal de que me voy
a acercar a la jaula, levanta las alas y se golpea de nuevo
la herida. Finalmente, incapaz de soportar tanta ansiedad,
me despierto.

Si alguna vez has intentado sanar de un trauma o has ayudado a alguien a superar uno, quizás reconozcas al águila del ala herida: esa parte nuestra que responde ante la seguridad y la ayuda con la ilógica respuesta del miedo. Este sueño me resultó increíblemente instructivo. Nunca me había encontrado con algo que ilustrara mejor el dilema de desear ayuda y no ser capaz de tolerarla o de creer en ella. El trauma desea la sanación. De vez en cuando visualizo el trauma como un puñado de restos arqueológicos que emergieran a la superficie a través del desgaste del terreno que los cubriera. Así, nuestras heridas más antiguas comenzarán a asomar finalmente, y todos esos fragmentos saldrán a la luz. Ésa será la verdad, no LA verdad, pero sí tu verdad, verdad con una *v* minúscula. Pero el problema es que esa verdad no siempre vuelve envuelta en palabras o en una historia coherente. El trauma reiterado no suele digerirse en palabras y, por tanto, en vez de con una historia, el trauma puede regresar bajo la forma de una acción. La historia puede regresar como un comportamiento. Vuelve cuando te golpeas el ala herida, una y otra vez, cuando algo en tu vida intenta cambiar y ayudarte en el momento en que comienzas a sanar.

Desde fuera de la jaula, desde el punto de vista de las personas que intentan ayudar y de las personas que te quieren, se pueden contemplar todas las posibilidades. Para todas aquellas personas que nadan literalmente en la seguridad, es difícil de comprender el atractivo de la jaula. Lo único que ven es que la jaula es restrictiva. Saben que el mundo es grande y que, una vez fuera, no habrá nada que no puedas hacer o tener. Para quienes están fuera, el asunto se resume en abrir la puerta de la jaula y volar. Parece increíblemente fácil, y resulta fácil enjuiciar duramente a aquellas personas que permanecen en sus jaulas.

Desde dentro de la jaula, sin embargo, la visión es completamente diferente. La jaula es lo único que se conoce y, aunque pueda suponer un peligro inminente, se percibe como el único lugar seguro del mundo. Las relaciones seguras, las personas que quieren abrir la jaula, parecen más peligrosas y dañinas que el dolor del ala herida y mortificada. Nuestros sistemas humanos dependen demasiado de la experiencia de equilibrio: en cuanto algo parece que se asienta, ya no queremos cambiarlo, ni siquiera en el caso de que el punto donde se asienta sea falso, ni siquiera en el caso de que el punto donde se asienta nos esté matando.

No estoy segura del motivo, pero lo cierto es que las palabras no parecen tan reales como el verdadero trauma. Simplemente, no lo son. Algo se pierde en la traducción. Puede ser en parte porque, como superviviente de un trauma, dispones de unas protecciones tan buenas que eres incapaz de percibir tus propias palabras. O puede ser porque nunca envolviste tu trauma con palabras, de modo que el trauma y las palabras que lo describen no están conectadas entre sí. Pero lo cierto es que contarle a alguien una historia de terror no parece tan real como crear un escenario en el que haces que se sienta aterrorizado. Es decir, comunicar algo haciendo que el otro sienta lo que tú sientes, en vez de explicarle lo que sientes: éste es el dilema constante en la sanación de un trauma.

Esto se debe, en parte, al deseo de ser comprendida, que es un deseo perfectamente razonable. Puede resultar difícil creer que alguien comprenda qué sientes, de modo que haciendo una demostración –golpeándote el ala delante de la otra persona, haciendo que se sienta tan impotente como te sentiste tú durante el trauma– se comunica mucho más que afirmando «Me siento impotente». O, al menos, eso parece. En la sección titulada «Confianza y cuerdas», conté el caso de un cliente, Jim, al que le llevó meses confiar lo suficiente en mí como para venir a la consulta para su primera sesión. En cada cita que concertábamos no aparecía, y cuando le llamaba para averiguar qué había pasado, volvía a concertar otra cita; así estuvimos durante semanas, hasta que finalmente apareció un día. Pero cuando por fin lo hizo, optó por poner a prueba mi confianza de otra manera. En aquella primera sesión, entró en mi despacho, se sentó y sacó de su mochila una colección de libros de bolsillo de relatos de horror. Abrió uno de los libros en determinada página, me lo pasó y dijo, «Lea esto en voz alta», de modo que tomé el libro y me puse a leer.

Yo no sabía qué iba a leer. Tampoco sabía si lo que iba a leer iba a hacer que me sintiera mejor o peor, ni si le resultaría doloroso a él o le ayudaría. No quería ser otra maltratadora para él, pero tampoco quería que pensara que yo tenía miedo de los relatos de horror, porque yo sabía por su historial que había sufrido unos malos tratos horrendos. Simplemente, quería que supiera que yo era capaz de asumir cualquier cosa que él necesitara contarme. Pero al pasarme aquel libro intentaba hacerme saber lo que él podía sentir en su mundo. Me llevó a un mundo de horror y miedo, donde no había opciones fáciles ni movimientos seguros. Yo había esperado meses hasta aquella primera cita, y aquélla era la prueba a la que me sometía a los pocos minutos de conocernos personalmente. Aquél era un momento de alto riesgo, y él me hizo comprender así que toda su vida había sido un momento de alto riesgo.

En psicología, denominamos a estos momentos *recreación (reenactment* en inglés). La recreación es contar la historia a través de la acción, en lugar de mediante palabras. En ocasiones, un cliente puede recrear sus historias traumáticas en el mundo casi de manera literal. Yo trabajé con muchas chicas adolescentes que habían sufrido abusos sexuales y que se ponían una y otra vez en situaciones peligrosas en las que podían ser violadas, reviviendo así el trauma original. Y en ocasiones, al igual que Jim, los clientes recrean la experiencia de un modo diferente; se conducen de tal manera que o bien ellos, o bien yo, como terapeuta, vivimos el trauma de algún modo.

Como persona que ha vivido traumatizada, que está relacionada con personas traumatizadas y que ha trabajado con personas traumatizadas, puedo decirte que la recreación tiene un gran atractivo, que es casi como la resaca oceánica, y que tal experiencia debe ser entendida. Hay que verla. Hay que respetar la recreación y hay que trabajar con ella. En la fase de Preparación, se da un respiro en esta atracción. La esperanza, el optimismo y la energía abren la puerta de la jaula y le hacen pensar al águila que quizás pueda volar; o, si vuela, le hacen pensar que ya no va a volver jamás a la jaula.

Pero cuando se inicia la fase de Inintegración te encuentras de pronto en la jaula de nuevo. De hecho, tú mismo te metes dentro de la jaula. Y cuando alguien intenta ayudarte, empiezas a golpearte el ala herida y te quedas mirándole fijamente. El problema de volver a la jaula es que cada persona que ha pasado por un trauma lo vive de un modo diferente. Con el fin de sanar de un trauma repetido, conviene que respetes y comprendas con claridad que la seguridad que encuentras en la jaula es falsa. Tienes que comprender que existe una contracorriente oculta que aparecerá cuando creas estar nadando hacia la seguridad. La Inintegración es la fase en donde todo esto se suelta.

Al principio de mi propio trabajo curativo me sentí abrumada con las imágenes de hojas de afeitar, abriéndome las muñecas, cortándome la garganta. Pasaron años sin que pudiera apartar de mi cabeza aquellas imágenes. No las comprendía. No soy una persona autodestructiva, de modo que todos aquellos pensamientos e imágenes se me hacían muy extraños. Eran constantes, pero me resultaban familiares. Mi madre, en sus múltiples diatribas suicidas, amenazaba con cortarse las venas. Se encerraba en el cuarto de baño y amenazaba con tragarse una hojilla de afeitar. Mi padre le gritaba desde fuera, y en alguna ocasión echó la puerta abajo para detenerla. Así pues, las imágenes que me venían parecían ser algún tipo de comunicación, y me ocurrían con más frecuencia cuando intentaba hablar del trauma, y también cuando tenía sentimientos negativos, como la ira o la vergüenza. Me ocurrían más cuando pensaba que iba a ser abandonada.

Durante mucho tiempo, ni siquiera se lo conté a mi terapeuta. Aquello parecía demasiado real, y tenía miedo de que si le hablaba de aquello, le iba a pasar a ella lo mismo que me había pasado a mí, que se convertiría en rehén del miedo. Yo pensaba que decir «Me veo a mí misma cortándome las venas» era lo mismo que hacerlo; pero aferrarme a las imágenes tampoco funcionaba. La constancia y la potencia de aquellas imágenes significaban que estaba viviendo en un mundo de violencia. Llegué a comprarme hojas de afeitar. Las llevaba en mi bolso. Me resultaba extrañamente tranquilizador el hecho de tener las hojas de verdad en el bolso, hasta que me di cuenta de que me sentía demasiado cómoda con la idea de hacerlo. Me asusté lo suficiente como para contárselo a mi terapeuta. Entré en su consulta y le entregué todas las hojas de afeitar que tenía.

El hecho de entregárselas me hizo sentir un profundo alivio no tanto por desembarazarme de aquel peligro como por el hecho de que el objeto tangible se me antojaba más real que las palabras. Yo soy terapeuta, y estaba trabajando con una terapeuta en el momento en que pasé por ese episodio. Yo creía en el poder de las palabras, pero no tenía ni idea del poder de la recreación. No podía comprender por qué me sentía mucho mejor entregándole las hojas de afeitar que simplemente diciendo «Estoy aterrorizada». Pero admito que así era. No había puesto en peligro la vida de nadie, pero las palabras pueden parecerte en un principio unas pobres mensajeras de la experiencia. Creo que es importante saberlo y, no obstante, no dejar de hablar del trauma de cualquier manera posible. Con los años he aprendido que hablar del trauma se parece más a aprender a tocar un instrumento que a tener una conversación. La historia de tu trauma es música; es complicada y, cuando empiezas a ponerle palabras, suena como esos primeros intentos torpes cuando aprendes a tocar la flauta o el saxofón. No te va a sonar a nada que hayas escuchado antes. No te va a conmover, y te vas a sentir torpe y tonta porque estás aprendiendo a tocar un instrumento delante de alguien. Y tú lo que quieres es que te comprendan. Pero con el tiempo irás mejorando, y las notas, las palabras, sonarán mejor con la práctica, y las canciones irán emergiendo y tomando significado. Te prometo que es así.

El problema de estar en la jaula es que no puedes verla. Lo que ves es el mundo exterior, pero distorsionado por los barrotes. De algún modo, no puedes ver que te encuentras en un mal lugar; crees que, simplemente, todo el mundo es así. Cuando yo forcejeaba con aquellas imágenes autodestructivas creía que eran mi verdad, en el sentido de que creía que estaban intentando decirme algo: que yo era autodestructiva. Las imágenes eran lo suficientemente vívidas como para hacerme pensar que debía actuar en consecuencia, y ese tipo de imágenes pueden ser lo suficientemente perturbadoras como para interferir tu juicio.

Cuando por fin pude hablar de aquello fue cuando comencé a encontrar sentido y ver que aquéllas eran imágenes que se me habían dado, como dibujos grabados en el cerebro con una emulsión. Aquellas imágenes no eran mías. Y dándome cuenta finalmente de aquello fue cuando pude desprenderme de ellas; de tal manera que, cada vez que aparecían en mi cabeza, yo decía «Esto no es mío», y las dejaba ir. Me gustaría dejar claro que yo no recomiendo la recreación como modalidad de tratamiento; que, tanto en mi rol de clienta como de terapeuta, valoro el esfuerzo que se precisa para convertir sentimientos, recuerdos y experiencias en lenguaje capaz de ser compartido y almacenado a continuación en tu propia memoria como una narrativa coherente. Éste es un trabajo importante, que te cambia la mente y te sana el corazón. Pero creo que también es importante reconocer que nuestras historias de trauma repetitivo no siempre emergen en capítulos prolijos. Y en la medida en que aceptamos la ayuda y nos atrevemos a dejar que otras personas entren para ayudarnos con nuestras alas rotas, tenemos que ser capaces de hablar y trabajar con aquellas historias que nos llegan a través de acciones y comportamientos.

Prácticas útiles para la inintegración

Así pues, ¿qué prácticas pueden ayudarte en el trabajo de sanación durante la fase de Inintegración? La inintegración puede afectar realmente tus sentimientos de estabilidad y puede causar estragos en tu estado de ánimo, de modo que cualquier práctica que te ayude a autorregularte (que te ayude a permanecer en tu ventana de tolerancia y a expandirla) te ayudará a sentirte más estable durante esta fase. La inintegración exige también que trabajes aquellos aspectos de confianza en las relaciones que te faciliten desmantelar tus viejas protecciones, por lo que también convendrá que trabajes con aquellas prácticas que fortalezcan la confianza y la comunicación en las relaciones.

Algo concreto que puedes hacer para tu trabajo en la fase de Inintegración es hacer listas de todo aquello que te sirva de apoyo; listas en negro sobre blanco que puedes poner en tu frigorífico, en tu tablón de planes diarios o en tu teléfono móvil. De este modo, cuando te halles en los momentos de mayor desorganización y desorientación, no hará falta que confíes en tu cerebro ni en tu pensamiento, que estarán emocionalmente sobrecargados, pues dispondrás de una lista de elementos útiles. Puedes hacer listas de cosas que te ayuden a calmarte, que te hagan sentirte querida o agradecida, o que te ayuden a continuar caminando. De esta forma, puedes utilizar tu cerebro de la mejor manera para apoyarte cuando tengas días en los que tu cerebro y tus emociones estén en su peor momento. En días realmente malos, puedes hacerte un programa para todo el día. Toma una hoja de papel, haz una tabla con las horas del día en la parte izquierda y prográmate la jornada de tal manera que en todo momento sepas lo que viene después. Esto es lo que hacen los *tours* vacacionales para que la gente se relaje y no se inquiete por causa del tiempo, pues estamos más calmadas cuando sabemos lo que va a ocurrir después, sin tener que tomar una decisión después de otra.

La inintegración te lleva también a desaprender viejos hábitos y defensas, y no es un proceso selectivo; es decir, cuando dejas de utilizar una defensa en un área de tu vida, dejas de utilizarla también en todas las demás, siempre y cuando sigas esforzándote por desaprenderla. Por ejemplo, si estás intentando no ser tan vigilante y controlador en tus relaciones, puede que te percates de que también reduces tu vigilancia en lo relativo a tus pertenencias, que tu piloto automático de «necesito saberlo todo» está apagado, y que pierdes las llaves o te olvidas de las citas. Conviene que en la fase de Inintegración prestes atención a tus vulnerabilidades, así como a las señales más pequeñas de desorganización en tu vida. Esto se debe al hecho de que te estás despojando de viejos hábitos, aunque te proporciona también la oportunidad de discernir si el trabajo con el trauma está yendo demasiado rápido o si necesitas más apoyos. Hasta los trucos más sencillos, como escribirte notas en pósits acerca de cosas que tienes que recordar, o adoptar una nueva rutina para dejar siempre las llaves en el mismo sitio, pueden ser de utilidad.

También son importantes en la fase de Inintegración aquellas prácticas que te ayuden a conectar y comunicarte con los demás, sobre todo cuando te halles angustiado. Para la mayoría de las personas que han pasado por un trauma repetido, la capacidad para conectar con los demás en los momentos más difíciles es una habilidad limitada y poco ejercitada. El signo distintivo del trauma es la indefensión, y si has pasado por un trauma repetitivo, es muy probable que renuncies por completo a la idea de buscar ayuda. Cuando estás realizando el trabajo de inintegración y emergen emociones complicadas de gestionar, una cosa importante que tienes que desaprender es la suposición de que no hay ayuda disponible en el mundo. Por otra parte, hay personas a las que les viene bien disponer de un medio de comprobación semanal con su terapeuta, algo tan simple como una escala de 1 a 10: «Hasta qué punto estás angustiado esta semana en una escala de 1 a 10». De este modo, no necesitas buscar palabras para todo lo que estás sintiendo todavía, al tiempo que dispones de un medio para describir la experiencia emocional, de una forma similar a como los pacientes de una unidad del dolor describen el nivel de su padecimiento. Convendrá que establezcas algunos protocolos o planes sobre qué puedes hacer cuando los niveles de angustia se hallen en 5, 4 o 3: ¿cómo y cuándo deberías buscar apoyo? ¿Qué te funciona mejor a ti? ¿Cuándo deberías llamar a tu terapeuta? ¿Cuándo escribirle un *email* o un mensaje de texto? ¿Cuándo escribir en tu diario y cuándo no? ¿Quiénes están en tu equipo social de apoyo? A veces, puede ser conveniente que la gente de tu equipo de apoyo sepa en qué situaciones puedes necesitar apoyo y qué sería lo mejor que podrían hacer para ayudarte. También puedes preguntarles si puedes contactar con ellos, del mismo modo que los miembros de Alcohólicos Anónimos prestan su apoyo cuando un alcohólico siente la urgencia de beber. Y a veces puede suponerte una gran ayuda el estar simplemente con gente alrededor, simplemente tomar parte en las conversaciones cotidianas sin tener que hablar necesariamente del trauma.

Algo que me pareció de una importancia extrema durante el proceso curativo, tanto el mío como el de algunos de mis clientes, fue el reconocer las dificultades emocionales de la fase de Inintegración como una forma de *flashback,* de recuerdos emocionales recurrentes. Este giro ha recibido el nombre de «secuestro de la amígdala»,[31] por parte de Daniel Goleman, Richard Boyatzis y Annie McKee, o de «voltear la tapa»,[32] por parte de Dan Siegel. Por experiencia, puedo decir que lo que se siente es algo parecido a la transformación del

---

31. Goleman, Boyatzis y McKee, *Primal Leadership,* 28-29.
32. Siegel, *Mindsight,* 22.

hombre lobo. Un minuto antes estoy teniendo una discusión normal como una persona adulta, y al minuto siguiente caigo en una madriguera emocional que es una mala mezcla entre furia ciega y pánico. Hay una parte de mi cerebro que me permite ver, desde cierta distancia, que lo que estoy experimentando no guarda relación con el presente, con lo que está ocurriendo ahora. Es como cuando se ve una película y una se siente tan distante que es incapaz de hacer algo por detenerlo.

Cuando me ocurren cosas así, me refiero a ellas como producto del «cerebro de hombre lobo». Cuando te disparas emocionalmente, la sensación que tienes es la de haberte vuelto completamente loca, debido a que lo que sientes y las palabras que utilizas para describir esos sentimientos no son los que emergen ante un problema mundano, sino los que se manifiestan cuando una siente que su vida está en peligro, cuando podrías perder todo cuanto tienes. Cuando un veterano de guerra se mete en los sótanos de un estacionamiento de automóviles y escucha el petardeo del tubo de escape de un auto experimenta un *flashback* de la guerra, que no deja de ser un comportamiento lógico y de supervivencia, pero en un contexto equivocado. En la sanación de un trauma, estos momentos de hombre lobo son *flashbacks* emocionales, y hace falta mucho coraje y mucha práctica para encontrar las palabras adecuadas con las cuales describir lo que ocurre en tu interior. Hace falta coraje para admitir que te has convertido en un hombre lobo, que has perdido totalmente el control en tu interior. Hace falta coraje para rebuscar entre las palabras y encontrar las que te permitan expresar cómo te sientes, no cómo desearías haberte sentido ni tampoco cómo otras personas creen que deberías sentirte. Y hace falta coraje para decir todo esto en voz alta. Pero el coraje no es suficiente. Vas a necesitar también de mucha paciencia para practicar esto una y otra vez. En la sanación de un trauma vas a caer en esta madriguera en muchas ocasiones, y cada vez que te ocurra vas a pensar que de ésta ya no sales. Vas a creer que esta transformación en hombre lobo es la prueba definitiva de que no estás mejorando, de que no hay esperanzas para ti. Pero debes saber que no puedes predecir el futuro con un cerebro que vive en un pasado traumático. No puedes creerte los desvaríos de una persona aterrorizada. Lo que tienes que hacer es decir la verdad y devolverte al presente con cariño y compasión. Por tanto, una de las prácticas más importantes en estos casos consiste en, cuando te sientas capaz, hacer un cambio consciente de identificación; es decir, tomar esos sentimientos y fragmentos y comenzar a ponerles palabras de la mejor manera que puedas.

PARTE 4

Identificación

Con el transcurso de los días iba teniendo menos control sobre mi historia. […] Debería haber sido fácil de rastrear: sucedió esto, yo estaba aquí, después sucedió aquello, todo lo cual llevó inevitablemente al momento presente. […] Me di cuenta, mientras estaba allí, en la iglesia, de que había una evidente diferencia entre lo que se recordaba, lo que se decía y lo que era cierto. Y no se me ocurrió pensar que jamás discerniría cuál era cuál.

KEVIN POWERS, *The Yellow Birds*[1]

---

1. Kevin Powers, *The Yellow Birds* (Boston: Back Bay Books, 2012), 172. Traducción al castellano: *Los pájaros amarillos* (Madrid: Editorial Sexto Piso, 2012).

La Identificación

Hace muchos años, uno de mis clientes, un niño, me dijo que quería montar un puzle de mil piezas, de modo que nos pusimos a trabajar sobre uno que tenía la imagen de un pingüino emperador con sus crías. Pusimos en marcha nuestro proyecto disponiendo una mesa plegable cerca de una ventana, en mi despacho, para poder trabajar con el puzle y dejarlo allí, lejos de la zona de juegos y juguetes. Así, el resto de los niños que venían a consulta no trastocarían el trabajo que íbamos realizando. Disponer la mesa plegable fue algo parecido a la fase de Preparación, puesto que creamos un espacio seguro para montar el puzle. Después, abrimos la caja y esparcimos las piezas, en lo que vendría a ser un reflejo de la fase de Inintegración, al hacer que el viejo contenedor (las defensas) se apartara lo suficiente como para dejar salir todas las piezas. Y después nos pusimos a triar las piezas y a discernir cuáles de ellas podrían encajarse entre sí para recomponer poco a poco el puzle total. Ésta vendría a ser la fase de Identificación.

Montar un puzle exige una cantidad de tiempo y de esfuerzo importante entre el momento en el que esparces las piezas sobre la mesa y el momento en que te quedas mirando satisfecha el puzle terminado. Piensas que montar el puzle va a ser relativamente fácil debido a que tienes todas las piezas. Mi pequeño cliente y yo pensábamos, de hecho, que podríamos encontrar las piezas del pingüino de buenas a primeras, o simplemente montar una esquina, pero lo cierto es que muchas de las piezas eran indistinguibles entre sí. Esa pieza blanca del puzle, ¿sería parte del hielo o parte del cielo? Y esa otra pieza negra, ¿sería parte del hielo o parte del pingüino? Finalmente, para poder montar el puzle, tuvimos que recurrir a un sistema específico para ordenar las piezas para, a continuación, identificarlas con más precisión y, finalmente, unirlas en pequeñas configuraciones experimentales. Y estas tres tareas de ordenar, identificar y experimentar con el modo en que las cosas pueden encajar constituyen el quid de la cuestión en la fase de Identificación. Con el puzle del pingüino comenzamos por localizar todas las piezas de los bordes. Luego, las ordenamos por colores lo mejor que pudimos y, por último, nos pusimos a experimentar con las piezas intentando hacer pequeños fragmentos que nos facilitaran la identificación de otras piezas.

Sin duda, un puzle de pingüinos de mil piezas no es fácil de ordenar, pero aún más complicado es un trauma y la memoria traumática. Aquí no sólo hay una imagen o una historia. Con un trauma repetido no te estás enfrentando sólo a un puzle. Te enfrentas a miles de piezas entremezcladas de docenas y docenas de puzles. Algunos de esos rompecabezas tienen todas las piezas, pero la mayoría no. Algunas de las piezas se ven con claridad, en tanto que otras están tan dañadas que no puedes discernir qué representan. En conclusión, no basta con un simple puzle como metáfora; no, lo que necesitamos es, posiblemente, el rompecabezas más complicado que jamás se haya ensamblado: los manuscritos del mar Muerto.

Los manuscritos del mar Muerto[2] reciben este nombre porque fueron encontrados en las cuevas de Qumrán, a alrededor de kiló-

2. «Learn about the Scrolls: Conservation», The Leon Levy Dead Sea Scrolls Digital Library, www.deadseascrolls.org.il/learn-about-the-scrolls/conservation?locale=en_US, fecha de acceso 22 de mayo de 2017; Edmund Wilson, «The Scrolls from the Dead Sea», *New Yorker,* 14 de mayo de 1955, www.newyorker.com/ magazine/1955/05/14/the-scrolls-from-the-dead-sea; Naomi Pfefferman, «The Art, Science and History of the Dead Sea Scrolls», *Jewish Journal,* 4 de marzo de 2015, http://jewishjournal.com/news/los_angeles/164075/; «Dead Sea Scrolls Come to Boston», *Sparks: A Newsletter for Members and Friends of the Museum of Science,* abril-mayo de 2013, www.mos.org/sites/dev-elvis.mos.org/files/docs/membership/mos_sparks_ aprmay-2013.pdf.

metro y medio del mar Muerto. Los fragmentos de los manuscritos se descubrieron en doce cuevas; once de ellas revelaron sus secretos entre los años 1947 y 1956; la duodécima se descubrió recientemente, en 2017.[3] Los manuscritos del mar Muerto están considerados como los segundos textos más antiguos de la Biblia hebrea que existen, y están fechados entre los tres últimos siglos a. C. y el primer siglo d. C. Algunos de los textos estaban intactos, pero la mayor parte de ellos eran fragmentos: más de 100.000 fragmentos pertenecientes a 15.000 piezas de más de 900 manuscritos diferentes. Algunos de los manuscritos eran copias o versiones diversas de las mismas historias (versiones múltiples del Génesis, por ejemplo), y están escritos en tres lenguas diferentes: hebreo, arameo y griego. Otras muchas piezas estaban dañadas o eran ilegibles. Recomponerlo todo supuso un trabajo increíble, pero era crucial; pues estos manuscritos no sólo son un tesoro histórico, sino que son claves para comprender el origen y la trayectoria de las creencias religiosas modernas, una información que podía tener implicaciones de alcance para las creencias y los comportamientos religiosos en el futuro.

¿Cómo montas un puzle de más de 100.000 piezas y de 900 manuscritos diferentes? Comienzas más o menos como comenzamos mi pequeño cliente y yo. Comienzas poniendo orden, intentando comprender e identificar cada una de las piezas. Los fragmentos de los manuscritos del mar Muerto se ordenaron en un principio por los materiales sobre los cuales estaban escritos (pergamino de cuero o papiro). Después, se clasificaron en función de la lengua y la ortografía, del espaciado de las líneas y de las historias en sí. Se ordenaron y se dispusieron todos entre placas de cristal para protegerlos y organizarlos por categorías, con el fin de ver qué piezas pertenecían a qué historias (para ver si el ordenamiento inicial se mantenía cuando se intentaban recomponer los manuscritos).

Ordenar, clasificar, no es una tarea lineal; y no lo es ni en un puzle tan sencillo como el de los pingüinos ni tan complicado como los

3. Kevin Loria, «A New Dead Sea Scrolls Cave Has Been Discovered and It Might Not Be the Last», *Business Insider,* 9 de febrero de 2017, www.businessinsider. com/new-dead-sea-scrolls-cave-discovered-2017-2.

manuscritos del mar Muerto. Hubo muchas piezas que mi cliente y yo ordenamos de una manera en un principio y que, posteriormente, tuvimos que reordenar de otro modo; piezas que creíamos que pertenecían al pingüino y que luego resultaron ser del hielo, o piezas del hielo que resultaron ser del cielo. El proceso de clasificación (el proceso de identificación) te exige discernir de este modo una y otra vez. A la pieza o fragmento le das un nombre (hielo, cielo, pergamino, Génesis), la sitúas en una categoría e intentas que tenga algún sentido dentro de algún contexto. Cuando hablamos de la sanación del trauma se puede hacer un poco más confuso, pero es fundamentalmente el mismo proceso. Es más confuso porque tomamos los fragmentos de la experiencia, o de la emoción, o de la imagen visual, y les asignamos unas palabras (contamos una historia con ellos), pero no es la historia completa de la experiencia que tendremos en la fase de Integración, donde todas las piezas encajan en un lugar, donde le hemos dado significado a la experiencia, la podemos sentir y saber nuestra, y sentimos su impacto. No es más que el primer intento por saber lo que son las piezas y cómo podrían encajar entre sí. Es el primer intento de contar una de las historias de lo que sucedió.

Un grupo de investigadoras de Israel[4] estuvieron observando de qué modo los supervivientes de un trauma crean, con el transcurso del tiempo, la historia de su dolorosa experiencia. En el estudio se observaba cómo responde una persona a un único incidente traumático. Es decir, no se trata de un trauma repetitivo, pero este ejemplo te va a permitir comprender cómo opera el proceso de identificación, de qué modo el trabajo con tu experiencia traumática te va a permitir darle un sentido y te va a permitir comprender cómo se conecta el trauma con tu identidad y con tu vida. En este estudio, las investigadoras indagaron en la vida de cinco hombres que habían sobrevivido a un ataque terrorista cuando iban de camino a una reunión de vacaciones. Las investigadoras entrevistaron a los hombres cuando fueron ingresados en urgencias tras el ataque, y

---

4. Rivka Tuval-Mashiach *et al.*, «Coping with Trauma: Narrative and Cognitive Perspectives», *Psychiatry* 67 (2004), 280-293.

posteriormente en diversos momentos en el tiempo, haciéndoles responder en cada ocasión a las mismas preguntas en relación con su experiencia traumática. Las investigadoras se centraron en tres factores de las narrativas que son importantes a la hora de entender cómo se enfrenta una persona a un trauma: continuidad y coherencia, creación de significados, y autoevaluación. Y se percataron de que los primeros intentos que hicieron los hombres para describir su experiencia en la sala de urgencias del hospital, inmediatamente después del ataque terrorista, eran fragmentarios, no eran más que relatos parciales. Con el tiempo, aquellos hombres comenzaron poco a poco a relatar historias más coherentes, menos fragmentarias, encontrando así un mayor sentido al suceso. Pero lo más sorprendente fue cómo las historias iban cambiando con el tiempo. Las investigadoras comentaban que

> en la primera semana, este superviviente describió su propio comportamiento tras el ataque como de histérico, y dijo que no hacía más que gritar ante el horror de la escena. En la entrevista realizada una semana después del trauma, se culpaba a sí mismo por haber aterrorizado al resto de supervivientes, por haber asustado a todo el mundo. Pero con el transcurso del tiempo, le dio una interpretación diferente a sus gritos, y a los cuatro meses, comentó espontáneamente que quizás sus gritos salvaran la vida de algunas personas, porque fueron escuchados por los soldados, que se apresuraron a rescatar a las víctimas.[5]

Uno de los fragmentos que este superviviente tenía del trauma era su experiencia dando gritos. El proceso de identificación fue el cómo intentó contar la historia de su experiencia y el papel que sus gritos tenían en ella. El primer paso en la identificación fue «yo estaba histérico». El segundo paso fue «asusté a todo el mundo con mis

---

5. Tuval-Mashiach *et al.*, «Coping with Trauma», 287.

gritos». Y, mucho más tarde, «salvé a otras personas porque me puse a gritar». Esta investigación demostró con toda claridad que lo que importa no es sólo «lo que sucedió», o la realidad objetiva «Fuimos atacados y grité», sino la experiencia subjetiva de aquello por lo que pasaste como superviviente, así como la forma en que construyes la realidad mientras intentas dar sentido a la experiencia.

El ejemplo anterior se refiere a un único incidente traumático y al procesamiento que tuvo lugar con posterioridad. El procesamiento de un trauma repetido es ligeramente diferente; en parte porque el trauma, aún en curso, interfiere con la capacidad para revisar el relato original con el transcurso del tiempo. En el mejor de los casos, lo que ocurre es que tú creas la primera historia a partir de los fragmentos suficientes de la experiencia como para darle un sentido, sobrevivir al trauma e intentar crear cierta sensación de control a partir de la indefensión y la impotencia que el trauma genera. Así pues, la primera historia que tienes no es tanto una historia del trauma como una historia de cómo te proteges de él. Y en algunos casos ni siquiera tienes una historia de protección. Lo único que tienes es una serie de fragmentos inintegrados de la experiencia traumática. Y, luego, esos fragmentos o la historia de protección quedan enterrados bajo el peso de la siguiente experiencia traumática, donde vuelves a hacer lo mismo: creas una historia protectora o entierras los fragmentos y sigues adelante.

Así pues, te presentas en la terapia y te pones a contar tu historia traumática, y hasta puede dar la sensación de que ésa es tu historia, que tiene coherencia (es decir, que tiene un principio, una sección media y un final), y que sigue una línea de causa y efecto. Pero esa historia no es lo que ocurrió realmente, o bien no tiene en cuenta el contexto. Por ejemplo, yo tuve una vez una clienta que estaba convencida de ser la culpable de que su tío abusara de ella cuando era niña. Ésa es la historia que contaba en la fase de Inintegración. Era una historia traumática y ella se creía su historia; pero era también un mecanismo defensivo, porque la protegía de los sentimientos de indefensión que sentía en aquella época y de la cólera de verse desprotegida. Esta mujer se echaba la culpa del trauma para así pensar que podría protegerse ante una posible situación futura similar. Ella contaba esta historia en la fase de Inintegración, pero su experiencia en la terapia (en la que se sentía protegida, quizás por vez primera en su vida), las preguntas que yo le formulaba y la retroalimentación que le ofrecía (¿de verdad crees que una niña de nueve años puede ser responsable del comportamiento de un adulto?) comenzaron a hacer mella en su relato. Así, la vieja historia comenzó a caerse en pedazos, y estábamos aún en la fase de Inintegración. De modo que recogió los fragmentos de la historia, las imágenes que tenía de aquello y las emociones, pero también muchos fragmentos nuevos, porque la vieja historia la había estado protegiendo de ellos, y ya en la fase de Identificación se puso a probar con distintas maneras de entender su historia. Fue entonces cuando encontró otras formas de explorar las emociones y ver qué ocurría.

Lo que yo buscaba era que, en cada ocasión en que relatara una parte de su historia, mi clienta se aproximara progresivamente a una visión más realista de sí misma, como aquella niña que había pasado por una experiencia aterradora. Así, en cada ocasión en que relataba algún fragmento de su historia (lo que había visto, lo que había escuchado, cómo se había sentido, cómo se sentía ahora al hablar de aquello, qué creía que necesitaban los niños) iba tomando conciencia de que ella había sido en realidad una niña necesitada de protección. Ahora podía preguntarse de verdad cómo cuidar de sí misma, y podía plantearse realmente si lo sucedido había sido o no responsabilidad suya. Cuando la historia pasó a sustentarse en la persona que es ahora y en la niña que fue entonces, y cuando pudo sentir y soportar todos los sentimientos que esto conllevaba, es cuando pudo hacer el cambio en la fase de Integración. La Identificación es el trabajo que se realiza entre la vieja historia —o los fragmentos que emergen cuando la vieja historia se desmorona y cuando todas las piezas se vuelven a reunir para sustentar el tú que experimentó el trauma y el tú que eres ahora— y el impacto que esta información tiene sobre ti en tus perspectivas futuras.

Así pues, hasta en algo tan directo como es el puzle de un pingüino, va a haber que examinar una y otra vez las piezas a fin de identificarlas, hacer hipótesis sobre su posible ubicación y poder recomponer así el puzle. Puede que tengas que examinar una pieza hasta una docena de veces, preguntándote qué será aquello o cómo encajará en el puzle total. Lo mismo sucedió con los fragmentos de los manuscritos del mar Muerto. Se realizaron múltiples intentos de identificación; de hecho, para leer determinados fragmentos se precisó de pruebas de ADN y de análisis con infrarrojos. Los primeros intentos que se realizaron para recomponer los manuscritos no hicieron otra cosa que obstaculizar los posteriores trabajos de recomposición, de una forma no muy diferente a como el hecho de interpretar como culpa mía los malos tratos recibidos en la infancia no hizo otra cosa que obstaculizar mis esfuerzos por construir una narrativa completa del trauma que yo pudiera integrar en mi vida. A principios de la década de 1950, cuando los expertos comenzaron a recomponer los manuscritos del mar Muerto, utilizaron una cinta adhesiva que se había inventado por aquel entonces, sin saber que el adhesivo de la cinta causaría con el tiempo importantes daños en los documentos. Posteriormente, los manuscritos tendrían que pasar por décadas de trabajos de restauración y conservación, simplemente para poder leer los fragmentos de nuevo con el fin de recomponerlos de la forma correcta.

En un puzle, las piezas son visuales, forman parte de una escena visual. Por otro lado, los fragmentos de los manuscritos del mar Muerto no sólo son cosas materiales, sino también palabras en forma escrita. Sin embargo, las diferentes piezas del trauma se nos ofrecen bajo múltiples formas. Son visuales: lo que vimos o lo que imaginamos ver.[6] Son verbales: a veces comienzas con una vieja historia. En ocasiones, las piezas tienen sonidos u olores. Pueden ser físicas: las sensaciones en tu cuerpo. Pueden ser protectoras o desorganizadoras. Las piezas pueden ser emociones; o bien una pieza que acabas de tomar puede desencadenar múltiples capas de emociones. La fase de Identificación es aquélla en la que vas tomando las piezas de una en una e intentas decir algo acerca de cada una de ellas. Puede ser

---

6.   Lenore Terr, *Too Scared to Cry* (Nueva York: Basic Books, 1990), 133.

que estés hablando de determinada pieza por vez primera en tu vida, o puede que estés hablando de cierta pieza por trigésima vez. Puede haber ocasiones en que veas con claridad una pieza (en que puedas ver la escena en tu cabeza) y, sin embargo, no le puedas poner palabras. Puede que sientas la emoción, pero no tienes una historia clara que contar acerca de ella. En la fase de Identificación no haces otra cosa que ir tomando piezas e intentar hablar de ellas una y otra vez; tomas una pieza y cuentas la historia que puedes contar, y luego miras a ver con qué otra cosa puede estar relacionada. De qué otro modo la comprendes. Echemos un vistazo a un ejemplo de cómo funciona el proceso de identificación en la terapia.

Una de mis clientas vino a verme en un principio para que le hiciera una evaluación de idoneidad para cirugía bariátrica. En la evaluación se hizo evidente que aquella mujer tenía un problema emocional que la llevaba a comer en exceso, lo cual podía hacer de la cirugía bariátrica algo peligroso en su caso; de modo que se decidió que debería ser incluida primero en un grupo de concienciación alimentaria, con el fin de que desarrollara cierto control en su alimentación. Así sería más capaz de gestionar la estricta dieta que se les exige a las pacientes de cirugía bariátrica. La mujer se sintió decepcionada al saber que tendría que pasar primero por el grupo de concienciación antes de ser admitida para la cirugía, pero aceptó someterse a todo el proceso y, cuando terminaron las sesiones grupales, pidió que la recibiera yo de nuevo con el fin de someterse a terapia individual. Se había dado cuenta de que tenía que trabajar sobre algunos problemas que habían emergido en las sesiones de grupo. Se había percatado de que sus problemas alimentarios y de sobrepeso no iban a resolverse simplemente con una operación quirúrgica, que había en el fondo un trauma de la infancia que ella había dejado de lado y, sin embargo, seguía afectando su vida.

Con los ejercicios de concienciación grupales, la mujer había comenzado a vincular sus problemas alimentarios y de sobrepeso con su historia traumática de la infancia. Dentro del modelo de cinco fases, podríamos decir que las sesiones grupales iniciaron el proceso de preparación para ella y que, a medida que se iba apoyando en el grupo e iba realizando los ejercicios, su vieja historia y sus protecciones comenzaron a desmoronarse. Cuando inició las sesiones grupales, su historia consistía en que era incapaz de moderarse en las comidas, que estaba totalmente fuera de control y que la cirugía era la única solución para ella porque, tras la operación, no tendría más remedio que seguir una dieta estricta. Creía que estaba «averiada» y que la cirugía la «arreglaría». Sin embargo, en el grupo pudo darse cuenta de que esta primera historia no tenía sentido, pues creía que había perdido todo control y, sin embargo, como jefa de enfermeras, era excelente llevando el control de muchas situaciones difíciles; tampoco tenía ningún problema para marcarse límites y para ser disciplinada en su trabajo. Su vieja historia ya no se aguantaba en pie. Estaba experimentando la inintegración, y no sabía ya qué había de cierto y qué no en su manera de ver la situación.

Ahí es donde el cambio desde la inintegración a la identificación puede comenzar. Empezamos con su primera pieza del puzle sobre la comida y sobre los sentimientos que tenía al respecto; y esta primera pieza fue su primera historia respecto a la sensación de pérdida de control. Así pues, nos pusimos a darle vueltas a la pieza, intentando ver con qué podría estar conectada y cuáles de esas conexiones nos podrían ayudar a comprender otras piezas. ¿Qué sensaciones tenía al perder el control? ¿Había otras situaciones en las que se sintiera así, además de en las comidas? ¿De qué forma se vinculaba esta pieza del descontrol en las comidas con sus sentimientos en la infancia? La primera vez que habló de su experiencia de comer en exceso lo hizo de una forma más bien rutinaria, como la que habla de negocios, sin demasiada emoción, de la misma manera que había respondido a las preguntas que tenía que responder en la evaluación de idoneidad para la cirugía bariátrica. Así, a veces, cuando te pones a recoger piezas, buscas contar nuevas piezas de tu historia, pero cuando intentas hablar de ellas, la vieja historia es lo primero que emerge. Eso está bien. Es tu punto de partida. Tú, simplemente, levantas esa pieza de nuevo.

Pero, poco a poco, a medida que mi clienta hablaba de su sensación de pérdida de control en las comidas y de su experiencia en la infancia, comenzaron a emerger un montón de emociones diferentes. Al principio, la única emoción que fue capaz de identificar fue la de la vergüenza por su sobrepeso y la de no ser capaz de controlarse en las comidas. Aunque pretendía contar la historia de su infancia, las conversaciones iniciales fueron acerca de su situación actual, de cómo la experimentaba, de su peso y de su temor a ser juzgada por los demás. Muchas emociones diferentes pueden emerger cuando intentas ponerle palabras a tu historia. En ocasiones, son las emociones que experimentaste durante tu trauma. Otras veces son las emociones que no pudiste sentir durante la época del trauma. Y a veces son *emociones secundarias,* las emociones que tienes acerca de tener una emoción. A mí me enfurecía haber compartido algo que pudiera hacerme sentir vulnerable, o bien me avergonzaba al confesar que estaba enojada; esto son emociones secundarias. Cuando mi cliente fue capaz de hablar sin sentirse avergonzada, empezó a decir que estaba asustada; que, aunque deseaba que la operaran y quería perder peso, tenía miedo de no poder reconfortarse con la comida, y tenía miedo también de hacerse más visible si perdía peso. Ella tenía la sensación de que su sobrepeso la hacía invisible, y eso hacía que se sintiera segura. En su historia se dio un importante cambio. La comida pasó de ser algo que la llevaba a perder el control a reconocer que la comida le hacía sentirse segura. De modo que empezamos a dedicar tiempo a la pieza de la seguridad de su puzle, y ahí es donde se puso a hablar de forma más específica acerca del trauma, de cómo el novio de su madre había estado abusando de su hermana pequeña, hasta que ella decidió ponerse a dormir en el suelo del dormitorio de su hermana para protegerla. Poco a poco, comenzó a identificar más piezas y a describirlas: lo que sentía cuando perdía el control, sus sentimientos de vergüenza y de miedo, el deseo de seguridad, los abusos que sufría su hermana. Cada uno de estos aspectos se analizó por separado; pero no se hizo así intencionadamente, sino porque todavía tenían que ser integrados en la historia completa.

La memoria

Con un trauma a corto plazo, hay veces en que es suficiente con recordar la propia historia y contársela a alguien que te atienda con cariño; aunque hay que reconocer que, hasta en el ejemplo de los hombres que presenciaron el ataque terrorista, la historia pasó también por varias versiones. Sin embargo, con el trauma repetitivo, nos encontramos siempre con tres formas diferentes de trauma: el trauma que sucedió, lo que hiciste para sobrevivir y las protecciones que utilizaste y lo que no ocurrió debido al trauma. La fase media de la sanación te permite trabajar con cada una de estas formas de trauma porque no estás hablando sólo de la historia, sino también de tu experiencia en el presente, de lo que es para ti el viaje curativo y de lo que puede emerger durante la conversación.

En la fase de Inintegración comienzas a forcejear con tus defensas, con las protecciones que te impedían sentir o que impedían que perdieras el control; te desprendes lo suficiente de ellas como para poder hablar de lo que ocurrió y lo que no ocurrió. En la fase de Identificación, por otra parte, forcejeas intensamente con la memoria. Te esfuerzas con aquello que recuerdas, con lo que no recuerdas y con la propia memoria, que llegarás a ver como un sistema operativo básico: tu supervivencia como memoria, tu visión del mundo como memoria. ¿Por qué es tan difícil extraer información? ¿Qué hace que todo parezca tan inconexo? ¿Por qué te resulta tan difícil contar tu historia? ¿Por qué te resulta tan difícil hablar? Toda la información almacenada en el cerebro y el resto del cuerpo es memoria. Nuestra historia es memoria. Nuestras identidades son memoria. Nuestras capacidades son memoria. La forma en que nos relacionamos es memoria. Nuestras habilidades para enfrentarnos al trauma son memoria. Nuestra experiencia del trauma es memoria. Y el trauma experimentado impacta en la memoria, *en todos sus puntos:* en la forma en la que adquieres información, en la manera en la que la almacenas y en el modo en que recuperas esa información. Si no comprendes la memoria, no vas a poder comprender tu respuesta ante el trauma ni vas a poder compadecerte de ella, y tampoco vas a comprender el modo en que te has protegido y sigues protegiéndote del trauma, y por qué es tan difícil sanar de un trauma.

El verano pasado, mientras iba conduciendo por la Ruta 128, en las afueras de Boston, vi que la sede central de Polaroid estaba siendo demolida. Era una visión inquietante. Cables y barras de acero de refuerzo del hormigón cayendo y formando extraños ángulos, en contraste con el logotipo arcoíris de Polaroid. Parecía que hubiera habido un bombardeo. Días después, ya no quedaba nada. Durante mi infancia, Polaroid había sido el símbolo del futuro, y ahora había desaparecido del paisaje. Resultaba irónico que el icono de la memoria hubiera sido eliminado. El futuro y el pasado, ¿destruidos a un mismo tiempo? Cuando la Estrella de la Muerte estallaba en *La guerra de las galaxias,* la fuerza que albergaba resultaba destruida en toda la galaxia. ¿Acaso la destrucción del edificio de Polaroid liberaría el poder de los productos químicos que habían creado todas aquellas fotos? ¿Sería posible que la gente se encontrara, al abrir el álbum de fotos de 1978, con que las fotos de la graduación en el instituto se hubieran quedado de pronto en blanco?

La frase que quedó para la posteridad quizás fuera la del famoso eslogan, «Un momento Kodak», pero las fotos de Polaroid captaban literalmente el recuerdo en el mismo momento que sucedía, y te llevabas el recuerdo en la mano, de manera tangible. Aunque la codificación de la memoria en tu cerebro funciona de un modo diferente, existen paralelismos útiles entre lo que sucede cuando tomas una foto Polaroid y lo que hace tu cerebro para almacenar un recuerdo.

¡Apunta, dispara y haz clic! La parte inferior de una película Polaroid contiene unos minúsculos paquetes con sustancias fotoquímicas, y cuando la película pasa a través de los rodillos en el interior de la cámara, éstos quiebran los paquetes y extienden las sustancias fotoquímicas por toda la imagen y a través de las capas. De este modo se inicia la reacción química. Después, un reactivo se difunde a través de la película, y en cuanto las sustancias químicas se encuentran en el medio, el reactivo comienza a aclararse. A medida que lo hace, la imagen captada va apareciendo lentamente y finalmente tienes tu foto. De una manera parecida a la película Polaroid, la memoria implica una gran reacción química en tu cerebro. Cómo recordamos algo, qué recordamos y por cuánto tiempo lo recordamos es un proceso químico, proceso que es altamente sensible al trauma y que puede cambiar, de hecho, a través del trauma.

Pero antes de que nos metamos en las complejidades de las sustancias químicas y la estructura cerebral, echemos un vistazo a los principales componentes de la memoria. Las personas entramos en contacto con la información del mundo de manera voluntaria e involuntaria; y con el fin de que esta información se convierta en memoria, deberá codificarse en el lenguaje del cerebro. Por otra parte, deberá existir el tiempo suficiente como para que se consolide en la memoria a largo plazo. Lo ideal es que esa información se categorice suficientemente (como una carpeta bien etiquetada en un archivo), para que podamos recuperarla cuando deseemos. La memoria se puede ver afectada por las condiciones de las siguientes áreas: cómo atendemos a la información entrante, cómo se codifica la información, cómo se consolida y cómo podemos recuperarla. Pues bien, la experiencia traumática afecta, especialmente, a cada uno de los componentes de la memoria. Si volvemos a la diferenciación que hicimos al principio del libro (entre trauma singular y trauma repetido) hasta la memoria traumática puede diferir en el modo en que afecta a la memoria, o bien en nuestra capacidad para soportar, comprender y sanar de un trauma.

Pero para comprender la memoria traumática y el impacto que tiene el trauma en nuestra manera de pensar y de recordar, convendrá comprender cómo funciona el cerebro y cómo lo hace la memoria. La sanación de un trauma guarda una estrecha relación con la sanación de la memoria. No se pretende cambiar la memoria, ni tampoco enterrarla. Lo que se busca es ayudar al cerebro a que restablezca conexiones que fueron bloqueadas o bien que establezca nuevas conexiones entre cosas que nunca estuvieron conectadas entre sí y conviene que lo estén. Sanar de un trauma es aprender y crecer, y aprender y crecer son en realidad formas de memoria.

Con el fin de comprender cómo opera la memoria, tendrás que comprender cómo se comunica tu cerebro, de modo que comencemos por ahí. El bloque de construcción básico del cerebro es la neurona o célula nerviosa. El cerebro tiene en torno a 100.000 millones de neuronas, que establecen 100 billones de conexiones neuronales y sinapsis.

Entonces, ¿cómo entra la información en el cerebro? ¿Cómo nos «descargamos» el mundo? El mundo nos llega a través de los sentidos: vemos algo, oímos algo, olemos algo, saboreamos algo y percibimos/tocamos algo; y con frecuencia, una combinación de todas estas cosas. Las células nerviosas o neuronas de nuestros órganos sensoriales (ojos, oídos, boca, nariz, papilas gustativas y piel) se conectan con otras neuronas en el cerebro para llevar la información desde el mundo exterior hasta el cerebro.

Mientras estoy escribiendo esto, tengo una taza con una infusión de menta a mi lado. Me inclino sobre ella y la huelo; esto activa los receptores de mis nervios olfativos, que transmiten la información a través de una cadena de neuronas hasta el cerebro. Toda entrada sensorial recorre un par de senderos diferentes a través del cerebro: el camino superior, que pasa por el hipocampo y el córtex, y el camino fácil, a través de la amígdala. ¿Cuál es la diferencia? ¿Por qué hay dos senderos posibles? El camino fácil es en realidad un sistema de transmisión de emergencia. Es un sistema de transmisión del tipo «de prisa y corriendo» que permite asegurarse de que cualquier información entrante no suponga un peligro inminente. Dado que la infusión de menta no desencadena señal alguna de peligro para mi amígdala, serán el hipocampo y el córtex los que disfruten del aroma y piensen en las posibles asociaciones que yo haya hecho con ese aroma. Por ejemplo, recuerdo haber bebido muchas infusiones de menta mientras estudiaba para los exámenes de fin de curso en la universidad; recuerdo haber estado estudiando en el salón de política de un antiguo edificio de la universidad que tenía su propia tetera para hacerse infusiones, y el olor de la menta me retrotrae directamente a aquel lugar.

Pero ¿qué pasa si la información entrante no es clara o es ambigua? ¿Qué pasa si no sé qué estoy mirando? Si algo oscuro aparece de pronto en tu visión periférica, es muy probable que des un salto y te apartes, aunque ese algo oscuro sea una inofensiva hoja de árbol y no algo que pueda hacerte daño. Esto se debe a que los datos visuales entrantes se transmiten a lo largo del camino fácil, que es *rápido*, hasta la amígdala (*¡Eso parece peligroso, di a las piernas que salten!*) y luego se transmiten por el camino superior hasta el hipocampo y el córtex, que en términos neuronales es más lento (*Hmmm... ¿qué es eso? ¿Es un pájaro? No. ¿Es un avión? Espera, no, mira, es una hoja...*). Pero ya es demasiado tarde. La amígdala te habrá dicho ya «¡SALTA!» mucho antes de que el córtex identifique al objeto como una hoja. Cuando no nos activamos imaginando un peligro, es la ruta del hipocampo-córtex la que predomina, pero la amígdala es siempre la que tiene prioridad: la que se adelanta al cerebro que «piensa y recuerda».

De hecho, ni siquiera tienes que recordar conscientemente algo para que la amígdala responda. En un seminario de neuropsicología me hablaron de una mujer que había tenido un terrible accidente de tráfico y había entrado en coma. Cuando se recuperó, padecía de una amnesia total con respecto al suceso; no tenía ningún recuerdo en absoluto del accidente. Pero, posteriormente, cuando pasaba conduciendo con su automóvil por la intersección en la que tuvo el accidente, padecía todo tipo de reacciones psicológicas de estrés: aceleración del pulso y de la respiración y ansiedad. Los datos sensoriales de los ojos iban a la amígdala, que había almacenado los datos de aquel cruce como de un lugar peligroso, aunque ni su hipocampo ni su córtex habían codificado la correspondiente memoria a largo plazo. Su cerebro pensante no sabía nada de aquella intersección ni del accidente, pero su cerebro emocional sí que lo sabía. La amígdala apretaba el botón de alarma para todo el organismo.

Tanto la amígdala como el hipocampo forman parte del sistema límbico, del cual hablamos en la sección del apego; es decir, forman parte del principal sistema de codificación de la información de nuestro cerebro. La amígdala almacena la memoria emocional y gran parte de tus recuerdos de los dos primeros años de vida.

Para simplificar, el hipocampo se utiliza para codificar conocimientos, el tipo de aprendizaje de aquello que *sabes que sabes*: personas, lugares, acontecimientos, objetos, información. Este tipo de memoria, memoria de conocimientos, se denomina memoria explícita o *declarativa*,[7] y te permite responder a preguntas tales como: ¿cuál es la capital de Polonia? ¿Dónde se casaron tus padres? ¿Cómo se llamaba la escuela de preescolar a la que te llevaban? ¿Cómo se dice *sombrero* en francés? La información va hasta el hipocampo, que se comunica con el córtex, el vasto mar de células nerviosas que almacena la información.

El otro sistema de memoria es el sistema de memoria implícita o *procedimental*. Simplificando también, este sistema está compuesto por la amígdala, el cuerpo estriado y el cerebelo, que se encargan de codificar la memoria emocional y la memoria motora.[8] Nos encontramos aquí con el aprendizaje de aquello que sabes pero que no siempre sabes cómo has llegado a saberlo o cómo lo sabes exactamente. Es la memoria de habilidades motoras como silbar, atarte los cordones de los zapatos o montar en bicicleta. Es la memoria de nuestras emociones y hábitos, la memoria del ejemplo precedente de la mujer que sabía que aquel cruce era peligroso, sin disponer

7. Eric R. Kandel, *In Search of Memory: The Emergence of a New Science of Mind* (Nueva York: Norton, 2006), 132-133. Traducción en castellano: *En busca de la memoria: Una nueva ciencia de la mente* (Madrid: Katz Editores/Katz Barpal, 2007).

8. Kandel, *In Search of Memory,* 132-133.

de un recuerdo consciente del suceso. Es el sistema de memoria inconsciente que opera en el fondo, el que se pone en marcha cuando necesitamos rapidez y eficiencia. Tareas motoras como las de caminar, escribir o conducir el automóvil no precisan de demasiado espacio cognitivo. Cuando aprendes algo, el cerebro pensante está plenamente ocupado; ¿te acuerdas de cuando aprendiste a conducir? Tenías que prestar atención a todo de manera consciente: a las manos, a los pies, a la carretera... Pero una vez que aprendiste, la memoria motora se hizo cargo de todo y se automatizó, se convirtió en una especie de reflejo. Yo aprendí a conducir con un auto normal, con cambio de marchas, y todavía hay días en que, cuando voy a hacer un giro, echo mano al cambio de marchas, a pesar de que mi auto tiene el cambio automático. La memoria motora del cambio de marchas sigue estando en mi sistema.

Me gusta comparar la memoria procedimental con una especie de modelo o sistema operativo informático. Es una especie de matriz que utilizamos para funcionar en el mundo, y normalmente no nos la cuestionamos porque no somos conscientes de ella. Sólo podemos ver sus efectos observando nuestro propio comportamiento. Esta memoria constituye nuestros hábitos, reflejos, sesgos y suposiciones. Es creciente el número de trabajos de teóricos y psicólogos del apego que consideran que nuestras relaciones y el apego constituyen una forma de memoria procedimental: una memoria relacional implícita.[9] Los recuerdos implícitos funcionan más como modelos que como objetos; nos dicen cómo funcionan las cosas, qué senderos seguir o qué mover. Pero, debido al hecho de que los recuerdos implícitos operan en mayor medida de manera inconsciente y con escaso lenguaje, sobre todo en cuanto se aprenden, es más difícil recuperarlos y describirlos de forma consciente. Son algo así como un piloto automático.

Esta distinción entre memoria explícita y memoria implícita tiene enormes implicaciones para la memoria traumática. Debido al hecho

9. Karlen Lyons-Ruth *et al.*, «Implicit Relational Knowing and Its Role in Development and Psychoanalytic Treatment», *Infant Mental Health Journal* 19 (1998), 282-289.

de que el camino fácil a través de la amígdala es el sistema de transmisión de emergencia y es el primer recorrido que sigue el trauma, una gran parte de las memorias traumáticas se codifican a través de la memoria implícita o procedimental. Esto significa que nuestro sistema de alarma-miedo opera de forma inconsciente en gran medida y, por tanto, es más difícil trabajar con él directamente. Una forma de comprender los estilos de apego de los que hablábamos en la tercera parte es verlos como memoria procedimental: el apego seguro es un sistema de memoria inconsciente que se organiza en torno a la seguridad, en tanto que el apego inseguro es un sistema de memoria inconsciente que se organiza en torno al miedo.

En resumen, la información entra en nuestro organismo a través de los sentidos y se encamina bien a través del camino fácil (hasta la amígdala) o bien a través del camino superior (hasta el hipocampo-córtex). Y la información se codifica de inmediato, en cuanto entra en el sistema; es decir, se «escribe» en un lenguaje que el cerebro pueda comprender, para así ser almacenada y recordada. Aquí tendremos que hacer una distinción entre la memoria a corto plazo y la memoria a largo plazo. La *memoria a corto plazo,* denominada también *memoria de trabajo,* es la zona en la que la información permanece cuando entra: alguien nos dice su número de teléfono y nosotras lo repetimos, manteniéndolo en la memoria de trabajo. La memoria a corto plazo dura minutos. La *memoria a largo plazo* dura días, semanas, años o para siempre.

Existen tres formas posibles de que la información pase de memoria a corto plazo a memoria a largo plazo: urgencia, repetición o asociación. La *urgencia* crea, a través de la liberación de hormonas del estrés, un potente torrente de sustancias químicas que fortalece la conexión entre neuronas y sinapsis. Y, como veremos luego, la urgencia determina cómo y dónde codifica el cerebro la información en la memoria a largo plazo. Así pues, aunque la urgencia puede generar un recuerdo a largo plazo (tras una única exposición a una amenaza, la amígdala es capaz de retener ese recuerdo a lo largo de toda la vida), puede resultar más difícil recordar o recuperar el recuerdo, puesto que no está bajo control consciente.

La *repetición* es una herramienta de aprendizaje con la cual todas estamos familiarizadas (memorizamos hechos o palabras repitiéndolas, o bien mejoramos el tiro libre en baloncesto a través de la práctica), y genera recuerdos a largo plazo al provocar unas intensas interacciones químicas entre las neuronas en las sinapsis. La repetición es la forma de aprendizaje más potente en el ser humano; de hecho, la mayor parte del aprendizaje, tanto implícito como explícito, se basa en la repetición. Ésta es la razón por la cual es tan difícil cambiar de comportamiento, porque la nueva conducta precisará para instalarse de múltiples repeticiones.

La *asociación* es la capacidad que tiene un elemento de información para incidir en una conexión neuronal preexistente. Si yo te leo una lista de nueve números en voz alta y te pido que los recuerdes y que me los repitas al cabo de dos minutos, lo más probable es que te resulte muy difícil. Pero si esos nueve números resultan ser los que componen tu número de la seguridad social, entonces la tarea será más fácil, porque hay números que ya los tienes memorizados y almacenados. Simplemente, tendrás que ponerle otra etiqueta a la carpeta en la que pone *número de la seguridad social*. Y si te pregunto dentro de un año qué números eran, todavía serás capaz de recitármelos, porque formaban parte ya de una conexión neuronal previa. La asociación también explica por qué es tan importante buscar aquellas habilidades y comportamientos de los que dispongas y que utilices en un determinado entorno, como el trabajo, y quizás no se te haya ocurrido utilizar en tu casa o en tu trabajo de curación. Una vez que se aprende algo, puede ser más fácil transferir ese aprendizaje a otro dominio que tener que aprender algo nuevo.

La memoria traumática

Cuando estás intentando hacer algo o recordar algo, la memoria más intensa, la más consolidada, va a ser la primera que escoja el cerebro, y es que es la memoria la que dirige tu comportamiento. De hecho, el cerebro está diseñado para esto, y eso es lo que hace que la información más urgente y la más utilizada sea la que con mayor facilidad se recupera.[10] Éste es el motivo por el cual la memoria traumática es tan eficiente a la hora de incrustarse en el cerebro, y también es la razón por la que los recuerdos traumáticos y los hábitos protectores que creamos para sobrevivir al trauma son tan difíciles de desarraigar.

Pero ¿qué ocurre en la memoria cuando tiene lugar el trauma? Al comienzo del libro hablábamos de la diferencia entre un trauma agudo y un trauma repetitivo. Vamos a ver en primer lugar qué ocurre con el trauma agudo. Cuando yo tenía cinco años, mi padre era bombero voluntario, y una noche le llamaron para que acudiera a ayudar en el descarrilamiento de un tren. La experiencia le impactó tanto que, al día siguiente, nos llevó en el automóvil para que lo viéramos. Aquellas imágenes siguen siendo muy intensas para mí. A los cinco años yo no estaba preparada para lo que iba a ver, y me sentí abrumada por la devastación del accidente. Era un tren de carga, y los vagones estaban esparcidos por todas partes. Muchos de ellos habían sido pasto de las llamas. El vagón que estaba más cerca de donde nos encontrábamos nosotras llevaba libros, y en ese momento estaban todos esparcidos por el terreno, muchos habían ardido, otros muchos estaban intactos. Yo creo que me llegué a sentir abrumada por el modo en que una niña de cinco años de edad entiende el mundo: todos los objetos se antropomorfizan de un modo u otro, se les dan cualidades humanas, y ver todo aquello me hizo pensar que el tren había tenido una muerte horrible. Por otra parte, los libros eran mis mejores amigos, y ver todos aquellos libros por allí esparcidos fue excesivo. Estaba asustada y quería irme. Todavía puedo ver aquellas imágenes con una calidad casi fotográfica. Aquella única experiencia quedó fija en mi memoria antes de que pudiera encontrar una forma de protegerme de ella. Hay informaciones que se introducen en nuestro sistema con una dosis extra de hormonas del estrés. Esto hace que les resulte fácil atravesar las defensas nor-

---

10. Karsten Baumgartel *et al.,* «Control of the Establishment of Aversive Memory by Calcineurin and Zif268», *Nature Neuroscience* 11 (2008), 572-578.

males de la atención, y la información se codifica con rapidez. Por tanto, el recuerdo de la experiencia o acontecimiento traumático se almacena como una memoria extremadamente intensa, y los recuerdos tienen una longevidad increíble.

Sin embargo, el trauma repetitivo es muy diferente en cuanto a cómo se almacenan los recuerdos. El mismo año en que descarriló aquel tren, mi madre y mi padre se enzarzaban regularmente en peleas ciertamente violentas. Yo sé que aquellas peleas tenían lugar por todo lo que ocurrió posteriormente y por lo que me han contado otras personas, pero yo sólo tengo algunas imágenes borrosas y fragmentadas de aquellos altercados, a diferencia del descarrilamiento del tren. Y esto a pesar de que las peleas de mis padres eran mucho más terribles y traumatizantes. Pero ver a mis padres gritarse no tenía nada que ver con lo vivido en el descarrilamiento. Las peleas constituían un trauma repetido. A los cinco años yo ya había desarrollado maneras de protegerme del severo estrés de un trauma agudo, mediante el método de no quedarme en la memoria con toda la información ni con la vivencia de las peleas.

Recuerda que la memoria se ve afectada por todo esto: por cómo atendemos a la información entrante, por cómo la codificamos, cómo se consolida y cómo la recuperamos. Un trauma prolongado afecta a estas cuatro áreas. En primer lugar, dejamos de atender a la información traumática del modo en que se atiende a la información entrante de un trauma agudo. En mi caso, en cuanto llegué a la escena del accidente del tren, mi consciencia se intensificó, con los desorbitados y percibiendo el olor del fuego. Pero durante las peleas de mis padres, mi consciencia no se intensificaba de ese modo. Me quedaba como adormecida, o bien me sumía en un estado disociado; es decir, prestaba atención a mi imaginación y no a lo que estaba sucediendo realmente. Ese entumecimiento mental cambia radicalmente el modo en que te llega la información. Si tuvieras las manos entumecidas o adormecidas por el frío y alguien te dijera que cerraras los ojos y te entregara un objeto, te resultaría difícil saber por el tacto qué clase de objeto es. Si yo envolviera un micrófono en una manta, el sonido entrante en la grabación quedaría necesariamente amortiguado. Cuando adormecemos nuestros sentidos, la información traumática entrante ya no se registra de forma tan clara o de un modo tan organizado. Se registra como ruido, y probablemente refuerce los senderos neuronales de traumas previos, pero no se recuerda como un acontecimiento discreto o como una información discreta; se almacena como memoria emocional, como memoria motora, como la «práctica» del trauma.

Los niños son especialmente hábiles en sus defensas a la hora de protegerse ante un trauma reiterado. Los adultos también lo hacen, pero debido a que los niños tienen menos opciones a su disposición para protegerse (no pueden irse corriendo, por ejemplo), tienen que recurrir a sus habilidades cerebrales para limitar la entrada de información. La primera defensa, que acabo de describir, es el entumecimiento, el adormecimiento. La segunda defensa habitual es la disociación. La disociación se suele describir como un «abandono del cuerpo» o desaparición. Es la capacidad del cerebro para hacer que la actual situación no te ocurra a ti. Muchas personas hablan de situaciones traumáticas en las que se sentían como si observaran desde arriba la escena traumática que estaban viviendo; veían lo que estaba ocurriendo como si lo vieran desde el techo.

Lo que ocurre con la disociación es que genera un estado del ser que se siente como «no yo». En su caso más extremo, los estados disociados pueden convertirse en personalidades organizadas que forman parte de lo que en otro tiempo se denominaba trastorno de personalidades múltiples (y que ahora se denomina *trastorno de identidad disociativa),* pero todos los estados disociados se separan de la función memoria y de la función aprendizaje del cerebro cotidiano de la persona. Es la memoria equivalente a tener un disco duro aparte o una serie de archivos informáticos aparte en un lenguaje informático diferente. Los recuerdos del trauma se almacenan normalmente en ese disco duro externo, protegiendo así al otro disco duro, que ya no tiene que gestionar el trauma. La disociación no es tanto una cuestión de opciones como de ser simplemente capaz de disociarse o no; la gente tiene una capacidad mayor o menor para disociarse. Por mi experiencia de trabajo con supervivientes de traumas, las personas que han pasado por un trauma repetido y no disponen de la capacidad para disociarse son las que tienen más probabilidades de recurrir a las drogas o el alcohol en su adolescencia o juventud como forma alternativa de protegerse, de conseguir cierto estado de adormecimiento. Pero tanto si recurriste a las drogas como si recurriste a la disociación, lo cual supone un incremento en los opiáceos endógenos (sustancias químicas similares a los narcóticos que el propio organismo elabora), ese estado alterado de consciencia va a afectar al modo en que atiendes a la información entrante y el modo en que la codificas.

Además de liberar sustancias químicas en el organismo para entumecerse o alterar el estado de consciencia, el estrés también altera el modo en que la información entrante discurre por el sistema nervioso o se codifica. Las mismas sustancias químicas que se liberan cuando estamos sometidas a estrés activan la amígdala,[11] haciendo más probable que la memoria se codifique como memoria procedimental, el recuerdo de algo que sabes, pero que no sabes cómo lo sabes. Pero para hacer esto aún más probable, los elevados niveles de hormonas del estrés silencian las redes neuronales del circuito hipocampo-córtex, «desconectando» así la memoria del conocimiento, lo cual significa que los detalles del recuerdo, la historia del recuerdo y el contexto del recuerdo no se codifiquen adecuadamente.[12] El recuerdo está ahí, el cerebro registró la información, pero esa información se almacenó sin etiquetado o sin una descripción con sentido.

Aún más sorprendente es la pérdida del lenguaje durante y después del trauma. Durante el trauma, e incluso al recordar el trauma, se observa una reducción del flujo de sangre en las zonas del cerebro que procesan el lenguaje, lo cual entorpece la capacidad para utilizar el lenguaje en el almacenamiento o la recuperación del recuerdo.[13]

---

11. La liberación de norepinefrina intensifica la activación de la amígdala y potencia la memoria del trauma. James L. McGaugh, «Significance and Remembrance: The Role of Neuromodulatory Systems», *Psychological Science* 1 (1990), 15-25.

12. Louis Cozolino, *The Neuroscience of Psychotherapy: Building and Rebuilding the Human Brain* (Nueva York: Norton, 2002).

13. Rauch *et al.*, «A Symptom Provocation Study of Posttraumatic Stress Disorder».

El hecho de que el trauma interfiera con el lenguaje es importante para comprender por qué el lenguaje te va a ayudar tanto cuando intentes encontrar palabras para describir tus experiencias del trauma. Cuando pasaste por el trauma, las zonas del cerebro que procesan el lenguaje estaban básicamente desconectadas. El cerebro, durante el trauma, intenta ser eficiente, de tal modo que envía el flujo de sangre a aquellas áreas del cerebro que más necesarias son en un momento de crisis. Ése es el motivo por el cual la experiencia no se recuerda con palabras, y ésa es la razón por la que puede hacerse muy difícil recordar la historia con palabras. Es decir, eso explica por qué te es tan difícil encontrar palabras para describir lo que viviste, y por qué dedicas tanto tiempo en la fase de Identificación intentando ponerle palabras a tus recuerdos para contar tu historia desde diferentes puntos de entendimiento.

Encontrando tu camino

Si su interés en la verdad está relacionado sólo con la amnistía y la compensación, entonces no tendrá que elegir verdad, sino justicia. Si ve la verdad como la compilación más amplia posible de las percepciones, historias, mitos y experiencias de la gente, tendrá que optar por restablecer la memoria y fomentar una nueva humanidad, y quizás eso sea justicia en su más profundo sentido.

ANTJIE KROG, *Country of My Skull*[14]

El trabajo de identificación es repetición. Supone tomar una pieza, un fragmento, una parte de la historia una y otra vez. Annie Dillard cuenta la historia de un estudiante que, acercándose a un escritor famoso, y le preguntó, «¿Cree usted que podré convertirme en escritor?», a lo cual el escritor respondió, «No lo sé. ¿Te gustan las frases?».[15] En la fase de Identificación no sólo tendrán que *gustarte* las frases, tendrás que *amar* las frases. Tendrás que amar las frases porque, en ocasiones, lo único que consigues son frases, y eso ya es más que aquella única palabra con la cual comenzaste.

---

14. Antjie Krog, *Country of My Skull: Guilt, Sorrow, and the Limits of Forgiveness in the New South Africa* (Nueva York: Broadway Books, 1998), 16.
15. Annie Dillard, *A Writing Life* (Nueva York: Harper, 1989), 70. Traducción al castellano: *Vivir, escribir* (Madrid: Ediciones y Talleres de Escritura Creativa Fuentetaja, 2002).

Tienes que amar las frases porque son un fragmento de tu historia. Y las frases son estupendas porque puedes repetir una frase tanto como necesites para seguir adelante. No importa si ya la has dicho; dila de nuevo. Puedes aferrarte a la última frase que pronunciaste y reemprender el camino de nuevo, como los asideros y puntos de apoyo en una escalada, o como las pilas de piedra que marcan los senderos en las montañas más altas, por encima de la línea donde deja de haber árboles.

En su sala de espera, mi terapeuta tenía una cesta plana con piedras. Aquello me sorprendió cuando comencé a ir a terapia, porque yo era terapeuta (en formación) y también tenía una cesta plana con piedras en *mi* sala de espera. Me tomé aquello como una señal *(¡Mira! ¡Yo también soy una terapeuta guay!)*. Aquella similitud, y la familiaridad que me evocó, me proporcionaron cierta esperanza, así como la sensación de estar en casa. Las piedras que tenía yo en mi cesta de la consulta las había recogido de la costa de Maine, todas ellas con diferentes formas y colores. La mayoría eran de diferentes colores de granito, y muchas tenían una veta blanca en medio. Mis sobrinas y sobrinos decían que eran las «piedras de la suerte». A mis clientes adolescentes les decía que, si lo deseaban, se llevaran una de aquellas piedras como recordatorio del trabajo que estaban haciendo o como talismán para darles fuerza. Las piedras que mi terapeuta tenía en su cesta estaban más pulidas, pero había una piedra plana más grande que no tarde en adoptar como base para una pequeña pila de piedras.

Las pilas de piedras normalmente se hacen con piedras grandes o rocas y se sitúan a lo largo de los caminos como señalizaciones. La primera vez que vi pilas de piedras fue en una travesía por las Montañas Blancas, cuando era adolescente. El primer día, bajo la resplandeciente luz de un sol estival, las pilas de piedra se me antojaron absolutamente innecesarias. El sendero se extendía por delante de nosotras de forma totalmente evidente; no parecía haber necesidad de una pila gigante de piedras cada veinte metros para marcar el sendero. Pero cuando me desperté al día siguiente envuelta en niebla y lluvia, y no podía ver más allá de ocho metros de mis narices, entonces se me hizo patente y meridiano el propósito de las pilas de piedras; las pilas de piedras eran balizas. Caminar de pila en pila de piedras era la única manera de avanzar. Si eres escritora, tienen que encantarte las frases; y, si estás atravesando las Montañas Blancas entre la niebla, tienen que encantarte las pilas de piedra. Aquel verano estuve caminando dos días enteros por encima de la línea de los árboles dejándome guiar por las pilas de piedras. Aquello me enseñó una cosa: que no hace falta ver todo el sendero que tienes por delante para seguir avanzando, que basta con que seas capaz de ver el siguiente hito.

Con el transcurso de los años hubo muchas veces en que tomé una piedra de la cesta en la sala de espera de mi terapeuta y la puse sobre aquella otra piedra plana. Después, quizás ponía otra piedra más pequeña encima de ésa y me sentaba en una de las sillas de la sala de espera, complacida con mi esfuerzo y con mi pila de piedras en miniatura. Pero nunca le dije nada a mi terapeuta acerca de aquello. En realidad, había ocasiones en que apenas le decía palabra a mi terapeuta acerca de nada. Hubo muchas veces en que me resultaba muy difícil hablar. Habiéndome hecho una advertencia formal en autocontrol durante mis años en el instituto debido a no poder dejar de hablar, me sorprendía descubrirme de pronto sin palabras; ni una sola palabra. Como dice Bessel van der Kolk, «En la medida en que guardes secretos y reprimas información, estarás fundamentalmente en guerra contigo mismo. [...] El punto crítico estriba en que te permitas saber lo que sabes. Para eso hace falta mucho coraje».[16] Y lo que descubrí fue que hace falta mucho valor, esfuerzo y paciencia para seguir esforzándose en encontrar palabras que te ayuden a recordar. Hubo muchas veces en que tuve la sensación de que no tenía palabras para nada. Pero en aquellos días sí que tuve aquellas piedras, y con ellas hacía pilas para no perder el camino.

Las pilas de piedra en la cesta eran una especie de juego; me daban la sensación de que podía seguir avanzando e impedían que

---

16. Bessel van der Kolk, *The Body Keeps Score: Brain, Mind, and Body in the Healing of Trauma* (Nueva York: Penguin, 2014), 235. Traducción al castellano: *El cuerpo lleva la cuenta: Cerebro, mente y cuerpo en la sanación del trauma* (Barcelona, Eleftheria, 2015).

me sintiera atascada, tan atascada como estaba con las palabras. A veces, cuando entraba en la sala de espera, me encontraba con que alguien había movido las piedras de sitio. Era como una conversación, un toma y daca, sin presión alguna por encontrar palabras. Con el tiempo, el juego con las piedras en la cesta se abrió camino desde la sala de espera hasta el despacho de mi terapeuta a través de la metáfora, la poesía, el arte. Y todas aquellas pilas de piedras me ayudaron poco a poco a encontrar la forma de seguir adelante en el camino, a encontrar las palabras y encontrarme a mí misma. Las pilas de piedras son un recordatorio perfecto de que no hace falta ver con claridad todo el camino que tienes por delante. No tienes por qué ver todo el sendero, sólo has de ser capaz de llegar hasta la siguiente pila de piedras.

La fase de Identificación consiste en avanzar por el sendero de hito en hito, de frase en frase, de recuerdo en recuerdo, abriendo un sendero que puedas seguir. A veces, los hitos son pequeños, a veces son grandes, y a veces tienes que pasar por las mismas secciones del camino una y otra vez. Robert Moor, en su libro *On Trails,* afirma que «cada sendero es, en esencia, la mejor suposición».[17] Incluso en su forma más primitiva, la creación de un sendero es una cuestión de tentativa, como cuando una hormiga o un animal busca comida o cualquier otra cosa que pueda necesitar, proceso en el cual deja un sendero preliminar. La siguiente hormiga o el siguiente animal que venga detrás tomará una ruta un tanto diferente, más llana, limando algunos de los bordes o intentando suavizar los giros más agudos. Con el tiempo, tras pasar muchas hormigas o animales por la misma ruta, quedará definido un sendero que cualquiera pueda seguir. «Los senderos –explica Moor– se extienden hacia atrás y se extienden hacia delante».[18] Los senderos que cada una creamos o recreamos son nuestra propia historia, la historia completa de nuestro trauma; y al crear ese sendero, ubicamos esa historia en el pasado, que es adonde pertenece. El trauma puede haber ocurrido en el pasado, pero

---

17. Robert Moor, *On Trails* (Nueva York: Simon and Schuster, 2016), 91.
18. Moor, *On Trails,* 61.

en tanto no se integre, tiende a existir en un continuo presente. El trauma destruye el pasado y el futuro, y te deja en un estado en el cual tienes la sensación de que estás constantemente en la situación traumática, o que estás protegiéndote permanentemente para que no te ocurra de nuevo. La sanación te devuelve la totalidad del rango temporal, pero primero tienes que esforzarte por limpiar el sendero del pasado, para así encontrar de nuevo las salidas a los senderos del futuro.

¿Qué puede ayudarte a relatar los diferentes aspectos de tu historia en la fase de Identificación? ¿Qué puede haber que se interponga en tu camino? Una cosa con la que forcejean mucho las supervivientes de un trauma es con las palabras, con la preocupación de no contar la historia de un modo perfectamente ajustado a la verdad. A veces puede ser difícil ponerle palabras a lo que estás intentando describir, pues las palabras pueden parecerte demasiado pequeñas para las emociones que sentiste. Las palabras *verdadero* y *verdad* pueden parecer a veces demasiado grandes. Muchas veces tengo que recordarme a mí misma y recordar a mis clientes que, cuando pronuncio la palabra *verdad* dentro del contexto de la sanación de un trauma, hablo de la verdad con *v* minúscula, no con *V* mayúscula. Cuando intentas contar tu historia, no te encuentras en el estrado de los testigos, aunque haya veces en que dé esa impresión. No estás intentando decir la verdad de nadie, ni tampoco una versión objetiva de la verdad, una verdad con la que todo el mundo pueda estar de acuerdo. Estás intentando decir lo que es verdad *para ti,* en este momento en el que la estás diciendo. Personalmente, he descubierto que el trabajo más importante de la fase de Identificación consiste en desgranar *cosas verdaderas.* Algo verdadero con lo cual empezar. Algo verdadero como una pila de piedras. Puede parecer insignificante, pero no lo es. Puede parecer fácil, pero no lo es. Decir algo verdadero puede ser realmente difícil.

Si has pasado por un trauma repetido, tú sabes que no podías decir la verdad en voz alta. A veces estaba completamente prohibido, a veces intentabas proteger a otra persona y a veces no lo decías porque no querías tomar conciencia de todo aquello por lo que habías pasado. Como toda persona que haya crecido en un régimen brutal, sea en tu propia casa o en otro país, o si pasaste por el largo asedio del trauma y la pena, rara vez se te permitió decir la verdad. Tenías que decir lo que se esperaba de ti, o lo que tú y los demás necesitabais escuchar para no haceros daño. La mayor parte de las narrativas de traumas repetitivos las cuentan los agresores que perpetraron los traumas. Las cuentan las personas que detentan el poder, las personas que hicieron el daño. Durante y después del trauma, los que detentan el poder son los que controlan el mensaje: controlan lo que se imprime, lo que se dice y lo que se escucha. Con demasiada frecuencia, la historia que tienes, la historia con la cual comienzas, es la historia del agresor, y es esta historia la que has tomado como propia. Como dijo Milan Kundera, «La lucha del hombre contra el poder es la lucha de la memoria contra el olvido».[19] Es la vieja historia que comienza a resquebrajarse en la fase de Inintegración. Y es esa historia tuya que te esfuerzas por recordar en la fase de Identificación. Todavía no he conocido a ningún superviviente de un trauma al que no se le haya quedado atascada la verdad en la garganta. ¿Quién no ha empezado a hablar y se ha encontrado con que las palabras se disolvían a medida que se acercaban a la lengua? En un momento determinado puedes ver el horror, puedes sentir el miedo, puedes ver la imagen con claridad; y, cuando vas a describir todo eso con palabras, súbitamente desaparece todo. Se te queda la mente en blanco. Te has quedado entumecida, adormilada. ¿Adónde se fue la historia?

Casi todos los supervivientes a un trauma que he conocido han dudado de sus palabras, y han creído una cosa por encima de todo: que nadie les iba a creer. Ésta es la diferencia entre montar un puzle y montar la historia de tu trauma. Cuando tomas una pieza del puzle y la levantas, ni te imaginas que pueda haber alguien que quiera que creas que esa pieza es algo distinto a lo que tú crees que es. Sin embargo, decir la verdad de un trauma suele conjurar la imagen

---

19. Milan Kundera, *The Book of Laughter and Forgetting,* trad. Michael Henry Heim (Nueva York: Knopf, 1981), 3. Traducción al castellano: *El libro de la risa y el olvido* (Barcelona: Editorial Seix Barral, 2010).

de alguien que te juzga a ti y juzga tus palabras. Cada pieza de tu puzle se somete al más severo escrutinio, con un juez que te exige, «¿Estás *seguro* de que sucedió así?». Y esa verdad se siente entonces como una espada de doble filo, porque hay una parte de ti que, cuando consigue sacar la verdad al exterior, desea desesperadamente que la crean. Y hay otra parte de ti que desearía que la verdad del trauma no fuera cierta, una parte de ti que tiene miedo de que, con sólo decirla en voz alta, se convierta en verdad. Conozco a veteranos de guerra que tenían miedo de contar su historia porque no podían sentir la verdad de su historia mientras la contaban; en cambio, sólo podían sentir la verdad de su historia cuando veían la mirada de horror en los rostros de las personas que los escuchaban. Un soldado le cuenta a su terapeuta que tuvo que matar a un niño, y observa la mirada en el rostro de su terapeuta, temiendo el horror que pudiera reflejarse en la expresión facial de ella. Es una espada de doble filo que hay que comprender. Recuerda que las historias suceden en las relaciones sociales, y este acto interpersonal nos ayuda a mantener nuestra historia, nos ayuda a escuchar nuestra historia y, en última instancia, nos ayuda a completar de nuevo nuestra historia.

Prácticas útiles para la identificación

Así pues, ¿en qué consiste el trabajo en la fase de Identificación y cómo lo fundamentas? El trabajo de la fase de Identificación es algo que te ayuda a llevar al interior lo que estás experimentando y a llevarlo después al exterior con el fin de que puedas ponerle palabras y darle sentido, con el fin de que puedas compartirlo con otra persona que actúe como testigo. Es el trabajo de reunir todos los aspectos de tu memoria –la memoria que tienes de lo que ocurrió y la memoria que se ha convertido en parte de tu comportamiento o de tus creencias, tu comportamiento de supervivencia como memoria– y darle a esa memoria tantas capas de lenguaje como haga falta para que sientas finalmente que estás contando la historia completa. De modo que, ¿qué puede serte útil a la hora de llevar tu experiencia y tu memoria desde dentro hacia fuera? ¿Qué puede ayudarte a no ceder ante el reto de trabajar con tu memoria y combatir las difíciles emociones y la frustración que pueden emerger mientras te esfuerzas por contar tu historia?

Una cosa que me resultó útil en el proceso de sanación fue el pensar en la fase de Identificación del mismo modo que pienso al escribir. En la época en la que yo forcejeaba con la fase de Identificación, me encontraba en la universidad y estaba escribiendo muchos trabajos y artículos, y encontré útil el libro *Pájaro a pájaro,* de

Anne Lamott, como manual de entrenamiento no sólo para escribir, sino también para sanar. Lamott explica que escribir es algo que no ocurre de un modo pulcro o lineal. Lamott afirma que «la única manera en que puedo escribir algo es garabateando unos primeros esbozos de mierda».[20] En los primeros esbozos de mierda es donde tienes que silenciar todas las voces con las que te juzgas y te exiges la perfección, y dedicarte simplemente a escribir, no importa lo que salga. La idea de aplicar «los primeros esbozos de mierda» en la fase de Identificación de la sanación te disuadirá de intentar ofrecer una descripción perfecta o formular la verdad absoluta. La idea de los primeros esbozos de mierda te animará a esforzarte por hablar, te ayudará a ver la conversación como ejercicio y no como interpretación o ejecución, sino como espacio en el que aprendes, reparas y restauras. Así pues, lo primero que tienes que hacer es asumir la idea de que el trabajo de la fase de Identificación es *práctica, ejercicio,* y que vas a hacer un montón de esbozos de mierda en tu camino hacia la construcción de la historia completa de tu trauma.

¿Cómo podría reforzar en ti la idea de que la sanación precisa de práctica? En mi propia sanación lo aprendí observando a niños pequeños. Los niños son los gurús del aprendizaje, dado que todo su ser está impulsado por el aprendizaje y orientado hacia él. No tienen ninguna vergüenza en su búsqueda de nuevas habilidades y conocimientos, y ninguna minucia, como caerse, dejar caer algo o derramar algo, les va a impedir que sigan aprendiendo. Practicarán las cosas una y otra y otra vez. No se avergüenzan de lo que no saben y no se amilanan ante lo que todavía no saben hacer. Observándolos me di cuenta de que sentía una envidia malsana de los niños y niñas a las que observaba. Sentía envidia de su falta de consciencia de sí mismas y de su descaro. En mi sanación, me había sentido en muchos momentos avergonzada al quedar en evidencia lo que no sabía o no podía hacer, porque creía que ya debería saber cómo hacerlo, que eso no requería de práctica, de repetición. Yo creía que hablar

20. Anne Lamott, *Bird by Bird: Some Instructions on Writing and Life* (Nueva York: Anchor, 1995), 21-27. Traducción al castellano: *Pájaro a pájaro* (Madrid: Editorial Kantolla, 2009).

de mi experiencia no debería ser tan difícil ni complicado como en realidad era, ni debería llevar tanto tiempo.

La verdad es que entiendo a la perfección lo que es el esfuerzo y la repetición. Estuve practicando remo durante cuatro años en la universidad, y después de la universidad me pase unos cuantos años intentando formar parte del equipo femenino de remo de Estados Unidos. Durante casi siete años estuve entrenando entre seis y ocho horas al día, y dado que el remo supone dar la misma palada una y otra vez, se podría decir que yo era una maestra de la repetición. Se me daba muy bien intentarlo, y luego intentarlo de nuevo. Se me daba bien abrirme camino y, pacientemente (o no tan pacientemente), mejorar en algo. Pero la sanación fue diferente. Frecuentemente, la sanación no supone esforzarse más. Muchas veces tenía la sensación de ir corriendo contra la misma pared una y otra vez; en el remo eso funcionaba, pero en la sanación no.

Durante mucho tiempo, lo único que veía era lo que no podía hacer cuando observaba a las niñas. Y, sin embargo, cuando me calmé y guardé silencio el tiempo suficiente como para fijarme en cómo aprendían las niñas, me di cuenta de que no sólo recurrían a la repetición y la perseverancia. Me di cuenta de que utilizaban algo completamente diferente a mí: utilizaban el juego. El juego era su tecnología para aprender. Los adultos no pensamos en el juego como tecnología, y sin embargo el juego existe en todas las especies y en todas las culturas como un medio primario y poderoso de aprendizaje. A veces, el aprendizaje guarda relación con la habilidad en sí que se pretende aprender, pero es mucho más probable que el juego nos lleve a aprender algo acerca de nuestra capacidad para relacionarnos con lo desconocido, con lo que resulta difícil en el mundo y en nuestro interior, más que a aprender algo acerca de una habilidad en particular. El juego es más una actitud que cualquier actividad en concreto. Después de todo, el juego es completamente subjetivo; a mí quizás me parezca divertida la jardinería, mientras que a ti quizás te parezca completamente aburrida, y quizás a ti te parezca divertida la bicicleta de montaña, mientras que a mí me puede parecer aterradora.

Uno de los ejemplos que utilizo para ilustrar el hecho de que la práctica puede ser también un juego proviene de mis tiempos como directora de muelles en un campamento de las Girl Scouts in el estado de Nueva York. El campamento daba a un lago que tenía un muelle fijo y un muelle flotante en aguas profundas. Por la tarde, las niñas bajaban al lago a nadar, y la actividad más importante en aquellos momentos era un juego denominado Califica mi inmersión. Las niñas se ponían en fila para zambullirse, y mi trabajo como socorrista consistía en valorar las inmersiones. Cada chica se zambullía en el agua y, cuando emergía de nuevo para tomar aire, se volvía hacia mí y me miraba, y yo le daba mi calificación. El sistema de calificación se componía y dividía en incrementos absurdos: «Esa inmersión ha sido un 3,56». Las chicas se aferraban a sus calificaciones y se subían al muelle para intentarlo de nuevo. El juego es lo que nos ayuda a practicar, nos permite entrar en contacto con las cosas que tememos con el fin de superarlas, y Califica mi inmersión era exactamente ese tipo de juego. Aprender a sumergirse en el agua es algo difícil y que genera cierto temor en las niñas, pero hacerlo repetidamente con la distracción y la diversión que suponen las calificaciones las impulsaba a practicar, pues las niñas centraban su mente en la calificación y en lo que podrían hacer para mejorarla. La repetición del aprendizaje precisa de mucha paciencia y de la disposición para seguir adelante mejorando poco a poco.

Así pues, comencemos por ver el juego como una actitud, como una forma de llevar a cabo la práctica que necesitas para poder sanar. El juego saludable es espontáneo; está dotado de cierta apertura y de libertad de movimientos. Los juegos cambian, los finales de los relatos cambian, y algo puede suceder durante el transcurso del juego. Para superar el estrés de los primeros días en la escuela, los niños quizás jueguen a la escuela, pero el juego puede adoptar muchas formas, y los papeles se pueden intercambiar; el niño hará unas veces el papel del maestro y otras hará de alumno aventajado. Quizás jueguen a la «escuela de la selva» con sus animales de peluche, o quizás hagan que su padre o su madre adopten el papel de estudiantes para poder experimentar el poder de ser el maestro. Sin embargo, el juego traumático es diferente. El juego traumático es sombrío y repetitivo.[21] Las niñas que hayan pasado por un accidente de tráfico jugarán al «accidente de tráfico». Cada episodio del juego será como el anterior. El final será siempre el mismo. Simplemente, representan el accidente de tráfico una y otra vez. No hay sensación alguna de llegar a dominar algo; sólo hay repetición. El juego es integral en la sanación de un trauma, pero el juego traumático no sana por sí solo; el juego traumático precisa de una intervención y de apoyo desde el exterior, a fin de cambiar y trabajar con el relato. Y si volvemos al ejemplo de Califica mi inmersión, nos daremos cuenta de que la práctica lúdica está relacionada con la repetición y el juego, pero no es repetición y juego en aislamiento, o sólo con los pares. Califica mi inmersión sirve a otro propósito crucial, puesto que exige que alguien sea testigo de cada inmersión, que realmente *vea* a las niñas zambullirse. La combinación de repetición y de saber que alguien está atenta crea el entorno ideal para el crecimiento, y sobre todo para la sanación. Como decía el escritor M. R. Montgomery

> A los niños les ocurre algo curioso: si nadie los observa, nada les sucede en realidad [...], cuando eres pequeño eres consciente de que no tiene nada de divertido saltar a la piscina a menos que alguien te vea hacerlo. El grito infantil de «Mírame, mírame» no es una búsqueda de atención, es una súplica por la existencia en sí. Lo recordarán. Lo mantendrán, lo conservarán, lo harán realidad.[22]

En la fase de Identificación no sólo estás contando tu historia, frase a frase. Estás consiguiendo que alguien sea testigo de tu historia, fragmento a fragmento. A medida que vas sacando las distintas piezas del puzle, hay alguien que es testigo de tus palabras, al igual que es testigo de tu valiente esfuerzo por encontrar esas palabras y

---

21. Terr, *Too Scared to Cry*, 238.
22. M. R. Montgomery, *Saying Goodbye: A Memoir for Two Fathers* (Nueva York: Knopt, 1989), 143.

compartirlas. Tu terapeuta o tu grupo hacen el papel de socorristas, siendo testigos de tu historia y sujetando tus piezas mientras te zambulles y emerges con otra pieza de tu historia, una y otra vez.

Por tanto, ¿qué significa adoptar una actitud de juego o abordar lúdicamente la práctica necesaria para contar tu historia? ¿Cómo encuentras las palabras o el lenguaje para los sentimientos que tienes, para las imágenes que te llegan, para los recuerdos que estás intentando recomponer? La Identificación es la fase en la cual vale la pena intentar cualquier terapia que te ayude a conectar tu experiencia con el lenguaje. Las terapias expresivas –arte, música y danza– te pueden ayudar a expandir tu experiencia interna hasta añadirle otra dimensión, en la cual puedas ponerle palabras a algo a lo que no habrías podido poner palabras de otro modo. Las metáforas pueden ser útiles para encontrar palabras, y las terapias expresivas ofrecen un espacio intermedio entre la experiencia y el lenguaje. Puedes tomar un fragmento, una emoción, una parte de tu relato que eres capaz de ver o escuchar, pero que te resulta muy difícil describir en voz alta (o para la cual no encuentras palabras) y a través de otras formas de expresión puedes hacer un primer pase. Quizás puedas dibujarla, o quizás encuentres una obra musical que la describa. Y tú puedes ponerle palabras a eso: puedes hablar del dibujo o de la música, y de cómo el dibujo o la música se relaciona con ese fragmento de tu relato, de tu memoria. Construyes un vocabulario; descubres de qué modo conecta esa pieza.

Un ejemplo de la validez del arte para ponerle palabras a una experiencia interna procede de mi propia experiencia, cuando recurrí al trazado corporal. El ejercicio del trazado corporal se puede utilizar para muchas cosas; lo único que necesitas es una hoja de papel muy grande, como papel estraza o de carnicería, y lo único que tienes que hacer es acostarte sobre el papel y hacer que alguien trace el contorno de tu cuerpo sobre él. Pues bien, yo tomé aquel contorno de mi cuerpo, lo pegué en la pared de la cocina y me dije que podía hacer cualquier cosa que quisiera, pero que tendría que hacer lo que sentía, no lo que pensaba. Por motivos que nunca llegué a comprender, sentí el impulso de rasgar en trozos pequeños papel de construcción multicolor y de pegarlos a modo de mosaico. Rellené el interior del contorno de mi cuerpo con todos aquellos trocitos de papel de diversos colores, como si fuera un mosaico abstracto, y el resultado final me sorprendió. Yo había estado buscando la manera de contar lo fragmentada y lo desconectada que me sentía, y de pronto me encontraba con una imagen que me ayudaba a mantener esa conversación. Podía hablar de los pedacitos de papel en el trazado, señalando que estaban inconexos entre sí, y podía hablar de los pedacitos de mi experiencia, señalando que aún no podía sentir las conexiones entre ellos. Fue un alivio poder disponer de palabras para mi experiencia, y sentir que alguien podría comprenderme. He utilizado el trazado corporal tanto en mi papel de terapeuta como en el de cliente, y puedo asegurar que es una manera de hacer que el yo íntegro entre en la conversación. La mayor parte de las personas que han pasado por un trauma tienden a protegerse desconectando de su cuerpo y viviendo sólo en la cabeza. Pero a medida que trabajan en la fase de Inintegración, las cosas comienzan a cambiar, y emergen muchas emociones y sensaciones, y estas personas tienen grandes dificultades para hablar de todo eso. Así, el trazado corporal se convierte para ellas en una manera de hablar de su cuerpo, manteniendo ciertas distancias con él.

El trazado corporal es sólo una forma entre muchas de explorar algo difícil a través del uso de un objeto, sea arte, música, escritura o danza. A la utilización de un objeto o una acción que te permite trabajar con emociones o sentimientos difíciles desde cierta distancia se lo denomina *sublimación*. Tú estás sublimando el relato o la experiencia interna cuando lo llevas desde su difícil situación original hasta convertirlo en un substitutivo más fácil, aceptable o inmediato. Todo esto puede sonar muy clínico, pero tener algo concreto a lo que mirar y de lo que hablar puede ser inmensamente útil en muchas situaciones cotidianas. Con frecuencia hago que mis clientes de empresas hagan un boceto de su organización, señalando dónde ven conexiones o desconexiones entre las distintas personas o puestos. Expresarlo en un papel les permite plasmar más información acerca de la situación que si lo expresaran de palabra, y les permite al mismo tiempo distanciarse un poco de la experiencia, pues al mismo tiempo forman parte del diagrama que han hecho *y* están fuera de él, hablándome de todo eso.

Por otra parte, la metáfora es la versión verbal de la sublimación. Una de las maneras más fáciles de utilizar la metáfora, tanto en niños como en adultos, es formular esta pregunta: si tu sentimiento/problema/lucha fuera un animal, ¿qué animal sería? Descríbelo y, a continuación, dime qué está pensando o sintiendo, y qué necesita o quiere.

Ésta es una forma de jugar con el lenguaje de los sentimientos o las necesidades, y luego puedes ver poco a poco si te ayuda a contar tu relato. Como clienta, yo misma he utilizado la sublimación como forma de asumir la seguridad y las atenciones del tratamiento. Mi trabajo me exige viajar mucho, lo cual me resultaba difícil estando en terapia; no me gusta marcharme, porque tengo miedo de que me olviden o de que me dejen atrás. Con los años he utilizado la sublimación de muchas maneras. Quizás la primera vez en que me di cuenta de su impacto fue durante un viaje a Rumanía. Hacía poco que había estado utilizando la metáfora de un oso para describir mis sentimientos, de manera que, cuando partí de viaje, le pedí a mi terapeuta que no perdiera de vista a aquel oso metafórico. Estuvimos hablando sobre dónde dejarlo (en un corralito en el patio trasero de su casa), qué le gustaba comer (pescado y, por extraño que parezca, caramelos) y qué necesitaba (relatos, historias). Durante el viaje, mi terapeuta y yo intercambiábamos de vez en cuando *emails* para que me pusiera al corriente acerca del oso, cómo le iba, si lo podía vigilar bien. Y, milagrosamente, sentí, quizás por primera vez en mi vida, que era recordada, aun estando lejos. Lo verdaderamente importante que hay que comprender aquí es que manteníamos conversaciones normales de personas adultas acerca del viaje. Ella me había dicho directamente, «Me acordaré de ti». Yo había comprendido las palabras y había captado el mensaje cognitivamente, pero no lo había absorbido; como un nutriente que no puede atravesar la barrera hematoencefálica, el mensaje no podía entrar directamente, porque mis muros protectores eran todavía muy altos. Pero mediante la sublimación pude finalmente sentir sus palabras. Supe adónde iríamos con el tiempo, y aquello me dio la esperanza de que algún día podría sentirlo por mí misma, aunque, justo en ese momento, sólo podía sentirlo a través de la experiencia metafórica del oso. La metáfora me permitió ponerle palabras a lo que estaba sintiendo, pero también me permitió recibir información de una manera que pudiera oírla.

Ésta es la magia de la sublimación, que te permite soportar de un modo lúdico información difícil y sentimientos complicados. Y lo que puede resultar sorprendente para las personas con historias traumáticas es que esos sentimientos complicados bien pueden ser sentimientos positivos como el amor, el cariño, la atención, el apoyo y el consuelo. El trabajo con la sublimación es lúdico porque te permite tomar un sentimiento y separarlo de ti lo suficiente como para no sentirte atascada ni atrapada por él. De pronto dispones del suficiente espacio como para moverte alrededor de algo que te ha resultado realmente difícil de tratar y mirarlo desde diversas perspectivas. En ocasiones, hasta puedes encontrar tus propias metáforas, que te llegarán mientras intentas describir tu experiencia: «Me sentía como si estuviera en un barco varado en un banco de arena» o «Es como si quisiera saltar a la piscina y no hubiera agua en ella». Y, en ocasiones, quizás sea tu terapeuta o alguien de tu grupo de apoyo quien te ofrezca una metáfora. También puede ocurrir que tomes prestadas imágenes, ejemplos o palabras de otras personas que puedas encontrar en una novela, una película o un poema.

En la fase de Identificación, la poesía puede ser un magnífico medio para encontrar palabras a tus emociones y experiencias, así como para comprender el modo fragmentario en que el recuerdo traumático se almacena y se recupera. Los poemas son, por naturaleza, fragmentos; pero son hermosos fragmentos cuyo único propósito, al menos así parece, es ponerle palabras a experiencias que desafían al lenguaje.

Cuando intentas hablar de experiencias que no tienen sentido para ti, o cuando intentas encontrar palabras que se adecúen a tus sentimientos, la poesía puede ser un magnífico punto de partida.

Yo guardé unos versos del poema «Integridad», de Adrienne Rich,[23] pegados en una nota dentro de mi agenda durante algún tiempo. Decía así: «Ira y ternura–mis yoes / Y ahora puedo creer que respiran en mí / como ángeles y no como polaridades». Por entonces, yo forcejeaba con los sentimientos de ira que emergían de mi interior, y tanto la imagen como la idea de que los sentimientos de ira y los de ternura pudieran operar juntos me permitía hablar de mi ira y comprender mejor la ternura, y lo que ambas emociones significaban para mí mientras me curaba del trauma. *Ternura* se me antojaba una palabra capaz de crear por sí sola un entorno interior para la curación; sólo pronunciarla o escucharla ablandaba lo suficiente mi corazón como para que la absorbiera más. Me recordaba que debía ser amable. Me recordaba que debía ser cariñosa. Tomé prestados aquellos versos, aquellas palabras, y en ellas encontré el apoyo para iniciar conversaciones por mí misma, ayudándome a reunir los fragmentos de mi propia historia.

Las palabras de otras personas pueden ser importantes como punto de partida para que cuentes tu relato. Me acuerdo que una vez, al leer la primera línea de *La biblia envenenada,* de Barbara Kingsolver[24] –«Imagina una devastación tan extraña que nunca debería de haber ocurrido»–, sentí un gran alivio, porque aquello era *exactamente* lo que sentía cuando intentaba hablar de mi trauma: que era una devastación perdida en el pasado, pero era tan difícil de describir que me parecía imposible que hubiera podido ocurrir siquiera. El alivio que sientes al encontrar metáforas e imágenes en los poemas adecuadas para aquellas emociones a las que no puedes poner palabras (o al encontrar palabras, frases o relatos de otras personas que te facilitan contar tu historia) es como encontrar las piezas de las esquinas cuando estás montando un puzle. De repente tienes algo un poco más sólido en lo que apoyarte, mientras averiguas qué

---

23. Adrienne Rich, «Integrity», en *A Wild Patience Has Taken Me This Far: Poems 1978-1981* (Nueva York: Norton, 1993), 8.
24. Barbara Kingsolver, *The Poisonwood Bible* (Nueva York: Harper and Row, 1998). Traducción al castellano: *La biblia envenenada* (Barcelona: Ediciones del Bronce, 2001).

piezas encajan entre sí. Las palabras y los relatos de otras personas te pueden ayudar mientras encuentras palabras y formas de expresión para tu trauma. Que no te importe recurrir a ellas. Las puedes usar mientras encuentras tus propias palabras. Y, a medida que avances en tu sanación, te darás cuenta de lo valiosos que han sido para ti esos fragmentos literarios o poéticos. Siempre te recordarán aquellos lugares por los que ha pasado tu sendero.

PARTE 5

Integración

Una vez más, me había encontrado en presencia de una verdad y no la había reconocido. Piensa en lo que me sucedió: me creía perdido, había tocado fondo en mi desesperación; y, entonces, cuando me había sumido en el espíritu de la renuncia, había conocido la paz. Ahora soy consciente de lo que no era consciente en aquel momento; que, en un instante como ése, un hombre siente que se ha encontrado por fin a sí mismo y se ha hecho amigo de sí mismo.

ANTOINE DE SAINT-EXUPÉRY, *Wind, Sand and Stars*[1]

---

1.   Antoine de Saint-Exupéry, *Wind, Sand and Stars* (Nueva York: Harcourt, 2002), 198.

La Integración

ntes de entrar en la fase de Integración, vamos a hacer una revisión de cómo hemos llegado hasta aquí y del aspecto que tienen las transiciones entre las distintas fases, para que puedas saber dónde te encuentras y puedas reconocer las fases cuando vuelvas a entrar en ellas. Ten en cuenta que el viaje de sanación de un trauma reiterado es una espiral que se repite; estás avanzando, pero no dejas de dar vueltas alrededor. Comenzaste en la fase de Preparación, en la que estuviste haciendo acopio de recursos externos (los apoyos que tenías en el mundo exterior: el trabajo, el hogar, la familia, los amigos), y fortaleciste también la relación con tu terapeuta, afianzando la comunicación y poniendo los cimientos de la confianza. Comenzaste a apoyarte en la confianza que habías construido en tu interior con el trabajo realizado en la fase de Preparación, y te afirmaste también en la confianza desarrollada con tu terapeuta.

Y, mientras te sustentabas en la confianza y la seguridad que creaste en la fase de Preparación, entraste en la fase de Inintegración. Recuerda que la inintegración tiene lugar precisamente gracias a que te apoyas en un soporte, no porque intentes derribar tus defensas, sino, más bien, porque aceptas el riesgo de hacer algo diferente a lo que habías estado haciendo para protegerte a ti mismo. Uno de los principios importantes de este libro es que las defensas se deben desmantelar lenta y cuidadosamente. La inintegración es el proceso de desaprendizaje de tus protecciones, dejar de vivir en modo supervivencia, para que puedas tener cada vez más acceso a tu yo, a tu relato, a tu experiencia. Quizás tu forma de protegerte fuera ocultar tus sentimientos y adormecerte, para no verte así abrumado por ellos. O quizás te protegieras ocupándote constantemente de otras personas, ocultándote tus propias necesidades; y, ahora, en el mero acto de buscar ayuda, comienzas a apoyarte en alguien más y a sentir las emociones que emergen en tu interior cuando te sientes vulnerable.

Durante la fase de Inintegración, estos fragmentos de tu historia comenzaron a emerger (cosas que habías apartado a un lado durante los años en los que duró el trauma) y te resultó muy incómodo. La fase de Inintegración puede desorientarte enormemente, pero puedes dar un giro a la situación entrando en la fase de Identificación. Poco a poco comienzas a poner palabras a tus sentimientos, a tus experiencias, a lo que sucedió y a todo aquello a lo que recurriste para sobrevivir. Puedes poner palabras a los recuerdos y comenzar a descubrir lo que te pertenece, y quizás lo que no te pertenece y con lo que no tienes por qué cargar. Puede que tu relato inicial fuera que tú creías que tenías que proteger a tu hermana, y que durante la mayor parte de tu vida te hayas sentido en la obligación de proteger a los demás. Mientras observas los fragmentos de tu historia, tú decides cuál era tu verdadera responsabilidad, dada tu edad y tus circunstancias. Analizas las suposiciones en las que te basas en cuanto a lo que significa proteger a alguien, y en qué consiste eso. Analizas las reglas y las creencias asociadas a aquellas suposiciones. ¿De qué te sirven ahora? ¿Acaso algo tiene sentido? Y mientras extraes fragmentos y hablas de ellos, empiezas a ver, y a sentir, el cuadro completo de uno de los aspectos de tu trauma. Todo este trabajo lo haces en la fase de Identificación, identificando piezas y hablando de ellas; y entonces, un día, tienes esa conversación y algo cambia: todas las piezas encajan al fin y puedes ver el cuadro completo, y lo «entiendes» de otra manera. Esto es la fase de Integración. La integración es donde reconoces lo que ocurrió y le das sentido, lo cual te lleva a un profundo sentimiento de devastación y pérdida. Pero debido a que tu relato tiene un testigo y se sustenta en una relación terapéutica, tienes también un sentimiento de seguridad y de libertad que quizás nunca hubieras experimentado.

Pero ¿qué significa que algo encaje en un todo integrado? Un ejemplo no traumático de integración podría ser el de una experiencia mía: cómo hacer una voltereta en un kayak al estilo esquimal, en la que en un solo movimiento das toda una voltereta para volver a quedarte erguida y fuera del agua al final. Por entonces me pasé un verano entero trabajando en el campamento, y todos los días, durante los tiempos de descanso, mi amigo Connor me ayudaba a dominar la técnica de la voltereta esquimal. Para ello tienes que separar la voltereta en sus distintas partes y dominar cada una de ellas. Pero me llevó todo el verano dominar el movimiento completo: voltereta hacia delante, giro y torsión hacia arriba utilizando las caderas; todo a la vez. La clave para controlar el movimiento completo es la integración. No bastaba con conocer o dominar las distintas partes del movimiento. Tenías que enlazarlas en un todo continuo para que funcionara. Y el haberlo hecho una vez no significaba que ya lo hubieras conseguido. Tenía que seguir practicando con cada una de las partes, y luego tenía que seguir practicando con el movimiento completo.

Hay un par de cosas que deberías saber acerca de la fase de Integración. La primera es que, al menos en principio, la transición puede parecer abrupta. La fragmentación característica de un trauma repetitivo te ha servido de protección durante mucho tiempo para que no vieras y sintieras el cuadro al completo. Y en la fase de Identificación vas a tener que seguir hablando o haciendo lo que haya que hacer para sacar fuera tu relato. Quizás te repitas o cuentes la historia desde diferentes perspectivas y la relaciones con distintas partes de tu vida actualmente; y de pronto llega un día en que algunas piezas encajan y súbitamente ves un aspecto al completo, y tienes algo así como una sensación de totalidad. El sentimiento puede ser magnífico. Se trata de un proceso iterativo; hay veces en que las piezas que se reúnen conforman el recuerdo de un acontecimiento, y hay veces en que te ayudan a ver tus experiencias traumáticas como un todo. Para cada persona es diferente, y también puede ser diferente para la misma persona en los distintos puntos de su viaje curativo. La transición a la fase de Integración puede ser repentina en algunos casos. En la fase de Identificación utilizábamos la analogía de montar un puzle, pero con el trauma es como montar un puzle del cual no has visto la imagen completa.

A veces, la fase de Integración comienza con un estado de *shock*. La visión que tienes del problema cambia por completo, y te quedas allí sentada, atónita, sin acabar de creértelo. En la primavera de 2013 hubo una serie de tornados muy peligrosos y destructivos en Oklahoma. Uno de ellos tenía alrededor de dos kilómetros de ancho, y llegó a cubrir un tramo de 27 kilómetros. Aquel tornado, que tenía una magnitud EF5, llegó a movilizar vientos de 336 kilómetros por hora. Los testigos lo describieron como «un muro negro de destrucción». Las imágenes que dejó atrás aquel tornado fueron de la más completa devastación. Casas y escuelas arrasadas, convertidas en montones de escombros y de metales retorcidos. Lo único que quedó en pie a lo largo de los kilómetros que arrasó fueron los cimientos de las casas y pilas y más pilas de escombros. Pero diseminados entre los escombros se podían ver espacios del tamaño de un armario con paredes de cemento o una puerta de entrada de casa que, aunque inclinada, seguía aferrada al suelo. Aquellos espacios seguros o refugios subterráneos fue lo único que quedó intacto. Pues bien, la fase de Integración se parece mucho a lo que sería salir de un espacio seguro. Aunque sepas que ha pasado un tornado y sepas más o menos lo que te vas a encontrar, sigue siendo impactante abrir la puerta de tu refugio y ver el cuadro completo.

Otra cosa que tiene la fase de Integración es que puede ser realmente fatigosa. Es algo que te sobrepasa y que, aunque seas una persona con una tonelada de energía que nunca necesita echarse una siesta, te puedes descubrir de pronto con que necesitas echarte a dormir un rato todos los días. O puede ocurrir que ya no puedas decir que sí a todo lo que antes decías que sí. Hacer las tareas rutinarias habituales se te puede hacer un mundo. Es como si cualquier cosa pudiera descomponerte. El dolor y los aprendizajes que se realizan en esta fase se exigen mucha energía, y puede llegar un punto en que hasta las cosas más sencillas se te hagan inabarcables. Esta fase tiene mucho de lentitud, de deliberación, de silencio. A veces, la lentitud puede ser pesada y agotadora, como al caminar a gran altitud, donde cada paso es un tremendo esfuerzo. Como dice Ed Viesturs, un escalador y guía del Everest, «Los últimos cien metros hasta la cima uno se cree que son sólo 100 metros, pero a estas altitudes (8800 metros) el esfuerzo que tienes que hacer se incrementa exponencialmente. [...] Los últimos cien metros pueden llevarte entre una y dos horas. [...] Respiras entre seis y ocho veces, y entonces das otro paso, y respiras otras seis o siete veces más. [...] No puedes contemplar el ascenso de una manera íntegra. Tienes que desmenuzarlo en pequeñas secciones y en pequeños pasos».[2]

La fase de Integración comparte actitudes, entornos y experiencias con la fase de Inintegración. Y es que tanto la integración como la inintegración exigen un dejarse llevar, precisan de un estado de relajación en la seguridad. En la fase de Inintegración, las viejas piezas se separan en la medida en que te dejas llevar, y en la fase de Integración existe el suficiente espacio y seguridad como para que las piezas se junten de nuevo. Tienes que crear un «espacio de transición»[3] para que estos cambios puedan darse. El esfuerzo se halla en realidad en el «no hacer». Lo que quiero decir con el no hacer es que, si te aferras, si te esfuerzas, si empujas, no habrá suficiente soltura para que las cosas cambien. Una buena imagen de la integración es la de un hueso fracturado, que para que pueda sanar necesita de la quietud que proporciona una férula o una escayola. Los fragmentos deben de estar en contacto entre sí, y el miembro en su totalidad tiene que estar lo suficientemente quieto y lo suficientemente estirado como para que las partes puedan soldarse. La integración es un momento

---

2. «Nova Online Adventure: Ed Viestus», www.pbs.org/wgbh/nova/everest/exposure/viesturs.html.
3. Donald W. Winnicott, «The Fate of the Transitional Object», en *D. W. Winnicott: Psycho-Analytic Explorations,* ed. Clare Winnicott, Ray Shepherd y Madeleine Davis (Cambridge, MA: Harvard University Press, 1959/1989), 53-58.

muy delicado. Es un momento que precisa de cierta estabilidad para que las piezas se unan y se suelden.

Lo más difícil de explicar es cómo sucede esto y de cuánto tiempo se precisa. La integración es sanación, recuperación, crecimiento. La integración es un aprendizaje de cosas nuevas, un desarrollo sostenido. Es un aprendizaje repetido, y cuando sucede se da un cambio; un cambio que transforma no sólo tus sentimientos, sino también tu comprensión: como diría el psicólogo Robert Kegan, le das sentido a algo. La fase de Integración es donde los tres aspectos del trauma repetitivo se reúnen: qué ocurrió, las protecciones que te ayudaron a sobrevivir y qué no ocurrió. También es donde los fragmentos de la memoria traumática (el relato, los sentimientos, la experiencia) se congregan en un lugar. Comprendes lo que sucedió en el contexto en el cual sucedió. La integración permite que todas las piezas de la fase de Identificación establezcan contacto entre sí, se asienten en el mismo espacio, se entretejan. Las dos piezas más grandes del trabajo en la fase de Integración son el *duelo*[4] y el *nuevo comienzo.*[5] El duelo supone enfrentarse al impacto de lo que sucedió realmente y lamentarse por lo que sucedió y lo que no sucedió; lamentarse por los años en los que estuviste protegiéndote. Y el nuevo comienzo es aquello que te permite comprender la necesidad de ejercitar nuevos comportamientos relacionados con las cosas que no aprendiste y con el crecimiento que no pudiste realizar, todo ello con el fin de buscar nuevas vías para poder tener esas experiencias. La palabra *integración* procede del latín *integratio,* que significa «renovación». Y al reunir las piezas no sólo estás recreando tu historia, sino que también renuevas tu sentido de ti misma como un todo. Las piezas se combinan para convertirse en algo más grande, porque en la sanación se da necesariamente un crecimiento.

La integración es algo más grande; es una experiencia «eureka». No es tanto un aprendizaje relacionado con el conocimiento de

---

4. Herman, *Trauma and Recovery,* 175-195.
5. Michael Balint, *The Basic Fault,* 3.ª ed. (Chicago: Northwestern University Press, 1992), 143. Traducción al castellano: *La falta básica: Aspectos terapéuticos de la regresión* (Barcelona: Ediciones Paidós Ibérica, 1993).

hechos como un comprender finalmente algo en su totalidad, el sentido de algo, o cómo están conectadas en realidad las cosas. La integración es un cambio de visión del mundo, pues no sólo transforma *lo que* sabes, sino también *cómo* lo sabes. A veces me refiero a esos momentos como «Momentos del Agua de Helen Keller». En esta historia, que la mayoría de la gente conoce por la película *El milagro de Ana Sullivan,*[6] Helen es una niña que pierde la vista y el oído debido a una afección de escarlatina, perdiéndose así en su propio mundo interior. Se enfurece, pelea y se esfuerza por hacerse comprender, y no puede conectar con el mundo que la rodea. Tiene experiencias, sentimientos, sensaciones, pero no hay manera de ponerle palabras a todo esto. Entonces, su maestra, Ana Sullivan, le enseña que cada cosa en el mundo se empareja con una palabra. Al principio, y dado que Helen es una niña muy inteligente, es capaz de memorizar las palabras y de deletrearlas, pero para ella no es más que un ejercicio intelectual. Todavía no ha conectado con la idea de que existe un lenguaje, una forma de tomar aquello que está dentro y hacer que adquiera sentido no sólo para ti misma, sino también para los demás.

Cuando comencé la terapia y mi terapeuta me preguntaba «¿Cómo te sientes?» (como solemos hacer los terapeutas), yo no disponía de las conexiones necesarias en mi interior para responder a su pregunta. No podía sentir los sentimientos, y aún no había conectado palabras con esos sentimientos. Mi experiencia estaba todavía inintegrada. Yo pensaba, «¿Cómo se imaginará que me siento respecto a eso?». Yo intentaba responder a la pregunta mirando hacia dentro desde el exterior. Poco a poco, con el tiempo, comencé a tomar conciencia de las experiencias en mi interior y comencé a ponerles palabras. Y al igual que Helen, lentamente, emparejé los sentimientos con sus respectivas palabras. Yo rebuscaba en mi interior y buscaba palabras: ¿Triste? No. ¿Enfadada? No. ¿Ansiosa? ¡Sí! ¡Había encontrado una palabra que le iba a un sentimiento! Y había alguien afuera que podía escucharla también y comprender súbi-

---

6. William Gibson, *The Miracle Worker: A Play* (Nueva York: Scribner, 2008).

tamente dónde me encontraba yo. Era la construcción de todo un vocabulario nuevo, no de palabras diferentes, o de palabras que no comprendiera intelectualmente, sino de un vocabulario de experiencias que conectaban esas palabras con mis sentimientos, no con lo que yo creía que los demás querían escuchar ni con lo que los demás pudieran entender. Ese conectar los sentimientos con las palabras y con mi experiencia es lo que hace mía la experiencia.

El descubrimiento de Helen llega después de una enconada disputa en la que Helen arroja al suelo el jarrón de agua durante la cena. Ana decide que Helen debe rellenar el jarrón de nuevo, de modo que se la lleva a rastras hasta la bomba de agua, que se halla frente a la casa, le pone a Helen las manos bajo el agua y, mediante signos, le dice *agua*. Entonces, algo hace clic. Helen, que había aprendido unas cuantas palabras habladas antes de enfermar de escarlatina, conecta los signos de la palabra *agua* con la palabra hablada *agua* que una vez conoció, y lo entiende: el agua que siente en sus manos es lo mismo que la palabra *agua* de signos en su cabeza y que la palabra *agua* que su boca quiere pronunciar. Todo se conecta de pronto. Ésta es la experiencia de la integración.

En la vida real, la fase de Integración puede tener lugar en minutos, en horas, en semanas o en meses. La integración te puede generar una sensación de pesadez, de profundo duelo, o puede generarte también una sensación de ligereza, una libertad de movimientos que nunca habías tenido, de experimentar cosas nuevas. La integración es un cambio transformador. A medida que integras piezas de tu historia, tu capacidad para comprenderlas se va transformando, y también lo hace tu manera de sentir y de comprender la historia. He aquí el ejemplo de Mark, que había presenciado muchas situaciones de violencia doméstica siendo niño. Cuando comenzó a compartir sus experiencias, relató una experiencia ciertamente terrible que había tenido a los once años. Pero al relatar aquella historia se mostró muy duro consigo mismo, enjuiciando su comportamiento a los once años; era como si evaluara el comportamiento del niño que fue desde los estándares de un adulto. Daba la impresión de verse a sí mismo como a un pequeño adulto. De algún modo, para Mark no había mucha diferencia entre el pasado y el presente. Mientras contaba su historia, era como si estuviera ocurriendo todo ahora, tal como había ocurrido entonces; no tenía un punto de vista de aquello como de algo pasado, ni tampoco se veía a sí mismo como a un niño. Lo contaba en primera persona, como si lo acabara de vivir, y enjuiciaba su comportamiento desde el punto de vista del adulto que ahora era. Pero, con el transcurso del tiempo en la terapia, y contando y volviendo a contar la historia una y otra vez, comenzó a darse cuenta de la situación, de que se trataba de un niño de once años; sólo un año más que su propio hijo, que entonces tenía diez. Empezó a comprender que era muy joven, y comprendió también el impacto que había tenido aquella trágica noche en él, sobre todo cuando pensó en su propio hijo. Fue entonces cuando entendió cómo podía afectar aquello a un niño tan pequeño. Cuando pudo recopilar todas las piezas de aquella experiencia, cuando pudo aceptarse como un niño de once años, y pudo aceptar los sentimientos, los recuerdos y el impacto, todo en un mismo lugar, la historia cambió. De estar sucediendo siempre en un presente eterno se convirtió en algo que había sucedido en el pasado. El relato se convirtió en parte de su historia personal. Ése es el don de la integración. Hace que el trauma deje de estar sucediendo eternamente y lo lleva a donde pertenece, al pasado. Y cuando el trauma se va al pasado es cuando te das cuenta de que sobreviviste, que aquello ya pasó.

El duelo

¿Por qué el trabajo de la fase de Integración se inicia a veces con un *shock?* En parte porque la fragmentación que genera el trauma te impide ver el cuadro completo, y en parte porque las personas que sobreviven a un trauma se sumen en una especie de esperanza implacable. Se trata de la esperanza de que las cosas pudieran ser diferentes. La esperanza de que aquello no haya ocurrido en realidad. La esperanza de que, si no hablas de eso, quizás no sea cierto a la postre. La integración tiene tan gran impacto porque, cuando aceptas que el pasado es pasado, aceptas también que el trauma ocurrió realmente. Suena simple y obvio, pero no lo es. Se dice que esa implacable esperanza no es otra cosa que el producto de no haber hecho el duelo. Y lo es. Pero hay otra forma de entender esa implacable esperanza, y es que es una especie de analgésico interno que te permite seguir funcionando, a pesar del dolor de tan profunda herida. Esta extraña esperanza es habitual en el caso de pérdidas muy dolorosas. En su libro *El año del pensamiento mágico,*[7] Joan Didion habla de su miedo a desprenderse de los trajes de su marido incluso al cabo de un año de su repentino fallecimiento.

---

7. Joan Didion, *The Year of Magical Thinking* (Nueva York: Knopf, 2005). Traducción en castellano: *El año del pensamiento mágico* (Barcelona: Penguin Random House, 2015).

No quería desprenderse de su ropa porque si volviera, la iba a necesitar. Sabía que estaba muerto, pero esa esperanza implacable es un fenómeno que suele acompañar los casos más graves de pérdidas o traumas. Didion habla de ese período de su vida como de «el año del pensamiento mágico», y ciertamente lo es. Es mágico porque no es cierto, pero también es mágico porque es muy poderoso y protector.

Tras la masacre en la escuela de Sandy Hook, en 2012, me encontré con un artículo en el *Washington Post* en el que hablaban de una familia que lloraba la pérdida de su hijo, el cual había muerto por los disparos aquel trágico día. La madre del niño decía que estaba utilizando una estrategia para sobrellevar el dolor, la de fingir que, durante unas pocas horas cada día, su hijo no estaba muerto, sino que estaba en casa de un amigo con el que había quedado para jugar. Se hacía creer a sí misma que, por las tardes, el niño simplemente no estaba en casa, y que volvería más tarde.[8] La «mágica» esperanza de esta fantasía le permitía conservar parte de la energía necesaria para seguir adelante en la vida: responder al correo electrónico, hacer la cena, la colada. Ese pensamiento mágico o esperanza implacable puede ser un potente analgésico, y es crucial ante una pérdida grave. Los analgésicos le permiten a un soldado con una pierna rota seguir caminando hasta hallarse en territorio seguro, y permite también sacar de sus automóviles a las víctimas de accidentes de tráfico que padecen fracturas múltiples. Puede salvarte la vida, pero también es cierto que puede prolongarse durante años. Esta esperanza implacable es la última de las protecciones importantes de las que hay que desprenderse para poder sanar. Hay veces en que puede llevar bastante tiempo conseguir cierta seguridad. Puede llevar mucho tiempo desarrollar los músculos y el corazón lo suficiente como para soportar el dolor. Puede llevar mucho tiempo que las aristas más afiladas

8. Eli Saslow, «After Newtown Shooting, Mourning Parents Enter into the Lonely Quiet», *Washington Post*, 8 de junio de 2013, www.washingtonpost.com/ national/after-newtown-shooting-mourning-parents-enter-into-the-lonely-quiet/2013/06/08/0235a882-cd32-11e2-9f1a-1a7cdee20287_story.html? utm_ term=.802692b83952.

se limen. Pero gracias a tu esfuerzo en este viaje de sanación –gracias a todo el trabajo que hiciste en la fase de Preparación, a los riesgos que asumiste en la fase de Inintegración, a las valientes conversaciones mantenidas en la fase de Identificación–, ahora ya puedes soportar tu historia y el dolor que pueda traer consigo. A veces este dolor es una imagen clara de lo que ocurrió, del trauma por el que pasaste o del que fuiste testigo. Y a veces este dolor es una imagen clara de lo que no ocurrió, de los cuidados, la protección o la ayuda que no recibiste.

Cuando digo que el duelo es un proceso reiterativo, quiero decir que no es un acontecimiento, sino que es algo que tiene lugar a través de arrancadas, de acometidas. En la sanación del trauma, las cosas no ocurren como vemos en las películas, a través de una catarsis. Ese instante de «gran emoción, gran acontecimiento» es una de las mayores falsedades que circulan por ahí acerca de la sanación del trauma y la pérdida. En las películas lo hacen así porque sólo tienen una hora y media para contar una historia. Y así es como nos gustaría que ocurriera, con un gran estallido de emoción, pero en la realidad no es así. La aflicción del duelo se desarrolla del mismo modo que los árboles absorben el agua de la lluvia. Ocurre con el tiempo, absorbiendo poco a poco. Absorbemos la verdad, absorbemos la aflicción.

Los niños son maestros de esta aflicción intermitente, y son tan buenos que muchos adultos les recriminan por no estar completamente afligidos, diciendo cosas como «Mira a Susan, jugando. Ni siquiera parece estar triste por eso». Pero los niños lo hacen muy bien; se afligen a pedacitos. El hijo de mi mejor amiga tenía nueve años cuando murió su abuelo. Tenía una relación muy cercana con él, y sintió su pérdida con intensidad. Pero, como todo niño de nueve años, conectaba de inmediato con cualquier cosa que estuviera haciendo: jugar, leer, charlar con su hermano; para luego verle impactado, sumido en la tristeza, buscando el regazo de su madre o de su padre entre lágrimas, buscando un abrazo. El recuerdo le impactaba, buscaba y conseguía ayuda, y diez minutos después pasaba a otra cosa. Yo creo que si la mayoría de las personas le hiciera un seguimiento a su experiencia del duelo, nos daríamos cuenta de que la aflicción tiene un carácter intermitente. Sí, a veces se nos puede antojar como una pesada losa, algo que te hunde; pero con más frecuencia se comporta de forma intermitente: ahora descarga todo su peso sobre ti y, de repente, desaparece. Y, en ocasiones, en medio de la aflicción, yo no sabría decir qué es peor.

Cuando siento todo el peso de la aflicción, ciertamente es doloroso, pero casi percibo la compañía de algo que es casi tangible; existe una presencia. Es como si la pérdida y aquello que has perdido estuvieran aún presentes. Con el dolor hay una presencia, no una ausencia. Esa cualidad intermitente de la aflicción hace que, en ocasiones, me sienta más afectada durante el día, cuando la tristeza cede terreno. Sí, quizás tenga más energía y sea más productiva, pero también me siento más sola y perdida, sin mis puntos de referencia. El sentimiento de ausencia es tan grande que tengo la sensación de que me voy a desconectar de la tierra.

Las pérdidas que tienen lugar a través de un trauma repetitivo son complejas. No es ya la clásica pérdida que todos conocemos cuando la muerte cruza por nuestro sendero, la pérdida de alguien a quien conocíamos y queríamos. Ni tampoco es como la pérdida de un hogar en el que hemos estado viviendo, ni la de un dedo, un brazo o la vista. Éstas son pérdidas graves, y pueden formar parte de tu historia. Sin embargo, con el trauma repetitivo se da la pérdida de cosas que, con frecuencia, desafían toda descripción: la seguridad, la inocencia, la confianza, la esperanza, la voluntad, la identidad o la visión del mundo. Quizás seas consciente de estas pérdidas al comienzo de tu viaje de curación, pero lo más habitual es que no lo seas. Por ejemplo, si nunca has vivido en la seguridad, no vas a poder saber que esto es una pérdida para ti. A través de la sanación (de experimentar *lo que no ocurrió*) llegas a sentir la pérdida y la aflicción por todo aquello que no tuviste.

Pero no confundas tu incapacidad para ver todas esas pérdidas con un mero no querer ver. Considéralo más bien como un ingenioso empaquetado. Los alpinistas no empacan todo su equipo en un solo viaje, sino que hacen varios viajes con cargas más pequeñas.

Llevarlo todo de una vez sería excesivo, de hecho sería peligroso; y, dependiendo del terreno, incluso imposible. No llevar encima la historia completa de tu trauma no es un deseo consciente de «no saber», es el resultado de la acción de un cerebro que sabe mejor que tú lo que es capaz de gestionar. Este proceso tiene lugar normalmente cuando eres más joven, cuando tu cerebro tiene menos capacidades y, por tanto, tiene más necesidad de poner todos los recursos disponibles al servicio de su propio desarrollo y supervivencia. Tomar todo el peso de lo que te estaba ocurriendo o de lo que te había ocurrido habría colapsado tu sistema; hubiera sido excesivo, muy duro. De manera que pospusiste esa toma de conciencia; quizás unos meses, quizás años… o décadas. Pospusiste el asumir la historia completa hasta que ya no pudieras más, o hasta que el no-saber te estuviera volviendo más loco que el saber.

El proceso del duelo se puede percibir como tristeza o pesar, pero también puede alcanzar fácilmente la cólera y la desesperación. Y esto porque en ocasiones puede parecernos imposible soportar la mera inmensidad de la pérdida, porque el trauma repetido es siempre una pérdida compuesta, agravada, una pérdida a través del tiempo. Son los años en los que tuvo lugar el trauma, los años que sobreviviste y los años que te ha llevado hasta iniciar el viaje de curación. Todo eso forma parte del paisaje, y puede parecer imposible soportar todo el peso de la pérdida y aferrarse a la esperanza al mismo tiempo. La esperanza depende de la posibilidad de un futuro, y la pérdida traumática puede impedirnos ver el futuro.

Es éste un momento muy importante para apoyarse en la terapeuta, el guía o el grupo; pues, cuando finamente te encuentras con los restos del naufragio, quieres a tu propia Cruz Roja personal en tu equipo, quieres tener cerca a personas que te conocen y que tienen esperanza en tu futuro, aunque tú no la tengas en estos momentos. Mi amiga Beth y su familia, que vivían en Pensacola, se quedaron sin hogar cuando llegó el huracán Iván. Hace un par de años me llevó hasta el lugar donde había estado la casa, cerca del océano. Me contó que toda la familia se reunió tras el paso del huracán (su abuela, su padre, su madre, sus hermanos y hermanas), y se pusieron a buscar entre los escombros por todo el vecindario. Buscaban pequeños objetos, los tesoros de lo que había sido su vida anterior. La abuela de Beth encontró un anillo de la familia. Y Beth hablaba agradecida de la Cruz Roja, que estuvo yendo cuatro veces al día durante todo aquel tiempo, permitiéndoles así estar allí y seguir rebuscando los restos de su vida pasada. La Cruz Roja les llevaba alimentos, agua, herramientas y guantes. Llevaron juguetes para los niños. Los restaurantes de la zona llevaban camiones con comida por todos los vecindarios. Aquellas ayudas permitieron que la familia siguiera adelante a pesar de la pérdida. Es sorprendente lo hábiles que son el cerebro y el espíritu humano para tomar prestada una esperanza.

Nadie que vea la verdadera medida de la devastación puede llegar a asumirla y planificar su futuro al mismo tiempo. Eso es algo que debe hacerse por etapas, por fases. Necesitas de la ayuda de los demás para apilar los sacos de arena, para que te den agua, para imaginar un futuro mejor. Una tiene que asumir la pérdida antes de hacer el duelo y de limpiarlo todo.

Pero quiero que aprecies realmente y respetes la complejidad de estas pérdidas en sus formas intangibles. ¿Qué significa perder la identidad de quién soy? Si, siendo soldado, yo he participado en el asesinato de ancianas y de niños, ¿cómo me voy a reconocer a mí mismo? ¿Cómo reconocer a ese yo que creía que nunca podría hacer algo así? ¿Aquel yo que quería a su abuela? ¿Aquel yo que ama a sus hijos? ¿Cómo llorar la pérdida de un yo que ya nunca envejecerá en la inocencia de la muerte y la destrucción? ¿Cómo llorar la pérdida de una visión del mundo en la que no existía toda esta violencia? ¿Cómo puedo compaginar en mi vida un yo amable y cariñoso *con* alguien que fue capaz de infligir y soportar una violencia inimaginable? Éstas son las difíciles preguntas que emergen con un trauma repetitivo. ¿Cómo puedo conservar una identidad amable y herida al mismo tiempo? ¿Qué puedo hacer para que estas piezas, que otras personas mantienen separadas, vivan juntas en mi interior sin quitarme la vida? ¿Cómo llorar la pérdida de tantos años sin poder hablar, sin poder pedir ayuda, sin poder dejar entrar a nadie? ¿Cómo llorar todos esos años que viví escondido en mi refugio y no en mi vida, no con las personas que intentaban quererme?

Estas preguntas no tienen respuestas fáciles. Hay personas que atraviesan todo esto con rapidez, y hay otras que lo hacen lentamente. Hay traumas que requieren que todo un grupo, sistema o país se mueva contigo, y hay veces en que tú puedes planificar tu tiempo. Es improbable que Sudáfrica hubiese sanado en buena medida si no hubiera tenido lugar el proceso de la Comisión de la Verdad y la Reconciliación, aunque ese proceso se diseñara para sanar a una nación y no a personas concretas. El viaje de sanación te ayuda a articular las preguntas, a conservar cada pedazo de tu pérdida como un tesoro que sobrevivió a tu particular guerra, y ser capaz de llorar y de honrar la pérdida.

Los ciclos menores de sanación que has hecho a lo largo del sendero te han ayudado a desarrollar la resistencia necesaria para esta fase. Has estado esforzándote a lo largo de todo el proceso curativo para llegar a esta parte de la ascensión; y, aunque es difícil confiar en que algo pueda encajar ahora, siempre puedes apoyarte en el trabajo realizado a lo largo del camino y en las personas que han estado trabajando contigo y apoyándote.

Nuevos comienzos

Los mundos del trauma repetitivo exigen vigilancia, pues es en ellos donde persiste el miedo a cometer algún error. Son mundos en los que sobrevives estableciendo reglas y siguiéndolas estrictamente. Las reglas tienen sentido dentro del contexto del trauma original: «No hagas ruido, que despertarás al tío Charlie». Pero tú sigues llevando esa regla contigo en estos momentos, a pesar de que ahora ya no tiene sentido. Tú sólo sabías que, si seguías las reglas, cualesquiera que fueran, sobrevivirías. Y tú creíste, y sigues creyendo, que si dejas de seguir las reglas, algo malo puede ocurrir. En la película *La habitación,*[9] Ma y su hijo pequeño Jack están secuestrados y viven en los confines de un cobertizo. Ma crea un mundo imaginario lleno de reglas para ayudar a Jack a sobrevivir y crecer en esta traumática situación. Pero cuando finalmente son liberados y están recuperándose en el hospital, Jack intenta seguir la lista de reglas que tenían cuando vivían en el cobertizo. Es entonces cuando Ma le dice al pequeño, «Aquí fuera no hay reglas, Jack». El niño se siente perplejo, mientras que Ma intenta sacarlo de su perplejidad jugando, intentando algo nuevo. Posteriormente, se escucha al niño hacer una relación de todas las cosas que son diferentes fuera de la

---

9. Emma Donahue, *Room,* dir. Lenny Abrahamson, 2015, Element Pictures.

«habitación». Durante un tiempo, Jack sigue las viejas reglas, a pesar de no estar ya en la «habitación» en la que vivían, en aquel cobertizo; pero, poco a poco, va abandonando las reglas y se abre a la posibilidad de lo nuevo: prueba con nuevas comidas, juega con un perro, juega con un amigo. Estas nuevas experiencias suponen nuevos comienzos. Cuando integras tu trauma, cuando eres capaz de narrar tu historia y tu experiencia, el trauma pasa del presente al pasado. Y ese desplazamiento significa, súbitamente, que ya no tienes que protegerte del viejo trauma. De repente, existe la posibilidad de algo más.

Estas nuevas experiencias son lo que yo llamo *nuevos comienzos.* Me encontré con este término mientras leía artículos de un analista húngaro llamado Michael Balint, que fue uno de los primeros (el maestro y analista de Balint fue Sándor Ferenczi, cuyo maestro y analista fue Sigmund Freud). Balint reconocía que las personas que habían sido gravemente heridas necesitaban de algo diferente al tratamiento aceptado en aquellos tiempos.[10] Creía que aquellas personas que habían sufrido un daño grave o que habían pasado por un trauma no necesitaban de penetrantes interpretaciones; lo que necesitaban era un lugar donde enmendar y sanar lo que él denominaba «la falta básica». La falta básica era una línea de deficiencias en el yo que se había roto o se había hecho pedazos en respuesta a alguna experiencia en la vida. Lo que había que sanar era esa falta básica. Pero aunque se curara, siempre dejaría una cicatriz. Balint permitía que sus pacientes se apoyaran en él y en la relación terapéutica, de tal modo que recurría al apoyo de la conexión real o el apego para sanar, y no sólo a la interpretación o las palabras. A aquel método lo llamaba *regresión,* pero no tenía nada que ver con ir hacia atrás. Ahí es donde nuestro léxico y nuestra mítica creencia en la sanación nos pueden impedir comprender. La sanación no trata sólo de volver al pasado, a lo que sucedió. La sanación trata también de ver lo que se necesita aprender o fortalecer; trata también de lo que no ocurrió. La sanación exige que experimentes nuevas emociones y sentimientos, exige que te arriesgues a pronunciarte y a que hables

---

10. Balint, *The Basic Fault.*

de un modo diferente; y también te requiere que practiques nuevos comportamientos que o bien nunca aprendiste o bien no pudiste practicar mientras tenía lugar el trauma.

En la fase de Integración, las piezas se juntan: tú te dejas llevar y dejas que las piezas emerjan. Vas tomando las piezas una a una y las describes, hablas de ellas, intentas encajarlas e intentas recomponer tu historia. En un principio, lo más habitual es que esta experiencia traiga consigo cierta aflicción y duelo (por lo que tuviste que pasar, por lo que perdiste). Pero hay un paso más allá de esta experiencia de pesar, porque cuando vas más allá del pesar, llegas a un punto completamente nuevo: «¿Y ahora qué?» O bien, «¿Qué ha pasado?». O, simplemente, «¿Dónde estoy? No sé dónde estoy». Llegas a un punto que no conoces porque de pronto vives completamente en el presente, sin las reglas que utilizaste para sobrevivir al trauma y sin la vigilancia que te protegía.

Pero la integración no es lo único que te sana del trauma. La integración define el proceso de desarrollo y crecimiento. Los psicólogos evolutivos Robert Kegan y Jean Piaget hablan de un movimiento constante desde un estado del saber –deshaciéndolo– hasta un nuevo estado del saber. Como dice Kegan, «el crecimiento implica siempre un proceso de diferenciación», de pasar del «lo que he sido» al «lo que soy ahora». Kegan continúa, «Piaget lo llama a esto "descentralización", la pérdida de un viejo centro, para la "centralización", la recuperación de un nuevo centro».[11] El paso de un yo coherente a un yo más fragmentado e incoherente para volver luego a la coherencia es el camino evolutivo normativo, y este proceso precisa de apoyo. Durante el crecimiento, necesitamos que alguien sustente tanto al *yo que fui* como al *yo en que me estoy convirtiendo ahora*. Los buenos progenitores sustentan ambos aspectos del crecimiento y permiten que sus hijas desarrollen la capacidad de crecer. Es el apoyo el que te permite dar el salto, el que te permite aceptar el riesgo de separarte de aquellas viejas partes de ti lo suficiente como

---

11. Robert Kegan, *The Evolving Self: Problem and Process in Human Development* (Cambridge, Massachusetts: Harvard University Press, 1982), 31.

para dejar que las nuevas partes emerjan.[12] Y en el tratamiento del trauma es en las tres fases intermedias de la sanación –Inintegración, Identificación e Integración– donde tiene lugar el cambio y donde necesitas de una persona externa que sustente tu coherencia por ti.

La experiencia del nuevo comienzo en la fase de Integración es, en realidad, la reactivación consciente e intencionada de este proceso evolutivo de crecimiento normal. Si algo define al trauma reiterado es la ausencia de crecimiento, la desactivación de los procesos normales de crecimiento para poder enfocarse en la supervivencia y la vigilancia. Durante los años de un trauma repetitivo envejeces, y también puede que te hagas más alta, pero tu crecimiento interno se detiene; te ajustas al trauma y mantienes una coherencia cognitiva que se basa en la supervivencia, no en un sentido coherente del yo. Y lo que es muy importante durante el proceso de sanación (y la necesidad es diferente en cada fase) es el apoyo necesario para negociar los nuevos retos del crecimiento.

Los nuevos comienzos son como las células madre del crecimiento o desarrollo psicológico, que van apareciendo en mayor número a lo largo de la fase de Integración. Un día, hace muchos años, cuando abandonaba la consulta de mi terapeuta, justo al poner la mano en el pomo de la puerta, me di la vuelta. Quería echar un último vistazo, asegurarme de que todo estaba bien, llevarme una sonrisa tranquilizadora, disfrutar una vez más de su amabilidad. La miré, y ella me sonrió, y eso fue todo. Fue sólo un instante, pero fue un instante enorme. Fue el instante de un nuevo comienzo para mí. Me estaba dejando alcanzar por algo. Estaba dejando que otra persona viera mi necesidad y la satisficiera. No fueron más que un par de segundos, pero aún puedo percibir la sensación de solidez y conexión en mi cuerpo, tal como la sentí entonces.

Los nuevos comienzos suelen llegar por sorpresa. A veces pueden ser estimulantes. De pronto te pillas a ti misma y a tus viejas protecciones con la guardia bajada, como una niña pequeñita que ha conseguido burlar la vigilancia de su madre y de pronto se ve corriendo

---

12. Kegan, *The Evolving Self*, 147-148.

libre por los pasillos del supermercado. Sí, hay una gran sensación de libertad. Los nuevos comienzos son momentos de libertad, momentos de posibilidad, momentos de maravilla en los que realmente *te preguntas* qué pasará después. Ése es el quid de la cuestión de un nuevo comienzo, porque en el trauma nunca te preguntas en realidad qué ocurrirá después, porque tu cerebro y tu sistema nervioso están programados para *saber* qué ocurrirá después: siempre asumes que la situación traumática volverá a darse, y crees estar protegiéndote siempre de lo que ocurrirá después, que es el trauma acaecido previamente.

Así pues, la libertad de la maravilla, de salir al mundo exterior o, simplemente, de establecer una conversación nueva puede resultar sumamente estimulante, pero también puede dar mucho miedo. Puede dar miedo porque estás habituada a saber y planificar, y que te sorprendan no es precisamente lo que esperas. Si existe algo que los supervivientes de un trauma detestan es ser descubierto con la guardia bajada.

Los nuevos comienzos desafían las categorizaciones entre «bueno» y «malo». Las cosas simplemente son. Los nuevos comienzos ofrecen un amplio rango de sentimientos, experiencias y sensaciones; pero, precisamente por ser nuevos, ocupan un espacio diferente. Son aquellas cosas que nunca tuviste la oportunidad de vivir, aquellas cosas que necesitas para remendar el tejido que se rasgó; los nuevos comienzos suelen tener una naturaleza evolutiva que los hace tiernos y preciosos. Son sorprendentes, a veces dan miedo, a veces nos avergüenzan, pero esto se debe normalmente a que quizás te hagan sentir vulnerable, porque eres consciente tanto del *yo que fuiste* como del *yo en el que te estás convirtiendo*. Los nuevos comienzos significan que las cosas son fundamentalmente diferentes. Hay un dicho que dice que «una vez que haces sonar la campana, ya no hay vuelta atrás», y los nuevos comienzos se sienten de esa forma: suenan en tu interior y se convierten en una parte nueva de ti, parte del modo en que te organizas y conectas con el mundo. En cuanto tienes esa nueva experiencia, ya no hay marcha atrás. Eso no significa que no puedas recaer en tus viejos hábitos. Pero ahora, si vuelves atrás, si vuelves a tus viejos hábitos, sabrás que nunca más te sentirás cómodo en ellos. Se convertirán en algo que puedes seguir utilizando por costumbre o rutina, o como una muleta, pero hasta eso termina por incomodarte. No es tanto que cambies el hábito como que te canses de él, dejándolo atrás como algo que ya no te interesa.

Los nuevos comienzos pueden ocurrir en instantes. Normalmente aparecen de forma sorpresiva, pero no hay una emoción correcta o errónea asociada a ellos. He tenido clientes que nunca antes habían sido capaces de llorar, y aquél fue su nuevo comienzo. He tenido clientes que nunca se habían hecho cargo de sus propias responsabilidades, y aquél fue su nuevo comienzo. Y he trabajado en países en los que hacía muchos años que los grupos enfrentados no habían sido capaces de reunirse de forma pacífica para hablar de sus problemas, y ése fue un nuevo comienzo. Así pues, a veces, los nuevos comienzos simplemente aparecen como parte del trabajo, aunque hay otras veces en que necesitan ayuda.

En la fase de Identificación decíamos que jugar es muy útil porque nos permite practicar la conversación y encontrar palabras para nuestras experiencias internas. En la fase de Integración he descubierto que el juego, o al menos una actitud lúdica, puede generar el entorno perfecto para un nuevo comienzo, principalmente porque los nuevos comienzos tratan de la *maravilla* del *no-saber*, y crear este espacio es lo que el juego hace mejor. Un juego de escritura que he utilizado muchas veces con niños clientes es algo que mi terapeuta introdujo en nuestro trabajo un día en el que yo estaba especialmente atascada con las palabras. Es un juego sencillo. Una persona escribe una palabra o una frase, y luego la otra persona escribe asimismo otra palabra u otra frase. Y así sucesivamente hasta que deciden detenerse. Da igual que escribas cosas muy serias, o que te inventes un relato. En realidad no importa. Recuerdo con mucha claridad la experiencia de escribir algo, entregarlo y darme cuenta de que no tenía *ni idea* de lo que iba a escribir después. Y esa experiencia de acomodarte en un espacio de *no tener ni idea* era completamente nueva. Me di cuenta de que nunca me había sentido lo suficientemente a salvo, segura, como para no tener *ni idea* en absoluto, como para no anticipar el siguiente movimiento, como si estuviera jugando una partida de ajedrez a vida o muerte. Los nuevos comienzos son experiencias tan fisiológicas como psicológicas: no sólo sabes, conscientemente, en la cabeza, que algo es nuevo, sino que lo sientes en todo tu cuerpo. Es una sensación eléctrica, como si, de repente, todos los nervios de tu cuerpo se conectaran entre sí de una manera novedosa. O bien pueden hacer que te sientas muy muy despierta. O te pueden noquear si la experiencia se precipita por todos tus circuitos a la vez abrumándolos. Pueden impactarte y sumirte en la excitación, la calma, la tristeza, el cansancio o el pesar. Pero, con el tiempo, ese nuevo comienzo se percibe cada vez más como un espacio abierto.

Sustentando ambos yoes

La guerra es un infierno, pero eso no es ni la mitad, porque la guerra es también misterio y terror, aventura, valor, descubrimiento, santidad, piedad, desesperación, anhelo y amor. La guerra es desagradable; la guerra es divertida. La guerra es emocionante; la guerra es penosa. La guerra te hace un hombre; la guerra te convierte en un muerto.

TIM O'BRIEN, *The Thing They Carried*[13]

L a definición de *integración* es mezclar dos cosas o conectarlas en un todo unificado. Dado que el efecto universal del trauma es que te hace pedazos, el objetivo de la sanación será la integración: crear, o más bien recrear, reconstruir, un todo unificado. Pero lo crucial aquí es que el todo que estás creando es nuevo. No vas a poder volver al yo que fuiste antes del trauma. Estás creando un todo que integre al *tú* que fuiste antes del trauma, al *tú* que pasó por el trauma y al *tú* que ha madurado y se está sanando del trauma.

El proceso de sanación sigue la misma trayectoria del sendero normal de crecimiento y desarrollo. Vas a vivir cosas o vas a elegir cosas que van a traer cambios y te van a llevar a madurar y a cambiar de identidad. Por ejemplo, quizás consigas un empleo nuevo, o bien

---

13. Tim O'Brien, *The Things They Carried*, 235.

te den un ascenso, o puede que tengas una hija o que te divorcies. Se trata de experiencias habituales en la edad adulta, pero experiencias que te exigen algo más. Son experiencias que te obligan a integrar el *tú* que eras antes del cambio, el *tú* que ha pasado por esa experiencia (el nuevo empleo, una hija, un divorcio) y el *tú* que maduró tras el cambio. Retos como éstos, y sus consiguientes integraciones, tienen lugar a lo largo de toda la vida. En mi trabajo, tanto de terapeuta como de *coach* ejecutiva, he podido constatar que hasta estos pequeños retos, con frecuencia felices (un nuevo empleo, un bebé), pueden ser perturbadores. Quizás te exijan un profundo cambio en la comprensión que tienes de ti misma, y también pueden exigirte que aceptes la pérdida de aquella persona que fuiste antes o de las cosas que ya no volverán a ser igual. Pero el proceso de crecimiento y maduración, aún con sus altibajos, es normalmente orgánico; es decir, procede del esfuerzo de tu vida cotidiana, sin que hayas tomado una decisión consciente de madurar. Estos cambios en tu vida te impulsan a hacer el trabajo de integración, y tu entorno cotidiano apoya tal crecimiento. Y normalmente no sabes que estás creciendo y madurando hasta que el proceso ha terminado o ha avanzado lo suficiente.

Sin embargo, no es así en la integración de un trauma repetitivo o de una pérdida traumática. La integración de los hitos del desarrollo normal es un largo camino a nivel del mar. Como mucho, puede ser una caminata por las montañas Catskills; a veces, incluso, una caminata por las Rocosas. Pero la integración de los pedazos desperdigados de un trauma es un recorrido de altitud por encima de los ocho mil metros. Sí, es el mismo proceso, caminar al nivel del mar y caminar los últimos cien metros hasta la cima del Everest precisan del mismo movimiento: poner un pie delante del otro. En el desarrollo normal, los aspectos del *yo* que era yo antes de mi nuevo empleo y los del *yo* que soy ahora con mi nuevo empleo son diferentes, pero están lo suficientemente cerca entre ellos como para que pueda sustentar ambos yoes en mí misma al mismo tiempo. La brecha existente entre ambos aspectos de mí misma, el significado que yo le doy a todo eso, mis visiones del mundo, mis identidades, están lo suficientemente cerca unas de otras como para sustentarlas, acercarlas e integrarlas sin demasiadas complicaciones. Y, con frecuencia, cuando la vida se nos pone cuesta arriba es porque esa brecha entre los distintos aspectos de nosotras mismas es demasiado grande como para que una pueda cubrirla por sí sola. Buscamos ayuda, sea de alguien de la familia, de un amigo o de un profesional, cuando necesitamos que nos echen una mano o una cuerda que nos permita salvar el abismo.

En la sanación de un trauma repetitivo, la tarea de integrar los aspectos del yo consiste en lo mismo que en el crecimiento y el desarrollo normal: sustentar ambos yoes. Dejar que los pedazos, los aprendizajes, los recuerdos y los aspectos del yo establezcan contacto entre sí y se integren. Pero el trauma repetitivo exige una integración más dificultosa que la integración evolutiva normal. Sí, es más difícil sustentar ambos aspectos. Con el trauma repetitivo, el *tú* que eras antes del trauma puede parecerte que está a años luz del *tú* que pasó por el trauma y del *tú* que eres ahora. La brecha entre estos aspectos de ti mismo se te puede antojar tan grande como la hendidura del Gran Cañón del Colorado. De hecho, como hemos visto, las defensas generadas en torno al trauma son las que, en esencia, crearon ese Gran Cañón. Te aseguraste bien de que ambas partes de ti quedaran cada una en un lado distinto del gran barranco, para que no se encontraran de ninguna de las maneras. Era el cañón el que te protegía de lo que sabías y de lo que sentías. Pero el contacto no es contaminación. El contacto es sanación. El contacto es crecimiento, maduración. El contacto es totalidad, integridad. E integridad (reunir las partes disjuntas de ti mismo, de tu historia y de tu experiencia vital) es el objetivo de la sanación. Con la integridad conseguirás tener acceso a todas tus fortalezas y a todo lo aprendido. Dispondrás de acceso pleno a tu experiencia, aunque te resulte difícil de afrontar.

Sustentar ambos yoes exige una palabra, una palabra importante, aunque simple: *y*. No *o* ni *pero*. *Y*. «Me hicieron mucho daño» *Y* «Soy digno de amor». «Lo pasé muy mal con mis emociones» *Y* «Soy capaz de tranquilizarme si se me ayuda». «En la guerra tuve que comportarme de maneras que ahora me avergüenzan» Y «Soy un marido y un padre cariñoso». «Puedo llegar a sentirme profundamente avergonzada» Y «Puedo confiar en que nuestra relación está bien». El mundo del trauma es, frecuentemente, un mundo en blanco y negro: hace que las cosas parezcan esto O lo otro. No esto Y lo otro. Para sustentar ambos yoes vas a tener que decir «y».

Sustentar ambos yoes significa que tienes que sustentarlo todo con sus fortalezas y debilidades, con sus luces y sombras. Hay una rama de la psicología, la Gestalt (gestalt significa «todo» en alemán), que se centra en reunir los pedazos desperdigados y en comprender las relaciones entre cosas distintas u opuestas. La psicología de la Gestalt se centra en las polaridades[14] con la intención de sustentarlas a ambas. Tú tomas dos aspectos que parecen hallarse en los polos opuestos de un continuo; por ejemplo, «ser visto» y «ocultarse». Y luego exploras tus sentimientos con respecto a cada uno de ambos extremos, cuáles son las ventajas y los inconvenientes de cada polo. ¿Qué tiene de bueno ser visto y qué de malo el ocultarse? Sustentando ambos aspectos al mismo tiempo, y sustentando tanto tus fortalezas como tus debilidades, podrás encontrar en tu interior un contenedor capaz de sustentarlo todo: y te darás cuenta de que ambas cosas viven en tu interior y te sirven en ocasiones de diferentes maneras. Conseguirás sentir que esas partes dispares de ti misma también te pertenecen, que forman parte de tu identidad, y así conseguirás integrarlas y podrás trabajar con ellas.

Otro buen ejemplo respecto a sustentar ambos yoes lo podemos hallar en el trabajo de Marsha Linehan sobre terapia conductual dialéctica. Linehan habla de la dialéctica (otro término para sustentar aspectos opuestos) y establece intervenciones cognitivo-conductuales concretas para aprender a sustentar ambos yoes. Linehan ofrece lo que me parece que es uno de los mejores ejemplos de lo que supone la experiencia de integración de dos polaridades. Linehan les enseña a sus clientes a utilizar la mente pensante y la mente emo-

---

14. Barry Johnson, *Polarity Management: Identifying and Managing Unsolvable Problems* (Amherst, MA: HRD Press, 2014).

cional, y denomina la integración de ambos aspectos de la mente como *mente sabia*.[15] Siendo capaz de sustentar ambos aspectos de la mente (la mente pensante y la mente emocional) consigues algo más grande, un todo que es nuevo y que es capaz de más cosas. Al sustentarlas a ambas, no estás decidiendo que una sea mejor que la otra, que la mente pensante sea mejor que la mente emocional, por ejemplo. Al sustentarlas a ambas puedes integrarlas; es decir, puedes conseguir la mente sabia cuando las sustentas a ambas a la vez.

Sustentar ambos yoes permite que las piezas establezcan contacto entre sí. Como dije anteriormente, no puedes forzar la unión de los pedazos; tienes que crear el entorno, crear la conversación que los sustente, del mismo modo que haces con un hueso roto para que sane de su fractura. Tienes que sustentar ambos pedazos tranquila y resueltamente, y confiar en que, haciendo esto una y otra vez, emergerá algo nuevo o encontrarás apoyo para el duelo de algo viejo. La integración estriba en sujetar ambos aspectos y mantenerlos en contacto. En cierto modo, el objetivo de la integración no es sólo sujetar, sustentar ambas cosas, sino sustentarlo todo. Con la experiencia de un trauma repetitivo, rara vez te encuentras con sólo dos pedazos o dos dicotomías que sustentar. Pero tampoco puedes sustentarlo todo a la vez. Aprendiendo a sustentar ambos yoes, desarrollas los músculos para sustentarlo todo. Empiezas experimentando el «algo más» mientras sustentas los puntos fuertes y los débiles de cada pedazo.

En cada uno de los pasos a través de la integración, vas creciendo y vas integrando cada vez más piezas. Cuando yo era niña, el marido de mi abuela, Aubrey, estaba construyendo un avión de madera. Él y mi abuela vivían en una casa de suburbios en Maryland, y Aubrey había convertido el dormitorio de invitados en un taller de carpintería. Dos veces al año, cuando mi hermano y yo íbamos de visita a casa de mi abuela, dormíamos en la carpintería, sobre unos colchones que nos ponían en el suelo. Dormir en el suelo me proporciona-

---

15. Linehan, *Cognitive Behavioral Treatment of Borderline Personality Disorder*, 214-216.

ba un punto de vista increíble desde el cual observar las paredes, que estaban cubiertas de tableros de clavijas. En ellas se sujetaban decenas y decenas de piezas pequeñas de madera pegadas entre sí (piezas curvas, piezas redondas y piezas arqueadas), y algunas de ellas estaban pegadas de tal modo que componían piezas más grandes, que colgaban de un tablero de clavijas diferente. Podías observar cómo se iban desarrollando las alas de los aviones en sus distintas fases de ensamblaje a medida que recorrías las paredes. Aubrey tomaba las piezas más pequeñas, les ponía pegamento y luego las pegaba entre sí. Con el transcurso de los años pude ver cómo tomaban forma las alas. Pues bien, la sanación de un trauma se parece mucho a esto. Es un proceso iterativo, acumulativo. Con cada ciclo, a medida que integras alguna pieza o aspecto, construyes una pieza pequeña, como hacía Aubrey con las piezas de las alas. Al principio, apenas llegas a intuir de qué pieza se trata; no parece que sea importante. Y, ciertamente, no parece que esa pieza vaya a poder soportar tu peso, ni que te vaya a levantar del suelo. Pero las piezas se van añadiendo y acumulando. Con el tiempo, adquieren forma y te ves capaz de ir a lugares que jamás hubieras imaginado.

Sustentar ambos yoes, o bien sustentarlo todo, nos permite también sustentar aspectos del trauma que otras personas quizás no comprendan, pero que pueden ser importantes para ti. En un artículo de la revista *Vanity Fair* sobre el trastorno de estrés postraumático en los veteranos de guerra, Sebastian Junger sacaba a relucir un importante problema que se presenta en toda recuperación de un trauma bélico:[16] que existen partes de la guerra, o partes de nosotros mismos que descubrimos en la guerra, de las que no necesariamente queremos desprendernos. Sí, los soldados sufren un trauma, pero también viven la camaradería y el coraje. Tal como lo describía un soldado: «Había horror, había belleza, y ambas cosas convivían». Muchos soldados experimentan un vínculo tan profundo con sus camaradas que difícilmente podemos encontrar en otras experiencias de la vida.

---

16. Sebastian Junger, «How PTSD Became a Problem Far from the Battlefield», *Vanity Fair,* 7 de mayo de 2015, www.vanityfair.com/news/2015/05/ptsd-war-home-sebastian-junger.

Yo he escuchado afirmaciones similares entre hermanos que habían crecido en familias donde abundaban los malos tratos y que habían confiado el uno en el otro para sobrevivir. Con el trauma, tu identidad y tu supervivencia se entrelazan. El trauma puede llevarte a vivir lo mejor y lo peor de ti misma. Y la sanación del trauma puede ser dificultosa debido a que no es fácil desenmarañar una cosa de la otra. El miedo a perder lo bueno puede llevarte a no querer desprenderte de lo malo.

El trauma puede hacer que las experiencias se vivan de una forma más real que cualquier otra cosa en una vida «normal». El trauma envuelve toda experiencia con una intensidad que puede ser más difícil de recuperar que cualquier violencia. Y cuando la violencia se comparte con camaradas, sea en la guerra, en la familia o incluso en una banda de delincuentes, puede resultar especialmente difícil desprenderse de la experiencia. Y ello no porque quieras volver a la guerra, sino porque echas de menos ese vínculo profundo. Echas de menos que te importe tanto. Echas de menos a alguien y echas de menos que alguien te eche de menos a ti. En toda experiencia de trauma a largo plazo o trauma repetitivo, tu vida rara vez fue una experiencia monocromática. Incluso en el trauma reiterado hubo buenos momentos, hermosos instantes, incluso momentos divertidos. Hubo momentos de valentía y momentos de fortaleza. Y todo eso te pertenece a ti. Es siempre una mezcla de experiencias.

Y no sólo es el trauma el que genera tal mezcolanza de experiencias. La sanación también lo hace. Lo bueno y lo malo se entrecruzan en ambos sentidos. A veces, en la sanación tienes que sustentar las malas experiencias para conservar las buenas. Has de ser capaz de soportar los recuerdos de la guerra para sustentar el recuerdo de tu lealtad como amigo. Sustentar ambos aspectos de la memoria te permite ser un todo. Y en ocasiones también tienes que soportar emociones difíciles, como la aflicción, cuando acaecen cosas positivas en la sanación. La sanación no ocurre a través de un simple bit binario de 1 o 0, en el que la experiencia es una cosa o la otra exclusivamente. Apenas tiene lugar en frases o párrafos, donde hay una línea de pensamiento. La sanación ocurre realmente en la poesía, donde las paradojas se escriben a través de la emoción, de la contradicción y de la metáfora, donde todo puede coexistir. Como decía Rainer Maria Rilke, «Toma tus disciplinadas fortalezas y extiéndelas entre los dos grandes polos opuestos, porque es dentro de los seres humanos donde Dios aprende».[17]

17. Rainer Maria Rilke, «Just as the Winged Energy of Delight», en *The Winged Energy of Delight: Selected Translations by Robert Bly* (Nueva York: HarperCollins, 2004), 177.

La identidad

¿Me perderé por completo a mí misma si pierdo mi cojera?
¿Cómo podría explicar que estas dos mitades dispares, juntas,
suman más que un todo?

BARBARA KINGSOLVER, *The Poisonwood Bible*[18]

Cuando un trauma nos destroza la vida, normalmente se ceba en aquel aspecto de nuestro desarrollo que aún no hemos dominado. Si el trauma repetitivo te acaeció durante la infancia, el punto de desarrollo que queda hecho pedazos es el del *aprendizaje de la confianza básica,* de ahí que pueda resultarte difícil creer en la seguridad o la constancia en las relaciones. También puede resultarte difícil desarrollar el sentido de agencia, esa convicción del yo que afirma «Puedo controlar mis propios actos». Si el trauma reiterado tuvo lugar en la fase final de la infancia o al comienzo de la adolescencia, cuando estás aprendiendo a dominar habilidades, cuando estás desarrollando tus capacidades de aprendizaje y estás aprendiendo a encajar en grupos y colectivos, puede que dispongas de una mayor confianza o capacidad para entablar relaciones que te proporcionen apoyo, pero te va a costar confiar en tu capacidad para desenvolverte bien en algo. Pero, además, las dificultades a la hora de conectar y encajar con grupos de iguales te va a suponer

---

18. Barbara Kingsolver, *The Poisonwood Bible,* 493.

una merma de conocimientos, al menos de aquellos que se pueden obtener fuera del sistema familiar o de las normas sociales; en definitiva, unos conocimientos que pueden ayudarte a navegar por la adolescencia. Por último, si el trauma repetitivo ocurre al final de la adolescencia o en los comienzos de la vida adulta, el aspecto de desarrollo más afectado será el de la identidad. La identidad es la suma, la última edición, del tipo de persona que crees ser; y cuando el trauma destroza este sentido de identidad, sientes una pérdida tremenda, la pérdida de la persona que eras.

La tasa de suicidios entre los veteranos de Irak y Afganistán a su regreso de la guerra ha sido abrumadora. Han muerto más veteranos de estas guerras por suicidio al regresar a casa que en combate directo en ellas,[19] y la gente se pregunta incrédula: «Pero, si consiguieron volver a casa, ¿por qué se quitan la vida ahora?». Sin embargo, ése es el problema de la guerra. Como afirma Gay Bradshaw, «lejos ya de los acontecimientos, cuando el superviviente se libera de esas circunstancias, puede parecer desde fuera que los rastros del trauma han desaparecido: el soldado reanuda la vida normal, la vida familiar se reactiva, se rinde en el trabajo, se celebran las festividades… Pero las apariencias se pueden interpretar erróneamente».[20] El trauma suele verse como una situación de todo o nada. O hay trauma o no lo hay. Las personas que no han pasado por una situación traumática, o que te ven a diario llevando tu vida normal, dan por supuesto que el trauma está superado. Efectivamente, sobreviviste a la guerra, a una relación abusiva o a una infancia de malos tratos. El fin de la situación traumática significa que la sanación puede comenzar. Pero el trauma, en sí, todavía no ha desaparecido. Cuando la gente te ve desde fuera, sólo ven que vives tu vida sin acusar trauma alguno. Pero no pueden ver lo que ocurre dentro, todo el esfuerzo que estás haciendo para sanar e integrar todo aquello que has vivido.

---

19. «VA Suicide Prevention Program: Facts about Veteran Suicide», julio de 2016, www.va.gov/opa/publications/factsheets/Suicide_Prevention_FactSheet_New_VA_Stats_070616_ 1400.pdf.

20. Gay A. Bradshaw, *Elephants on the Edge: What Animals Teach Us about Humanity* (New Haven, CT: Yale University Press, 2009), 119.

Cuando yo iba al instituto, a principios de los ochenta, en Nueva Jersey, había una chica que era una refugiada vietnamita. No hablaba casi inglés, y todos los días iba al instituto vestida con la misma ropa, una falda azul y una camisa blanca. Y en la «selva» en la que se convierte un comedor de instituto en Estados Unidos, la chica buscaba refugio al fondo de la mesa en la que nos poníamos las estudiantes de primer curso. Lo cierto es que elegía bien, pues éramos unas frikis que hacíamos el crucigrama del *New York Times* todos los días, de modo que éramos básicamente inofensivas. Pero una de las cosas que lamento es el no haber sido activamente amable con ella, sino tan sólo pasivamente benévola. Nunca le dimos acogida a aquella chica. Simplemente, dejábamos que se sentara con nosotras. Posteriormente, en mi trabajo en Camboya y en el Sudeste Asiático, me enteré de las vivencias por las que habían pasado en sus viajes familias como la de aquella chica, y si volviera a vivir me encantaría poder ofrecerle algo más que un sitio donde sentarse.

Mi ingenua visión de las cosas en aquellos años no me permitió ver nada más que el hecho de que ahora estuviera a salvo. Había conseguido salir de Vietnam y ya no corría peligro, imaginaba yo, en nuestra ciudad, de modo que todo estaba bien. Era un punto de vista simplista, como el final de la mayoría de las películas: has pasado por una ordalía y terminas viviendo feliz para siempre. No deja de ser una especie de pensamiento mágico, y no deja ver el trabajo que todavía queda por hacer cuando se alcanza la seguridad. Ponerse a salvo no significa que los esfuerzos hayan terminado; significa que es ahora cuando se pueden poner en marcha. Lo que yo no sabía en el instituto acerca de los refugiados de Vietnam y Camboya era que, después de sobrevivir a la guerra y de conseguir escapar de allí, habían arriesgado sus vidas lanzándose al océano en pequeños barcos pesqueros, casi sin comida ni agua, sólo para ser tomados como rehenes de piratas tailandeses, que les robaban casi todo lo que tenían, violaban a mujeres y niñas, y asesinaban o apaleaban a los hombres. Sí, se habían puesto a salvo en un barco pesquero sólo para soportar más trauma repetitivo. Finalmente, llegaban a Estados Unidos.

Esa idea de hallarse finalmente a salvo al final del sendero en lugar de al principio tiene su paralelismo con los problemas que he presenciado en muchos países durante sus posguerras. Todo el mundo asume que un acuerdo de paz marca el fin del proceso de paz, que la vida puede regresar a la normalidad. Pero, como afirma John Lederach, un experto en construcción de paz, «en realidad, las cosas son al revés. […] En realidad, los acuerdos de paz significan que toda una serie de nuevas negociaciones, a menudo más arduas y difíciles, acaba de comenzar».[21] Un acuerdo de paz significa que el trabajo puede comenzar. Es así con los países, y también con las personas.

El problema al que te enfrentas como una persona adulta que ha pasado por un trauma reiterado es que se te trata como a un individuo y no como al país dividido en que, normalmente, te has convertido. Cuando llegaste al trauma (la guerra o una relación abusiva) tenías una identidad intacta. Entraste con una identidad, y te aferraste a ese yo todo cuanto pudiste. Pero llegó un momento en que las circunstancias de la mera supervivencia exigieron que te comportaras de un modo que iba en contra de tu identidad. Ya no te podías apoyar en tu vieja identidad porque entonces eras *también* la otra identidad, y tu viejo yo *jamás* habría aceptado a este nuevo yo.

Pero durante la crisis o la guerra, no pasa nada por encarnar ese nuevo yo de supervivencia. Puedes dejar atrás el viejo yo. Puedes fingir que no existe. Puedes imaginarte que ha desaparecido. Pero luego vuelves a casa o te alejas de la situación traumática, y entonces puedes ver al viejo yo reflejado en los ojos de las personas que te echaban de menos. Lo ves en los lugares en los que vivías, en las fotos familiares, en las bienintencionadas bienvenidas de los amigos… Tu viejo yo y tu nuevo yo: dos identidades, ahora enemigos jurados a ambos lados de la zona desmilitarizada de tu corazón. Comienza el enfrentamiento.

La gente que te quiere intenta ayudarte. Te dicen que te quieren, que ya ha pasado todo y estás bien. Te ven a salvo, en esta orilla.

---

21. Lederach, *The Moral Imagination,* 47.

Piensan que tu guerra ha terminado, y que, dado que has regresado, todo está bien. No saben que el verdadero trabajo acaba de empezar, que todavía tienes que elaborar un acuerdo de paz entre los dos yoes diferentes que llevas en tu interior: que tienes que comenzar con una tregua, no terminar con ella.

Edward Tick señala: «Los veteranos saben que, habiendo estado en el infierno y habiendo regresado, ahora son diferentes. Tenemos la esperanza de que dejen atrás la guerra y se unan de nuevo al flujo cotidiano de la vida civil. Pero para ellos es imposible hacerlo, y es un error por nuestra parte pedírselo». Como veterano de guerra, Tick escribe sobre sus notas, cada vez que alguien le pregunta cuándo regresó de Vietnam, él normalmente responde, «Anoche».[22]

Cuando escuchas los relatos de aquellas personas que fueron traumatizadas en la infancia, normalmente te encuentras con su necesidad de encontrar un yo: en realidad, nunca crecieron. Vivieron en algo parecido a un yo, esperando una mayor estabilidad antes de intentar crearse un sentido del yo. Sin embargo, cuando escuchas los relatos de aquellas personas que fueron traumatizadas al final de su adolescencia o ya como adultas, sueles escuchar la expresión *muerte del alma*. En vez de tener la sensación de que nunca vivieron, como aquellas personas que sufrieron malos tratos o abusos en la infancia, los adultos que resultaron traumatizados tienen la sensación de que una parte de ellos murió. Tienen la sensación de que su viejo yo, su alma, murió. La muerte del alma viene a ser el dolor fantasma de trastorno de estrés postraumático. Se trata de un dolor real, vivido, que los demás no pueden ver, lo cual hace verdaderamente difícil captar lo que se necesita para empezar: la validación de la pérdida, del dolor, de la experiencia de vivir como un país dividido, como una persona cuya alma ha muerto o sigue en coma.

El trauma fragmenta. Puede fragmentar la memoria, la experiencia y el yo. Y esto es especialmente cierto cuando lo que quedó destrozado fue la identidad. Lo que hay que hacer entonces es, una vez

---

22. Edward Tick, *War and the Soul: Healing Our Nation's Veterans from Post-Traumatic Stress Disorder* (Wheaton, IL: Quest Books, 2005), 99.

más, *sustentar, sostener ambos yoes:* el *yo* que yo era y el *yo* que soy ahora. Sustentar ambos yoes para que puedan entrar en contacto y puedas volver a ser un todo. Sé que existen partes de ti que no quieres asumir como propias, partes de tu historia o de tu comportamiento que no quieres saber que son ciertas, partes que desearías dejar atrás, partes que, incluso, creíste *haber* dejado atrás. Cuando las sustentes, experimentarás aflicción; la aflicción por lo que tuviste que pasar, por lo que perdiste, por el yo que eras y por las cosas que hiciste. Sentirás aflicción por una vida que ahora es ya imposible, por aquella vida que tu pensaste que ibas a vivir. Pero el duelo por la pérdida –integración– llega con la posibilidad. Tendrás también instantes de nuevos comienzos. Verás quién eres por el hecho de haber superado tan terribles instantes, por haberte enfrentado a los demonios de dentro y fuera. Te expandirás para poder *sustentar ambos yoes;* de hecho, a través de tu trabajo de sanación, te expandirás para *sustentarlo todo.* No sólo te curarás, sino que dispondrás también de la capacidad para asumir el dolor de otros y sustentarlo.

Prácticas útiles para la integración

¿Qué apoyos puedes encontrar para tus esfuerzos aquí, en la fase de Integración? En primer lugar, algo que te ayude a ir más despacio, a estar presente y en conexión contigo misma y en la relación con tu terapeuta o grupo. Ir más despacio te va a resultar útil para contar tu historia y absorberla. En la fase de Integración vas a necesitar espacio y tiempo para asumir la totalidad de tu experiencia. Y aunque el reconocimiento del relato íntegro puede ser una súbita toma de conciencia, el trabajo de integración supone también ir más despacio con el fin de dejar que tal reconocimiento se sumerja en tu interior y se entrelace en el tejido del quién eres. Para esto hace falta tiempo. Recuerda que, en la fase de Integración, estás construyendo sobre el trabajo realizado en las fases previas. Muchos de los ejercicios que realizaste en ellas te permitían cultivar los músculos que ibas a necesitar en esa fase en particular, pero también estabas cultivando los músculos que ibas a necesitar en la fase de Integración. Debido a la aflicción que se puede llegar a sentir en la fase de Integración, quizás te venga bien recurrir a las prácticas de la fase de Inintegración, que te ayudaron a tranquilizarte y gestionar mejor tus emociones. En la fase de Inintegración te esforzaste por tomar conciencia y por expandir tu ventana de tolerancia, y los ejercicios que te ayudaron allí harán que te resulte más fácil ahora sustentar tu historia y la aflicción que pueda llegar con ella. Así pues, puede resultarte útil revisar todo aquello que te ayudó a gestionar mejor tus emociones durante la fase de Inintegración, para que así tengas claro lo que te puede ser útil y lo que no.

La integración es un buen momento para recuperar tus ejercicios de *mindfulness* y de autoconciencia. El proceso de integración supone un gran cambio de perspectiva. Te lleva desde una experiencia traumática fragmentada y en cierto modo omnipresente, a través de los recuerdos intrusivos o las protecciones que utilizabas, generando un cambio de perspectiva en el que el trauma se desplaza al pasado, al cual pertenece. El *mindfulness* potenciará tu capacidad de observación, lo cual te permitirá captar lo que veas. Te ayudará a conectar lo que ocurre en tu mente con lo que está ocurriendo en tu cuerpo. Este aspecto integrador del *mindfulness* te permitirá sustentar más partes de tu relato y de tu experiencia. Y todo esto no sólo te servirá con el trauma que ahora ya eres capaz de sustentar, de soportar, sino también con las experiencias de nuevos comienzos. El hecho de ser capaz de encontrar tiempo, espacio y consciencia para sustentar estas nuevas experiencias y permitirles que formen parte de tu pensamiento y tu experiencia física constituye una buena parte de la curación.

La música también puede ser útil durante esta fase para reconocer la totalidad de tu relato. Puedes hacerte una lista de canciones o melodías que sustenten todos los aspectos de ti o que reflejen de algún modo el trabajo de integración que estás llevando a cabo. Puedes escuchar esa lista de reproducción y reflexionar simplemente en ese aspecto de ti o de tu historia que cada canción refleja. También te puede ayudar a sustentar partes de tu historia o tu historia al completo de un modo diferente. Si tus inclinaciones son más bien visuales, puedes hacer un *collage* de todas aquellas cosas que te llegan en este momento, para luego colgarlo en algún lugar de la casa donde puedas verlo. Aunque escribir el diario puede ser un importante apoyo de tu trabajo en otras fases, en la fase de Integración podrías utilizar este ejercicio para desarrollar una versión más coherente de tu experiencia y de tu historia. Plasmar por escrito tu experiencia te llevará a fortalecer la conexión entre tu experiencia emocional y tu experiencia verbal. Escribir puede convertirse en una forma íntima y tranquila de absorber tu historia, y te puede dar la oportunidad de leerla y releerla, para que puedas integrarla realmente en tu interior.

Aparte de la terapia, éste es un buen momento para tomarte las cosas con más calma, si ello te es posible. En todo momento importante de duelo o crecimiento vas a necesitar más tiempo para descansar y cuidarte un poco. El descanso y el cuidado de sí mismo lo entiende cada persona de un modo diferente debido a que cada una tiene distintas necesidades energéticas y de renovación. A lo largo de todo el viaje curativo era importante que cuidaras de ti, pero en la fase de Integración este cuidado se convierte en algo crucial. En cierto modo, los cuidados y el descanso forman parte de los nuevos comienzos, forman parte de esa otra forma de vivir la pérdida originada por el trauma, y de afrontarla como una pérdida y no como algo que hay que enterrar e ignorar para sobrevivir. Ahora ya sabes cómo enfrentarte a las dificultades para seguir adelante. Sin embargo, a través del proceso de sanación aprendes también en qué consiste una vida en la que te tomas tiempo para sanar, para obtener apoyos y cuidar de ti mismo. En mi trabajo, los clientes suelen encontrar en esta fase experiencias e imágenes que les permiten sentir verdaderamente el descanso, los cuidados y la seguridad que tantos esfuerzos les ha costado crear. Entre las imágenes que evocan hay desde el recuerdo de determinados paisajes hasta lugares de retiro completamente imaginarios, y mis clientes intentan sustentar en la realidad esas imágenes disponiendo una hamaca en el patio trasero o adecentando un rincón de lectura en su estudio o despacho.

Claro está que no siempre es posible hacer estas cosas, pero, cuando es factible, la fase de Integración se convierte en un buen momento para aligerar un poco de trabajos extra tus horarios semanales. Es un buen momento para conformarse con un suficiente o un aprobado en la vida cotidiana, en vez de buscar el sobresaliente. Disponer de tiempo para cuidar de una misma y reflexionar es importante, pero si dispones de más espacio y más tiempo vas a reducir tu nivel general de estrés y tu ritmo de vida. La integración se ve sustentada así por la lentitud y la tranquilidad, ofreciendo de este modo la oportunidad de moverse de forma más tranquila y deliberada. Es un buen momento para darse largos paseos por la naturaleza, en los que puedes practicar tus habilidades de observación y el tomar conciencia de tu cuerpo a través del movimiento.

PARTE 6

Consolidación

Las dificultades para lograr una paz duradera en contextos de violencia prolongada sugieren que sabemos más acerca de cómo terminar con algo doloroso y dañino para todos, pero menos acerca de cómo construir algo deseado.

JOHN LEDERACH, *The Moral Imagination*[1]

---

1. Lederach, *The Moral Imagination,* 41.

La Consolidación

Yo viajo mucho por razones de trabajo, pero el pasado otoño decidí tomarme un día y hacer una pausa entre ciudad y ciudad. Pasé una noche más en Austin antes de ir a Nueva York. Teniendo todo el día para mí, opté por hacer una visita al Centro de Flores Silvestres de Lady Bird Johnson, una reserva de vida salvaje de en torno a 115 hectáreas. La misión de Lady Bird Johnson estriba en crear, conservar y restaurar paisajes autóctonos para las plantas y la vida salvaje. Llegué allí a primera hora de la mañana, y con el mapa en la mano me puse a caminar por sus senderos. El primer sendero que elegí serpenteaba entre lechos de flores silvestres cubiertas de mariposas. Me volví hacia un hombre que había a mi lado y le comenté algo acerca de lo insólito de tantas mariposas. El hombre, que llevaba una cámara con un objetivo grande, me dijo, «Eso no es nada. Vuelva a mediodía, cuando el sol esté alto y haga calor. Verá miles de mariposas». En ese momento me pareció muy extraño aquello, porque yo había situado por error a las mariposas en la categoría de los animales que buscan la sombra ante la fuerza del sol del mediodía. Pero después de leer algo acerca de las mariposas me enteré de que les resulta más fácil volar cuando alcanzan una temperatura interna de 27,7 grados. De hecho, no pueden mover en absoluto las alas si están demasiado frías. Los músculos de las alas de las mariposas deben de estar calientes para poder aletear. Ése es el motivo por el cual las mariposas disfrutan bajo el sol. Son unas consumadas maestras en el arte de detenerse para absorber energía. Se posan sobre una flor, absorben la energía del sol, calientan sus músculos y se preparan para el siguiente vuelo.

De modo que, aunque no creía que me fuera a encontrar con más mariposas de las que estaba viendo, hice lo que aquel hombre me había sugerido y volví al mediodía para encontrarme con la exhibición de mariposas más espectacular que haya presenciado jamás. Había miles de ellas, y tenían un efecto hipnótico. De hecho, no podía alejarme de ellas. Intentaba alejarme para recorrer otros senderos y, de pronto, desandaba mis pasos deambulando para volverme a parar entre las mariposas de nuevo. Era mi día de descanso, y allí estaba con miles de maestras del descanso sólo para mí, tomando el sol y recuperando fuerzas para volver a volar.

La curación de un trauma requiere también de una fase para hacer acopio de energía, y la fase de Consolidación es ese lugar tranquilo donde descansar. Se trata de una fase que puede parecer que está velada, que es invisible, ingrávida. Hasta puede resultar fácil pasarla por alto y no percatarte de ella cuando estás en ella. Puede llevarte un tiempo hasta que reconoces el paisaje. Cuando me tropiezo con esta fase sé que *debería* reconocerla por su sensación de calma y de descanso. Pero no lo hago. Siempre estoy buscando el siguiente hito en el camino, de tal modo que, cuando entro en esa fase, estoy ansiando regresar al trabajo que dejé a mitad. Es más tarde cuando me convenzo de que estoy en modo preparación de nuevo, cuando no lo estoy.

Descansar es un requisito paradójico del esfuerzo y el trabajo duro. Descansar es un requisito previo en el cultivo de la fuerza y la construcción del aprendizaje. Una de las primeras áreas en las que los investigadores descubrieron la necesidad de un período de descanso con el fin de ganar más fuerza fue en el área de los deportes. En el mundo deportivo existe un modelo de entrenamiento denominado *periodización,*[2] que «implica ciclos progresivos de diversos aspectos de un programa de entrenamiento durante un período concreto de tiempo». Este régimen de entrenamiento está diseñado para que la deportista se haga progresivamente más fuerte. Con anterioridad al descubrimiento de la periodización, los deportistas se excedían en los entrenamientos y terminaban lesionándose. Se esforzaban cada vez más, intentado ganar en fuerza y velocidad, pero el esfuerzo continuado no permitía que los músculos se repararan ni se recuperaran. Poco a poco, con el tiempo, en vez de hacerse más fuertes, los músculos terminaban por romperse. Lo que hace que los músculos se fortalezcan es el hecho de que el esfuerzo causa pequeñas roturas de fibras en los músculos, y los períodos de descanso permiten que éstos reparen esas roturas, haciéndolos más fuertes de lo que eran.

Al igual que en la fase de Preparación, la fase de Consolidación puede no recibir la atención suficiente o, incluso, puede ignorarse por completo. Durante largos períodos en el trabajo de sanación de un trauma, las emociones, la historia y las luchas son las únicas cosas en las que puedes fijar la atención en realidad. Pero a medida que trabajas con los pedazos de tu dolor en la fase de Integración, de repente te encuentras con que no sientes nada en particular. Esto es algo que al principio puede resultar un tanto desconcertante para aquellas personas que normalmente se insensibilizan o se entumecen bajo el estrés. ¿Será que me he insensibilizado otra vez? Pero no es eso. Lo que estás experimentando en realidad es paz, calma. Estás sintiendo la ausencia de estrés. Es la diferencia entre no sentir dolor porque te has tomado un analgésico y no sentir dolor porque la enfermedad se ha curado. Se da una extraña apertura en la fase de Consolidación. Y digo *extraña* porque probablemente te va a parecer algo novedoso, dado que las sensaciones de apertura o libertad son raras para las personas que han pasado por un trauma repetitivo. Puede que no las reconozcas.

---

2.   Christopher Frankel y Len Kravitz, «Periodization: Lates Studies and Practical Applications», *IDEA Personal Trainer* 11 (2000), 15-16.

La consolidación es un estado en el que no se anhela nada ni se busca nada. Es un lugar de descanso. Creo que es aquí donde tu cuerpo, tu sistema, tu cerebro absorben los cambios que han tenido lugar. Es un estado a partir del cual puedes crecer, madurar de nuevo.

Cuando no siento el esfuerzo, el forcejeo, doy por supuesto que estoy de nuevo en modo preparación, y miro a mi alrededor para ver qué toca ahora. Pero la fase de Consolidación no es un Campamento Base, es un Campamento Base Avanzado, que incorpora tanto el trabajo de consolidación como el siguiente trabajo de preparación. La consolidación estriba en solidificar el trabajo realizado hasta el momento, dejar que se asiente, relajarte en los nuevos músculos, los nuevos pensamientos y las nuevas formas de ser. Luego, la preparación se encarga de la pregunta de «¿Y ahora qué?». ¿Qué está ocurriendo, en qué hay que trabajar ahora, qué hay que cambiar, tomando como base el trabajo realizado hasta el momento?

Éste es el motivo por el cual la periodización supuso un avance tan importante en el entrenamiento de los atletas. A los deportistas se les da bien el esfuerzo, saben lo que se siente con ello. Hay una satisfacción inherente en el esfuerzo y el trabajo duro. Pero resulta que a los deportistas no se les da bien saber cómo y cuándo parar y descansar. Si se les deja a su aire, los deportistas tienen la tendencia a excederse con el entrenamiento. Se esfuerzan demasiado y durante demasiado tiempo, haciendo que los músculos terminen por colapsar, con el consiguiente descenso en salud y rendimiento.

La consolidación aparece por sí sola. Parece que sigue de forma natural a la fase de Integración, y su duración da la impresión de que también se determina de manera natural. En la fase de Integración aminoraste el ritmo y asumiste tu historia traumática, y aquí, en la fase de Consolidación, lo que haces es dejar que todo el trabajo realizado hasta el momento se asiente y se convierta en parte de lo que sabes de ti misma. En función del trabajo que se esté llevando a cabo, puede durar días o semanas. Tanto en mi faceta de deportista como en mi faceta de cliente recuperándose de un trauma, yo hubiera confiado más en los períodos de descanso si hubiera visto que sucedía algo. Me hubiera gustado disponer de alguna ayuda visual de algún tipo, como el símbolo de la batería que se llena cuando pones a cargar tu *smartphone*. Y tanto en el deporte como en la terapia, normalmente proseguía con mi camino sin esperar a que concluyeran estos períodos de descanso. De hecho, muchas veces forcejeaba con ellos. Me esforzaba por sentir que estaba haciendo algo, pero no hacía otra cosa que terminar exhausta y con la necesidad de un período de recuperación posterior. Forzaba el período de descanso, pero luego me llevaba mucho más tiempo recuperarme porque entonces tenía que hacer reparaciones.

Todo aprendizaje requiere de descansos, lo cual puede ser en realidad una de las principales funciones del sueño. Como ya vimos en el capítulo de la memoria, tenemos dos sistemas de memoria principales: uno que es rápido (la memoria a corto plazo, que se basa en el hipocampo) y otro que es lento (la memoria a largo plazo, que se basa en el neocórtex). Pues bien, parece que el descanso contribuye enormemente a trasladar información desde la memoria a corto plazo hasta la memoria a largo plazo.[3] Necesitamos de un sistema que sea capaz de recoger información con rapidez y utilizarla si es necesario. Pero también necesitamos de un modo de entretejer la información nueva con la vieja, y esto ocurre durante el descanso.

La consolidación no sólo es diferente en cada persona, sino que es diferente también en la misma persona cada vez que pasa por ella, lo cual explica también por qué es tan difícil de reconocer. De un modo no muy diferente a sus homólogas en el deporte, se necesitan distintas formas de descanso activo y descanso total, todo ello en función del trabajo que se esté realizando durante los períodos de trabajo. Yo me he pasado períodos de consolidación durmiendo muchísimo, y me he pasado otros de estos períodos trabajando intensamente fuera del país. En ambos casos, el trabajo con el trauma se hallaba visiblemente en suspenso, pero la restauración estaba tenien-

---

3.   Jan Born e Ines Wilhelm, «System Consolidation of Memory during Sleep», *Psychological Research* 76 (2012), 192-203; Michaela Dewar *et al.,* «Brief Wakeful Resting Boosts New Memories over the Long Term», *Psychological Science* 23 (2012), 955-960.

do lugar de otras maneras. Hay veces en que una tiene la sensación de que necesita un descanso total: dormir, leer, ver la tele, pasar el tiempo en la naturaleza… Y hay veces en que una tiene la sensación de que necesita un descanso activo: volver a centrarte en tu vida, experimentar con algo nuevo, dar la oportunidad de estirarse a esos músculos que se han estado desarrollando… A medida que pases por la fase de Consolidación irás reentrando gradualmente en la fase de Preparación. Cuanto más tiempo te lleve el trabajo, más breve será la fase de Preparación, en parte porque comenzará de forma natural cuando llegues al término de tu período de descanso.

El modo bien

Hace poco, mi terapeuta me sugirió que debía estar más tiempo en *modo bien*. Me dijo que yo estaba recelosa del *bien* porque si yo tenía la sensación de estar «bien», me iba a dejar que caminara sola. Comentó que, en ese momento que me sentía bien, mi guía podría ocuparse de otras personas y yo podría quedarme en la cuneta. O, dado que estás bien, ¿qué tal si me ayudas tú a mí ahora? ¿Estaba *bien* el témpano de hielo emocional? ¿Sería todo como el juego de Serpientes y Escaleras, que si caes en el cuadro *bien* te deslizas por todo el tablero hasta el principio del juego? ¿O me acostumbraría tanto al *modo bien* que no tendría la paciencia suficiente para continuar con el trabajo curativo que aún quedaba por hacer?

Así es la vida, que no tienes que preocuparte de que las cosas vayan a ir bien en todo momento, sea lo que sea lo opuesto a *bien*. La vida discurre sobre sus propias olas. Puede haber tormentas, huracanes o tsunamis, y tienes que apreciar los días de calma, los días *bien*. Me acuerdo de un amigo de mis padres, un veterano de Vietnam, que se había dedicado a entrenar perros para el Ejército. Hablaba con mucho cariño de la época que había pasado con aquellos perros, incluso me mostró una foto en la que se le veía dándoles de comer. Era un hombre bronco que jugaba a *softball* con mi padre; bebía mucha cerveza y era ruidoso. Pero hablaba de los perros y de las puestas de sol en Vietnam. Encontraba momentos buenos hasta en la guerra, y lo mismo en tiempos de paz. Busca momentos *bien*, momentos buenos. Consigue minutos, horas incluso días de bien.

Unas vecinas mías tienen un disco de 45 revoluciones por minuto de los Byrds cantando «Turn! Turn! Turn!» en el que cantan el famoso versículo bíblico que la gente viene recordando desde hace miles de años: «para todo hay un tiempo, un tiempo para cosechar y un tiempo para sembrar». Pues bien, la consolidación es el tiempo de la cosecha, la temporada del *bien.* El tiempo de la paz. El *bien* no niega el trauma. No es «Si estás bien es que nunca sucedió» o «Ahora que estás bien tienes que permanecer bien y estarás curado». Es el momento de tomarse un respiro y desarrollar cierta capacidad para relajarse en el *modo bien.*

En realidad, esto es más necesario de lo que imaginas. Teniendo en cuenta el principio de que las neuronas que *se activan juntas se conectan entre sí,* pasar tiempo en *modo bien* construye redes neuronales de paz y de calma. Las personas que están curándose de un trauma repetitivo han pasado demasiado tiempo en el terror, el miedo, la ira o la insensibilidad. Sus redes neuronales están construidas para acoger tal tipo de emociones y para los pensamientos que las acompañan. Pero ahora hay que equilibrar eso. Tienes que construir las redes neuronales para el *modo bien.* Tienes que construir receptores neuronales que sean capaces de absorber lo positivo: sensaciones positivas, expresiones faciales positivas, palabras positivas. ¿Reconoces estas cosas cuando las sientes, cuando las ves o las escuchas? En la sección de la fase de Preparación hablé de la práctica de la gratitud, de tomarse tiempo al término de cada día para reflexionar, y después plasmar por escrito, tres cosas por las cuales te sientas agradecida. En la fase de Consolidación cambiaste esta práctica por la de tomar conciencia y asumir lo positivo. Todas las noches, reflexiona y anota todas las veces en que te has sentido cuidado, las sonrisas de las que te has dado cuenta, los buenos sentimientos que has experimentado. Entrena tus sentidos para tomar conciencia de todo esto.

El hecho de que el trauma sea algo que te resulte familiar, que te resulte conocido, puede llevarte a sentir que el trauma es un sitio seguro, y que el *modo bien* lo sientas, irónicamente, como algo inseguro. Cuando doy con la fase de Consolidación, normalmente me descubro a mí misma ahí, y puedo pasarme algún tiempo disfrutando de la experiencia. Pero si pongo mi conciencia en ello me siento como el Coyote cuando se da cuenta de repente de que ha salido corriendo hasta más allá del borde del precipicio. El Coyote se sentía bien corriendo hasta que, súbitamente, constata que ya no hay algo sólido bajo sus pies, y entonces cae como una piedra y se aferra desesperadamente al borde del precipicio. Cuando me doy cuenta de repente de que estoy en *modo bien,* me olvido de dejar reposar la cabeza y flotar; a menudo me pongo a dar vueltas, buscando algo a lo que aferrarme. Tengo que recordarme constantemente a mí misma que, de hecho, estoy bien, que puedo flotar, que puedo nadar, que el agua no es tan profunda. Incluso puedo salir y sentarme en una hamaca en la playa.

Asimilar lo positivo puede precisar de tanta práctica como aprender a gestionar las emociones difíciles. Éste es el error en el que se suele caer en sistemas más grandes, tras un conflicto a nivel de naciones y en la reconstrucción posterior a una guerra: que se suelen retirar las ayudas tan pronto como los problemas emergentes parecen estar solucionados. Las ayudas se llevan a la siguiente crisis o se trasladan al problema que dispone de más fondos. Con el peligro superado, y con una infraestructura mínima en marcha, las naciones que ayudan suponen que el país va a poder reconstruir el resto por sí solo. Pero, como la historia nos demuestra, lo habitual es que los países que reciben las mayores ayudas en lo bueno y en lo malo son los que se recuperan por completo. Así pues, tú tienes que ser capaz de pasar tiempo en *modo bien* a fin de consolidar lo que está yendo bien, lo que has aprendido. Necesitas tiempo para experimentarte como algo sólido, para pensar con claridad y tomar decisiones desde un lugar en *modo bien,* y no desde la supervivencia.

Por tanto, ¿qué aspecto tiene el tiempo que se pasa en *modo bien?* Se parece mucho a la vida de la mayor parte de las personas y del resto de los días. Es como si estuvieras haciendo lo que hay que hacer, pero viviendo en realidad en la experiencia presente. Cuando estás haciendo galletas, estás haciendo galletas. Si estás lavando el automóvil, estás lavando el automóvil. Hablas de cosas mundanas y de los sueños de los que hacía tiempo que no hablabas. Eres capaz de hablar de *otras* cosas en tu vida, aparte de tu terapia y del trauma. Y no por ello ignoras el trauma ni lo apartas; simplemente, no está a la vista. Esto es lo que pasa con la fase de Consolidación, que no trabajas con ella, que simplemente dejas que suceda, cabalgas sobre la ola. Te apartas de su camino para que pueda obrar su poderosa magia curativa en ti.

Apartarse de su camino. Parece simple y, sin embargo, debido a que el *modo bien* es lo que estás aprendiendo ahora, te va a parecer un paso de baile más complicado que el tango, en comparación con el trauma al que estás habituada. Y quizás el baile sea una buena metáfora. El *modo bien* es el que te lleva en el baile; lo único que tienes que hacer tú es relajarte y seguirle. Pero aprender a seguir no es fácil. Tienes que confiar, dejarte llevar, respirar, relajarte activamente. A veces, cerrar los ojos puede ser útil, recordarte a ti misma que te estás dejando llevar, que no estás al cargo del baile en estos momentos. Apartarse de su camino. Yo aprendí lo que era apartarse del camino cuando me dedicaba al remo. Después de dar una palada hay un período de recuperación en el cual los remos están fuera del agua y la embarcación se desliza por la superficie. En esos momentos tienes que aquietar el cuerpo y las manos, y tienes que apartarte del camino en el trabajo que la embarcación está haciendo por sí sola a partir del impulso que le diste. Debes mantenerte fuera del camino con el fin de recuperarte, para dar otra fuerte palada y que la embarcación se deslice por sí sola de nuevo.

El ciclo de sanación se reanuda

> La seguridad del Campamento Uno no le proporcionaba dema-
> siada paz a mi mente, no obstante, pues no podía dejar de pensar
> en aquella losa tan ominosamente inclinada que había un poco
> más abajo, y en el hecho de que tendría que pasar por debajo de
> su vacilante masa al menos siete veces más para poder alcanzar
> la cima del Everest.
>
> JON KRAKAUER, *Into Thin Air*[4]

Los libros son lineales. Tienen un principio, una mitad y un final. Van desde un extremo al otro. Por eso es difícil captar verdaderamente la naturaleza de un ciclo en la forma de un libro. Cuando me planteé escribir esta obra por vez primera, lo que quería era que cada parte del ciclo fuera un libro separado, al igual que se hace con las guías de caminos de cordilleras y sierras, que se dividen en manuales de montaña más breves. Si cada fase tuviera su propio libro, pensaba yo, nadie se sentiría presionado para pasar a la siguiente fase del ciclo hasta que se sintiera capacitado para ello. En un libro en el que se describe un ciclo hay algo que te hace sentir que *debes* seguir adelante hasta la siguiente fase, como si este proceso se pudiera hacer rápidamente o en línea recta. El problema que planteaba mi idea de hacer un libro separado para cada fase era, claro está, que no es nada práctico publicar seis libros diferentes en una caja delicadamente decorada. De ahí que

---

4. Krakauer, *Into Thin Air,* 84.

no hayamos tenido más remedio que adoptar el formato estándar de un libro con su naturaleza lineal.

Por tanto, aquí, en la fase de Consolidación, antes de comenzar de nuevo con la fase de Preparación, creo que es importante que dediquemos un espacio a hablar de lo que suponen los ciclos, pues seguirás dando vueltas, recorriendo ciclos, en tu proceso curativo. Eso quiere decir que llegar al final de este libro no es un final, sino un momento para reflexionar y volver al principio de nuevo, un mo mento para interiorizar lo que queda por hacer. Ésta es la verdadera naturaleza de la curación y del crecimiento, incluso del crecimiento saludable. Realizar ciclos significa que el proceso curativo está yendo bien. Normalmente, no tienes que hacer nada al respecto. Si estás implicada en la sanación, te vas a mover a través de ciclos. En este capítulo me gustaría hablarte del cambio de una fase a otra, y de cómo las fases pueden diferir un poco desde el inicio de tu viaje curativo hasta el final.

La preparación

Mientras te encuentras en la fase de Consolidación, quizás te perca-tes de que tu mente comienza a proyectarse hacia la siguiente pieza del trabajo. Pero no tienes por qué apresurarte, porque tu inconsciente dispone de un soberbio sentido para saber cuándo está listo para reanudar la escalada. Después de descansar en el Campamento Base durante un tiempo podrás preparar la siguiente escalada; es decir, tendrás que volver a la fase de Preparación. En la primera parte del tratamiento, la fase de Preparación puede hacerse especial-mente larga. Es la fase en la que te vas conociendo a ti mismo y vas conociendo a tu guía o grupo, en la que vas aprendiendo a confiar en ti mismo y en ellos. Te animo a que pases tanto tiempo como puedas en esta fase, apuntalando o fortaleciendo cualquier cosa que lo pueda necesitar. El tiempo pasado aquí es tiempo bien empleado, pues el resto de las fases de tu viaje curativo serán más suaves. Con el transcurso del viaje curativo, vas a dedicar cada vez menos tiempo a la fase de Preparación, que se irá transformando progresivamente en una fase de simples comprobaciones: ¿cómo está yendo todo? ¿A qué cosas tenemos que prestar atención? ¿Qué podría fortalecer la relación terapéutica? ¿Qué podría proporcionarme más apoyos fuera del tratamiento?

Quizás te des cuenta de que pasas más tiempo en la fase de Preparación tras separarte de tu grupo o de tu guía. O puede que pases más tiempo en la fase de Preparación tras una crisis o un contratiempo. De hecho, yo recomiendo que, después de cualquier crisis o contratiempo (una pérdida, una recaída, un exceso de autocrítica, una enfermedad), te tomes algún tiempo en la fase de Preparación de forma intencionada, con independencia de dónde te halles en tu viaje curativo. Conviene que lo hagas para discernir qué apoyos puedes encontrar en tu sanación, o qué puede haber causado o contribuido a tu contratiempo o recaída. Siempre vendrá bien en el proceso sanador detenerse y tomarse algún descanso, adoptar cierta perspectiva y fortalecer la relación con tu guía o tu equipo de apoyo. Recuerda que la fase de Preparación estriba en fortalecer todos tus recursos, incluido tu yo físico. Puede haber partes de tu viaje en las que te centres más en los aspectos físicos de la recuperación o en la reconexión con tu cuerpo, y puede haber partes de tu viaje en las que te centres más en tu vida laboral, tu vida familiar o en tus creencias espirituales.

Estaría bien que, cuando vayas a introducirte de nuevo en la fase de Preparación, te vuelvas a leer la sección correspondiente de este libro. Puede haber partes de esta sección que te parecieran importantes al principio y ahora carezcan de importancia para ti, y puede haber partes que ni siquiera recordabas y que ahora se te antojen relevantes. Utiliza esa sección para recordar todo aquello a lo que tienes que prestar atención con el fin de sustentar tu trabajo y tu paciencia durante esta fase. Tanto la fase de Preparación como la de Consolidación pueden ofrecerte buenos momentos para la reflexión, por lo que podrías elegir una de estas fases para centrarte más en tu diario o en la escritura, con el fin de hacer balance de lo conseguido en cada ciclo. ¿Qué cambios ha habido desde la última vez que pasaste por esta fase? ¿Qué puedes hacer ahora que antes no podías hacer? ¿Qué cosas comprendes mejor ahora? ¿En qué aspectos sientes una mayor apertura y levantas menos defensas? ¿Qué experiencias novedosas te estás permitiendo?

La inintegración

El trabajo realizado en la fase de Preparación trae consigo la confianza y la seguridad necesarias para llevar a cabo el trabajo de inintegración. No olvides que la inintegración depende de tu capacidad para dejarte llevar, para apoyarte, para confiar. Cuando tu sistema sienta el apoyo suficiente, se aventurará a saltar desde el trampolín, no tendrás que forzarlo. Y recuerda que la zambullida en la fase de Inintegración suele llegar por sorpresa.

El mejor recordatorio que te puedo dar acerca de la fase de Inintegración, independientemente de cuándo te sumerjas en ella, es éste: que siempre te va a encontrar con la guardia bajada y, por tanto, te va a resultar siempre incómoda. La fase de Inintegración desafía la lógica de la curva de aprendizaje. Por mucho que te digas que ya has pasado por ahí y que ahora va a ser más fácil, no te lo creas. Esta fase constituye el necesario movimiento tectónico interior que va a permitir que los pedazos del trauma emerjan a la superficie, para ponerles palabras, para que entren en contacto con otros pedazos y sanen. Pero los seísmos internos también hacen que se estremezca todo el sistema. Cuanto más amable seas contigo y más te recuerdes que esta fase es siempre difícil, más tolerable y más sólido será el proceso de sanación.

Si estás todavía en los inicios del tratamiento, y las cosas se complican en exceso y te abrumas o te sientes insegura, te recomiendo que vuelvas a la fase de Preparación. No pasa nada por frenar el impulso que te lleva a avanzar en el trabajo curativo porque, en cuanto vuelvas a sentir la solidez y la seguridad necesarias, tu exploradora interior volverá a zambullirse en el agua de nuevo y te hallarás, una vez más, en la fase de Inintegración. Esto es lo que tiene de hermoso la sanación, que tu sistema está deseando sanar, y que seguirá avanzando en el camino curativo en cuanto se le dé el apoyo adecuado. Lo malo es que sanar no siempre resulta agradable. Pero para eso está este libro, para ayudarte a comprender lo que ocurre en tu interior cuando las cosas se complican.

En las etapas intermedias de tu tratamiento vas a dedicar más tiempo yendo adelante y atrás entre las fases de Inintegración e Identificación; es decir, encontrando pedazos, identificándolos y hablando de ellos. Las etapas intermedias del tratamiento son ciertamente duras. Éste es un buen momento para revisar las secciones de la inintegración y la identificación de este libro. Es un buen momento para que recuerdes que tienes que discurrir por dos senderos a la vez durante el proceso de sanación. Que uno puede sentirse mal interiormente y seguir adelante no obstante con su vida cotidiana, disfrutando incluso de todos aquellos momentos de los que se pueda disfrutar, y siendo consciente de que tanto la experiencia del pasado como la experiencia del presente son verdaderas. No sólo son verdaderas, sino que viven en tu interior. De hecho, durante las etapas intermedias del tratamiento, conviene equilibrar el trabajo sobre el pasado con el aprecio de lo que estás haciendo en el presente. Has de disponer de una sólida ancla, o de una cuerda que, sujetándote al presente, te conecte con el pasado.

La identificación

El paso de la inintegración a la identificación es gradual. Después de dar una y mil vueltas en la fase de Inintegración, la fase de Identificación es aquélla en la que se le da sentido a todo eso, encontrando las palabras adecuadas, encontrando otras piezas del puzle. En esta fase se toma conciencia del poder que supone ponerle palabras a las cosas y del poder que supone expresar tu propia verdad. A poco de entrar en esta fase puede suceder que una palabra, una frase, una verdad pronunciadas en voz alta sean suficientes para que recorras todo un ciclo. Le pondrás nombre a esa verdad, la sentirás, y luego necesitarás tomarte un respiro. Esto es lo habitual, y en modo alguno es problemático. Estás levantando todo el peso emocional que puedes levantar, cultivando tus músculos emocionales. Lo más hermoso de la fase de Identificación es que te dice qué hacer cuando te sientes destrozada por los sentimientos que emergen en la fase de Inintegración; y lo hace al ponerles palabras y ver con qué otras cosas están conectados.

Recuerda que el trauma repetido puede ir acompañado de una especie de ley del silencio, dado que el propio trauma es inexplicable por naturaleza. El mero hecho de encontrar palabras y lenguaje a tu experiencia es ciertamente un acto radical, y suele ser el resultado de un durísimo esfuerzo. Recuerda que, cuando le pones palabras a tu experiencia, ésta se hace comprensible, primera y principalmente para ti. Asimilas, interiorizas, en ocasiones por vez primera, lo que has vivido.

Recuerda también que en la fase de Identificación hay un montón de elementos de ensayo y error; es decir, identificas y pones palabras merced a la práctica, más que a la certidumbre. Se trata, por tanto, de una fase de repetición y práctica. Te adentras una y otra vez en la misma historia, la misma experiencia o el mismo sentimiento. Sigues intentando identificar el territorio, ponerle nombre, cartografiarlo. En esta fase deberás tener mucha más paciencia contigo mismo y con tu curación, y deberás pensar más como un explorador que como un experto. La curiosidad ha de ser la postura adecuada: curiosidad acerca del proceso, acerca de lo que encuentras, acerca del impacto.

Mi recomendación acerca de la fase de Identificación es muy sencilla. Cada vez que te sientas atascada, simplemente di dónde te encuentras exactamente. Haz una lectura de tu brújula interna. «Estoy atascada». «Me siento frustrado». La magia de ponerle palabras a tu experiencia actual es un recordatorio para tu inconsciente de que todas las experiencias se pueden conectar con palabras. Ofrecer las coordenadas GPS emocionales va a permitir que tu guía o tu grupo te encuentren, de modo que no te sientas tan solo. Dándoles las coordenadas no haces otra cosa que lanzarles una cuerda para que te rescaten, para que te ayuden a salir de tu atasco. Y si tienes la sensación de que todo se está moviendo demasiado deprisa, ellos pueden utilizar esa misma cuerda para tirar de ti y reducir el ritmo.

A medida que avances en la fase de Identificación irás encontrando cada vez con más y más piezas del puzle, de manera que, cuantas más piezas tengas, más clara se irá haciendo la imagen. La claridad de la imagen, la historia, el relato, tu pasado, te impulsan en la fase de Integración.

La integración

A medida que las piezas –pensamientos, sentimientos, experiencias– vayan encajando, comenzarás a asimilar el trauma por el que pasaste, las formas en que te protegiste del trauma y todo aquello que te perdiste como consecuencia del trauma. En definitiva, comenzarás a asimilar el cuadro completo. La integración es el objetivo del tratamiento en un trauma repetitivo. Y, normalmente, cuando asimilas tu historia te sientes impactado por las enormes olas del duelo. De hecho, al principio del tratamiento, tales olas se nos pueden antojar realmente inmensas y desestabilizadoras. Quizás lo sientas como un destello y regreses directamente a la fase de Preparación, o quizás vuelvas al trabajo de poner nombres a las cosas, a identificarlas y clasificarlas. Una vez más, confía en tu elección natural del momento oportuno. Confía en lo que puedes soportar, y en cuándo lo puedes soportar. El duelo en un trauma reiterado es grande, y debe llevarse a cabo por fases, con el tiempo. Por otra parte, es diferente en cada persona que haya pasado por un trauma, de manera que tampoco disponemos de un mapa perfecto para esta sección del viaje. Cada persona tiene que crear su propio mapa, y durante el proceso ofrecerá su guía de caminos como posibilidades para otras personas. Tu sanación y tu capacidad para llorar tus pérdidas les proporcionará a otros el coraje necesario para hacer lo mismo. Las ondas de la sanación irán mucho más allá de ti.

Cada persona precisa de algo diferente durante el duelo. Como ya mencioné anteriormente, en la fase de Integración insto a mis pacientes para que, en la medida de lo posible, aminoren el paso en su existencia cotidiana. Este duelo cumple una función similar al duelo por un fallecimiento, y sabemos que no podemos esperar demasiado de una persona que acaba de sufrir la pérdida de una persona amada. Sabemos que tal persona necesita más tiempo y más espacio, y lo mismo ocurre con la fase de Integración, independientemente de en qué parte del tratamiento te la encuentres. Merced a la naturaleza cíclica del viaje curativo, no tienes más que confiar en que, cuando salgas de esta fase, te encontrarás en la fase de Consolidación, y luego en la de Preparación de nuevo, y podrás recuperar energías con el fin de recobrar el terreno perdido.

La otra parte importante de la fase de Integración consiste en dejar que los demás te ayuden y te den su apoyo. El proceso del duelo en la fase de Integración puede llegar a minar la esperanza que te permitió sobrevivir al trauma. Esta pérdida de esperanza es una de las víctimas de la integración y puede parecernos ciertamente temible, pues puede llevarnos desde la más completa desesperanza hasta albergar ideas de suicidio. La esperanza funciona como la Estrella Polar, como la gravedad. Sin esa vieja esperanza, puedes tener la sensación de que todo carece de sentido. Se trata de un sentimiento esperable, pero es importante que los demás sepan cómo te sientes y dónde te encuentras. La pérdida de la vieja esperanza supone en realidad el nacimiento de una esperanza nueva, una esperanza en un futuro real y posible. El duelo por el que pasas está labrando en realidad el campo de esa nueva esperanza, y la experiencia de los nuevos comienzos, que también forma parte de la fase de Integración, te permitirá vivir por momentos, y posteriormente por minutos y horas, en ese nuevo futuro. Vive sin aquellas viejas protecciones; vive las relaciones en las que te hallas inmersa.

Conviene que recuerdes que la integración, al igual que la inintegración, te va a impactar con más fuerza de la que tú puedas creer, con independencia de dónde te halles en tu viaje curativo. El duelo constituye siempre un gran esfuerzo, y la fase de Integración no es una excepción a esta regla. Os recomiendo a ti, a tu terapeuta y a tu sistema de apoyo que dispongáis de una vía de comunicación clara en lo relativo a la experiencia del duelo y en cuanto a lo que puedas necesitar para sentirte segura y apoyada en tu escalada. Ésta es una experiencia a gran altitud, en la que el más mínimo esfuerzo puede ser agotador y en la que conviene que los demás sepan dónde te encuentras. Más contacto, más conexión, más comunicación, y no menos, es la regla. Recuerda que tú ya sabes cómo sobrevivir a momentos difíciles sin ningún tipo de apoyo; eso ya lo hiciste, pues sobreviviste a tu trauma. Pero en la sanación de un trauma repetitivo estás sacando a la luz tu historia no por revivirla simplemente, sino por soportarla al mismo tiempo que vives una experiencia diferente en el presente. Asimilas tu historia en pedazos lo suficientemente pequeños como para poder sobrellevarlos, y lo haces con el apoyo y la seguridad que no tuviste cuando pasaste por el trauma. Dispones tu cerebro para que soporte el pasado, y le ayudas a sentir que aquello ya pasó, que ahora estás a salvo.

Y en la medida en que el pasado se convierte en pasado, en la medida en que dejas de protegerte a la antigua usanza, te encuentras con instantes novedosos, con aquellas experiencias que te perdiste durante los años de tu guerra personal. Tómate tiempo para apreciar estos momentos y celebrarlos, pues eso te ayudará a consolidar la sanación y la maduración. Esos nuevos momentos te permitirán ver cuán lejos has llegado.

La consolidación

Conforme avances en la fase de Integración, te hallarás súbitamente, una vez más, en una fase tranquila. Habrás vuelto a la fase de Consolidación. Al principio, esta fase te va a resultar tan breve que quizás hasta te pase desapercibida, y con frecuencia se fundirá con la fase de Preparación. Pero a medida que avances en tu viaje curativo, te resultará más fácil percatarte de los instantes de aguas tranquilas que marcan esta fase. Al principio, quizás no te fíes de estos momentos, al igual que me pasó a mí, que me preguntaba «¿No me estaré insensibilizando? ¿Dónde está el trabajo curativo?».

Si no estás seguro de lo que ocurre, pregúntale a tu guía o a tu grupo de apoyo. Tómate tiempo para contarles dónde te encuentras y qué es lo más importante para ti. Recuerda que las fases intermedias del ciclo –Inintegración, Identificación e Integración– pueden precisar de tanto tiempo y energía que podrías perder de vista tu vida actual. Normalmente, en la fase de Consolidación dispones de algo de energía y de tiempo para hablar acerca de lo que está sucediendo en estos momentos y qué necesitas en tu vida aparte de la sanación. Utiliza la fase de Consolidación para comprender y apreciar el viaje, pues te ofrece esos raros momentos en tu ya larga caminata en los que te desprendes de la mochila, sacas la botella de agua y disfrutas del paisaje. Echa la vista atrás y contempla el lugar desde el cual iniciaste la andadura. Siéntete agradecida por la fortaleza que has mostrado y que te ha permitido llegar hasta aquí. Respira profundamente e inspira el aire fresco de las alturas, y sumérgete en tu propio ser. Y luego mira adelante, allá donde quieres llegar, e intenta sentir lo que sentirás cuando llegues allí.

Prácticas útiles para la consolidación

Las prácticas que sustentan el trabajo en la fase de Consolidación te van a proporcionar un respiro a tantas semanas de esfuerzo, permitiéndote asimilar tu relato y la sanación que has llevado a cabo hasta el momento, así como practicar o mostrar todo cuanto has aprendido. La consolidación supone un alejamiento temporal de los esfuerzos propios del viaje curativo, un alejamiento que te permite madurar, absorber y consolidar todo lo aprendido; pero supone también la implementación de medidas activas que te ayuden a solidificar el aprendizaje a través de ciertas prácticas o conversaciones.

Así, una práctica obvia en esta área consiste en tomarse un descanso en la metafórica escalada de la sanación del trauma. Te puedes tomar un descanso literal del tratamiento, que puedes hacer coincidir con unas vacaciones o con un tiempo que hayas planificado previamente para poner en marcha algún proyecto o algún otro acontecimiento en tu vida. O bien puedes mantener tu programa de visitas en la terapia, aunque centrando su enfoque en la consolidación. Recurriendo de nuevo a la metáfora del excursionismo, considéralo como una acampada de unos días en un hermoso valle o una meseta, en la que dejas de hacer alpinismo y te dedicas simplemente a disfrutar del entorno, sin presiones ni obligaciones.

Respiras profundamente, contemplas el paisaje a tu alrededor y lo único que tienes que hacer es estar ahí, donde estás. En ese espacio te puedes tomar tiempo para hacer una revisión del trabajo realizado y para hablar de lo que eso significa para ti. Puedes reflexionar sobre los cambios realizados y puedes hablar de ellos, de lo que te resultó verdaderamente útil, de lo que sientes que aún está por resolver. Te sorprenderá cuánta sanación y cuánto trabajo se pueden llevar a cabo cuando, paradójicamente, dejas la escalada por unos días y permaneces simplemente en calma.

Pero precisamente porque no pretendes hacer escalada alguna ni recorrer camino alguno es por lo que en estos momentos puedes ver las cosas con más claridad. Aquí, en la fase de Consolidación, puedes mantener conversaciones acerca de las conversaciones; puedes hablar de lo que se siente cuando se tiene el suficiente coraje como para hablar. Puedes hablar de lo que sentiste al comprender a tus hijas de un modo diferente, debido a que súbitamente comprendiste el desarrollo de los niños y sus necesidades. Puedes hablar de lo que te permitió confiar en alguien lo suficiente como para compartir tu relato. La consolidación te permite dar vueltas por todo el territorio de tu curación, dondequiera que te encuentres en tu viaje curativo, y te permite también obtener una visión más amplia y comprensiva.

Pero, probablemente, la consolidación resulta de lo más útil cuando sirve de apoyo al trabajo que la ha precedido. Tras una dura escalada o una parte del trabajo complicada, una fase de Consolidación especialmente relajante te va a dar la oportunidad de rejuvenecer y de recuperarte plenamente de tan duro esfuerzo. Por otra parte, si el esfuerzo no ha sido tan extenuante, la consolidación puede ser un buen momento para la reflexión y la revisión, o bien para la práctica activa de nuevas habilidades. La reflexión y la revisión pueden ser verbales, simplemente conversaciones, aunque también puedes recurrir al arte, y dibujar o pintar aspectos de tu relato o tu curación, o bien crear una línea de tiempo de tu experiencia. Puedes hacer *collages* que expresen el trabajo realizado, o bien seleccionar canciones, músicas, poemas o cualquier otro tipo de expresión artística que te ayude a comunicar dónde te encuentras y de dónde vienes. También puedes jugar entablando conversaciones entre aspectos de ti mismo; por ejemplo, entre el yo que ha llegado a este punto de consolidación y el yo nunca creyó que la sanación fuera posible: ¿qué diferencias hay entre las creencias de uno y otro?

Si eres una persona con un alto nivel de energía u orientada enormemente al logro, quizás te resulte difícil llevar a cabo el trabajo de consolidación porque te disgusta estarte quieta o tener la sensación de que no estás realizando avances tangibles. En tu caso, quizás necesites algunas prácticas activas para que te quedes en el valle o la meseta. De algunas de estas prácticas ya hemos hablado previamente, pero aquí tendrían por objetivo el ralentizar tu ritmo, así como recuperar y solidificar lo aprendido. Puedes utilizar el *mindfulness,* la meditación o el yoga para aminorar el paso y sentir físicamente que has dejado a un lado la escalada, para sentir físicamente que descansas. También puedes recurrir al diario como en una especie de diario de viaje: ¿dónde has estado? ¿Qué has visto o sentido? En tanto que la fase de Integración se ocupa más de integrar el relato de tu trauma y los aspectos de tu identidad, la fase de Consolidación te permite ver ese trabajo en el contexto del cuadro total que es tu vida actual, y no sólo qué comprendes acerca de tu historia, sino cómo has llegado a comprenderla. La consolidación te lleva a comprender cómo has aprendido, y esto hace posible el plantear nuevos retos a tu capacidad de aprendizaje en el futuro.

Debido a que el viaje curativo puede ser muy dificultoso, y debido a que puede serlo especialmente cuando te sientes frustrada, es importante que en la fase de Consolidación mantengas conversaciones relativas a todo aquello de lo cual te sientas orgullosa. ¿En qué momentos te mostraste especialmente valiente o te esforzaste hasta el extremo? ¿Cuándo te comportaste de una forma novedosa? ¿En qué situaciones entablaste una conversación completamente diferente a las que habías mantenido en el pasado con tu familia o con una compañera de trabajo? ¿Qué cosas hiciste que jamás creíste que pudieras hacer? ¿Cuándo te dedicaste a escuchar a alguien, en lugar de dar por supuesto lo que iba a decir? ¿En qué momento conseguiste gestionar tus emociones de un modo completamente diferente?

Todo esto son hitos muy importantes en tu camino, hitos que se deben celebrar y a los que hay que dedicar tiempo para apreciarlos en profundidad. Esos momentos de logro y de orgullo te servirán de apoyo cuando comiences de nuevo la escalada, y te ayudarán a solidificar todo lo aprendido a través del duro trabajo. Te llevarán a verte no sólo como un superviviente, sino también como a una persona capaz, que confía en sí misma en el proceso del cambio y la maduración.

El trabajo de consolidación se presta de forma natural para el trabajo de preparación. En la medida en que reflexiones y converses sobre lo que te ha resultado útil en tu trabajo de sanación, conversarás también de forma natural acerca de los obstáculos encontrados en el camino. En la medida en que hables de lo que fuiste capaz de hacer bien, también hablarás de forma natural de qué aspectos de la sanación o de la conversación te resultaron especialmente dificultosos. En la medida en que reflexiones en lo que has aprendido en tus viajes de sanación, también hablarás naturalmente de lo que te sigue intrigando y de lo que podrías trabajar en el siguiente ciclo. Y así, estas conversaciones se convertirán poco a poco en conversaciones de la fase de Preparación, conversaciones acerca de lo que necesitas, de qué más podría sustentar tu curación y de qué podría interponerse en tu camino. Quizás te puedes fijar también en qué otros músculos necesitas desarrollar o estirar antes de iniciar la escalada de nuevo, qué otros equipamientos o estrategias de comunicación puedes precisar y cuánto tiempo más necesitas descansar antes de trepar de nuevo por las paredes rocosas de tu curación. De este modo, el trabajo de consolidación cederá paso de forma gradual al trabajo de preparación; y, cuando sientas que ha llegado el momento, te prepararás para iniciar la escalada de nuevo, o bien abandonarás definitivamente tu viaje curativo para continuar con tu vida tras la sanación.

Epílogo

El término del viaje curativo se presenta de un modo diferente para cada persona. Hay quienes terminan este capítulo y vuelven de cabeza al camino, al igual que hacen muchos caminantes del Sendero de los Apalaches que, tras alcanzar el pico del monte Katahdin, en Maine, deciden que no han tenido bastante, dan media vuelta y regresan por el mismo sendero a Georgia. Hay otras personas que echan un vistazo a lo que han conseguido y deciden que no han terminado aún con su viaje curativo; descansan el tiempo que consideran necesario y se ponen en marcha de nuevo. Como se ha venido diciendo a lo largo de todo el libro, sanar de un trauma no es un camino lineal; es una espiral, de tal modo que este final puede ser simplemente una pausa hasta que empieces de nuevo en la fase de Preparación y comiences un nuevo ciclo. Habrá personas que quizás descansen aquí, al final del sendero, durante semanas o meses, o quizás incluso años, tomándose un respiro de tan ardua escalada, o quizás abandonándola para siempre.

A lo largo de este viaje has estado viviendo tu vida cotidiana en el mundo exterior, pero gracias al trauma y a tu curación sabes ahora que has estado haciendo malabarismos con muchos mundos simultáneamente.

En el viaje tradicional del héroe/heroína, ésta regresa a casa dominando los dos mundos,[5] el mundo de las aventuras y el mundo cotidiano del hogar. Y en el heroico viaje del trauma, yo diría que una llega a casa dominando los tres mundos: el mundo del trauma, el mundo de la sanación y el mundo de tu vida cotidiana actual, en la que vas a habitar ahora plenamente. Vas a habitar tu vida y tus relaciones ahora con más plenitud porque te has esforzado por habitarte a ti mismo y por habitar tu historia plenamente. Y vas a habitarla con más plenitud porque toda la energía que has estado empleando, en primer lugar para sobrevivir y en segundo lugar para sanar, la puedes utilizar ahora en tu vida presente y en tu trabajo orientado al futuro.

Puede ser un alivio culminar tan difícil viaje, pero también puede ser perturbador. El mero hecho de hallarse en el viaje de sanación puede darte un enfoque, cierto sentido de propósito; te puede servir para conectar con el suelo. Esto hace que, en ocasiones, cuando termina el viaje, la persona pueda sentirse insegura en cuanto a dónde enfocar su vida ahora o en cuanto a qué la mantiene firme. También puede ser difícil describir el viaje realizado. Existe cierta soledad en la sanación, una soledad que es tan real como necesaria. Las personas con las que vives y las personas que te quieren quizás nunca lleguen a comprender del todo los mundos por los que has pasado en este viaje, el mundo de tu trauma y el mundo de tu sanación; esas experiencias que te esforzaste por integrar y consolidar, por entretejer en tu interior, para convertirte en un todo. Quizás encuentres la manera de comunicar estos mundos a la gente que te rodea, o quizás no. Pero sea como sea, la experiencia te pertenece a ti de un modo que muy pocas personas van a entender. Tu misión no es que la gente que te rodea comprenda tus otros mundos. Tu misión es llevar esa sabiduría y esa compasión tan duramente obtenidas desde esos mundos a tu mundo presente. Tu misión es llevar el don de tu curación a tu vida, a tus relaciones y a tu trabajo. Tu misión es llevar tu esperanza en la sanación a otras personas que la necesiten.

---

5. Campbell, *The Hero with a Thousand Faces*, 229.

Yo no creo en eso de que las desgracias nunca vienen solas; creo que las desgracias quieren ser comprendidas y conocidas. Aquellas personas que hemos pasado por un trauma quizás hayamos pasado por épocas en que sólo nos sentíamos en casa con personas que habían experimentado lo mismo que nosotras; incluso, buscábamos a personas que hubieran pasado por el mismo dolor por el que habíamos pasado nosotras. El dolor crea vínculos estrechos, y siempre hay un tiempo y un lugar para eso. Pero las desgracias necesitan algo más que el que se las comprenda, necesitan sanarse; y todas las personas que nos hemos esforzado tanto por sanar podemos ser algo más que una voz que diga, «Sí, eso también me ocurrió a mí». Podemos tender una mano y ser la voz que diga, «Pero se puede mejorar. La sanación es posible».

Quizás te estés preguntando, después de todo tu trabajo en este viaje, si tu viejo trauma todavía tiene algún poder sobre ti, y la respuesta es «Sí. Lo tiene». Puede haber veces en que se te recuerde tu trauma de una manera especial, siendo el recordatorio algo tan potente como el aniversario de uno de los principales eventos, o una festividad, o cuando un hijo tuyo alcanza la misma edad que tú tenías cuando se inició aquel trauma. Pero el recordatorio puede ser tan insignificante o fugaz como una canción que de pronto escuchas en la radio o el aroma de alguna comida en el horno. Habrá veces en que sientas un punto de dolor allí donde sanaste, o bien sientas tus emociones en carne viva, o sientas el corazón magullado. El hecho de que el trauma reaparezca de cuando en cuando no significa que la sanación fuera incompleta ni que tengas que comenzar un nuevo ciclo curativo. Es, simplemente, un efecto posterior normal de una vieja herida, del mismo modo que las lesiones físicas se resienten de nuevo cuando sometes a esfuerzo la zona o cuando estás agotado. Lo bueno es que el duro trabajo que llevaste a cabo durante tu viaje curativo te permitió cultivar los músculos necesarios para superar con creces esos puntos de dolor que pueden reaparecer con el tiempo. Por otra parte, tú ahora dispones de muchos recursos para trabajar las viejas heridas que puedan reemerger. Tu trauma, si reaparece y cuando reaparezca, se sitúa ahora dentro de una historia más grande, tu historia, en la que ocupa ya un lugar diferente. Ahora ya comprendes el trauma y te comprendes a ti mismo, y eso te permite superar los malos momentos toda vez que reaparezcan.

¿Llegarás a estar alguna vez completamente curada? La respuesta es tanto sí como no. Sí porque puedes sanarte y recuperar tu vida de tal modo que tu trauma se convierta sólo en una parte de tu historia y de tu existencia, y no en su mayor parte. El trauma y tu sanación se entretejen con tus fortalezas y tus desafíos, y terminas dedicando tu vida a las personas, al trabajo y a aquellas cosas que son más importantes para ti. El trauma retrocede a un segundo plano, y tanto él como las protecciones que utilizaste contra él dejan de ser el sistema operativo que organiza tu pensamiento, tus emociones y tu comportamiento. Pero dado que seguimos madurando y aprendiendo, puede haber también veces, sobre todo en momentos de grandes transiciones o grandes pérdidas, en que el trauma parezca volver con toda su fuerza. Muchas veces he oído a clientes míos decir en mi consulta, «¡Pero si yo creía que estaba completamente curada! ¡Vine a terapia para eso! ¿Por qué aparece ahora de nuevo?». Bien, en primer lugar, las buenas noticias. El trabajo con el trauma, tras una recaída, no reviste el mismo alcance. Ya no es un sendero de largo recorrido, sino una excursión larga, y además ya sabes lo que conlleva la excursión. La recaída no significa que no hicieras bien tu trabajo de sanación, sino que sigues creciendo y madurando. Si volvieras a leer ahora, como una persona adulta, las novelas que leíste cuando ibas al instituto te darías cuenta de cuán diferentes te parecen ahora los dilemas de sus personajes. Pues bien, algo similar ocurre cuando nos hacemos adultos, cuando pasamos por grandes transiciones o pérdidas, y cuando varía nuestra comprensión del mundo a causa de nuestra propia maduración. Da la impresión de que en esos momentos realizamos algún tipo de regresión para dar significado y comprender nuestro trauma de un modo distinto, y eso precisa de otra pequeña dosis de sanación. El desarrollo normal y saludable guarda relación con la integración; de tal modo que, cuando pasamos por etapas como éstas de maduración, nos descubrimos de pronto reintegrando alguna parte de nuestro antiguo trauma.

El final de un viaje curativo se parece mucho a la ceremonia de graduación en la universidad, que marca el final de un tipo de viaje y el comienzo de otro. Y aunque puede tratarse de un final formal (el término de tu terapia o el final de tu relación con el grupo de apoyo, o bien la decisión de tomarte un respiro en el trabajo de sanación), el trabajo que llevaste a término durante el viaje se va haciendo más rico y más profundo con el transcurso del tiempo. Contémplalo como el crecimiento de un árbol; las raíces siguen creciendo y profundizando, y las ramas se siguen extendiendo hacia el cielo. Yo me gradué en 2002 de mi programa doctoral en Psicología, lista para engrosar la mano de obra del país, pero me llevó casi dos décadas absorber y utilizar plenamente el aprendizaje realizado durante mis años de estudiante y como becaria. Y todavía leo y releo textos que me ayudan a comprender cómo aprenden, crecen y maduran las personas, y a obtener cosas nuevas de ellos cuando los vuelvo a leer. Y todavía reflexiono sobre las lecciones aprendidas de mis profesores, directoras de tesis y pacientes durante todo ese tiempo, y asimilo una vez más esas lecciones. Tu viaje curativo del trauma es similar a esto. Gran parte de la curación prosigue tras el final de tu viaje formal de sanación, y seguirás absorbiendo y enriqueciendo lo aprendido mientras sigas viviendo. Llegarás a comprender tu trauma y tu sanación a partir de eso con una perspectiva más rica y más profunda de la que hayas alcanzado al término de tu terapia.

Por tanto, como en cualquier ceremonia de graduación que se precie, conviene no sólo reflexionar sobre el trabajo hecho, sino también volver la vista y el corazón hacia el futuro. Tu sanación no es sólo para ti. Tu sanación tiene un claro impacto en tus relaciones, en tu familia, en tu comunidad y en el lugar donde trabajas. En la medida en que lleves al mundo tu yo pleno e integrado, estarás poniendo a disposición de todo el mundo muchos más beneficios. Tu viaje fue una generosa contribución, y tu esfuerzo se va a sentir mucho más allá de tu alcance. En la medida de tus posibilidades, cuenta tu historia de sanación a otras personas. Deja que los demás sepan que existe un camino de regreso. Si cada persona que ha pasado por un trauma reiterado volviera atrás para ayudar a otra persona que ha pasado por un trauma, la sanación en nuestras sociedades sería exponencial. Esto es cierto para todo el mundo, pero lo es sobre todo para los hombres. Yo creo que la tasa de suicidios entre los veteranos de guerra descendería marcadamente si los hombres hicieran socialmente aceptable el pedir ayuda y el recibirla. Sin embargo, todo tipo de género y todo tipo de comunidad tienen que esforzarse por conseguir que la gente pida ayuda y acepte la ayuda. Tenemos que valorar la sanación y el crecimiento del mismo modo que valoramos al que se hace más fuerte físicamente. Tenemos que ver la fortaleza psicológica desde el mismo prisma positivo desde el cual vemos la fortaleza física.

Y otra cosa que te diría es que dispones de los dones particulares para la sanación de un trauma que sólo se pueden obtener habiendo pasado por un trauma y saliendo de él. Con esto no estoy diciendo que sea bueno pasar por un trauma, claro está; estoy diciendo que, debido a que pasaste por un trauma y tuviste el valor suficiente como para sanar de él, posees unos dones que otras muchas personas no poseen. Entre esos dones están la compasión por ti misma y por los demás, así como la empatía y la comprensión por los esfuerzos y el coraje que hacen otras personas. Y todo esto se demuestra en la forma en que te relacionas con las personas, en la forma en que trabajas con ellas y las ayudas. También tienes el don de la esperanza y la apertura a nuevas posibilidades para aquellas partes fracturadas de tu comunidad y del mundo; te has enfrentado a la desesperación y has sobrevivido, y esto te otorga la capacidad de acompañar a otra persona en su desesperación y proporcionarle esperanza. Pero esa empatía y esa esperanza que posees no son sólo ideas; es lo que yo denominaría *empatía en la acción* o *esperanza activa*, porque tu viaje de sanación a través del trauma te ha dado la confianza en ti mismo suficiente como para arremangarte y hacer algo frente a cualquier problema que pueda presentarse en tu camino. La indefensión del trauma desapareció, y en su lugar hay un sentido de propósito, junto con una clara pasión por poner en acción ese propósito.

De modo que sí, la sanación te otorga unos dones por los que te esforzaste mucho en tu viaje curativo. Pero lo último que quiero decir es que lo más importante que puedes hacer tras culminar tu viaje de sanación es no sólo traer al mundo esos dones resultantes de tu curación, sino *tus* dones, aquellos dones que te hacen genuinamente *tú*, los dones que el mundo necesita de *ti*. Después de tantos años sobreviviendo al trauma y sanando del trauma, quizás no hayas tenido la oportunidad de explorar, ni de hacer uso realmente, de *tus* fortalezas, *tu* pasión y *tu* amor del modo en que puedes hacerlo ahora. Ésta es una idea que me entusiasma, y te reto a que te ofrezcas plenamente a ti mismo en tus relaciones, en tu trabajo y en tu comunidad. Lleva tu amor a tu familia y a tus seres queridos de un modo que quizás nunca antes hayas podido hacerlo, y asimila e interioriza su amor por ti. Lleva tu propósito y tu pasión al trabajo de un modo que quizás nunca antes hayas podido hacerlo, y deja que tu luz brille e inspire a los demás. Ahora, todos tus dones –aquéllos con los cuales viniste al mundo y aquéllos por los que tanto luchaste– te pertenecen a ti, y creo que tienes tanto la posibilidad como, me atrevería a decir, la responsabilidad de utilizarlos. Y más que nada quiero darte las gracias por tu valiente trabajo de sanación. No sólo has traído la sanación para ti, sino que la has traído al mundo, y por eso te doy las gracias y te deseo todo el amor y toda la vida que puedas alcanzar en tus caminos por este mundo.

Agradecimientos

Durante todos los años que compartí con ella, mi abuela, Martha Cadle, tuvo un trozo de papel amarillento pegado en la puerta de su frigorífico con la siguiente cita de Margaret Mead: «No dudes nunca de que un pequeño grupo de ciudadanos conscientes y comprometidos puede cambiar el mundo; de hecho, siempre ha sido así». Este libro se ha alimentado de esta ética: que cualquiera de nosotras puede marcar la diferencia, y que los colectivos tienen el poder suficiente para cambiar el mundo. Esos colectivos, esos grupos, cambiaron ciertamente mi vida e hicieron posible este libro, que es el producto de treinta años de estudio, de formación y de trabajo en entornos clínicos, organizacionales e internacionales, y que no habría sido posible sin tantos grupos de maestras, colegas, amigos, familiares, estudiantes, clientes y pacientes conscientes y comprometidas.

Mientras escribía este libro, un grupo de personas se ofreció para formar parte del «Equipo Gretchen»; yo les enviaba actualizaciones y ellas me mandaban ánimos y sabiduría. Gracias por haberme mantenido en la tarea de escribir durante dos largos años: Laura Morgon, Susan Reisbord, Holly Noel Wagner, Heather Wood, Makenzie Newman, Vic Gulas, Laurie Carrick, Bob McDowell, Judy

Issokson, Barry Lydgate, Eddy Rayden, Lee Chalmers, Kristin Von Donop, Lindsey Bingaman, Ann Begler, Jenn Moyer, Lizza Robb, Jennifer Milwee, Jessica Reviere, Sarah Medary y Letizia Amadini Lane.

Disponer de un lugar para escribir puede ser uno de los mayores regalos que se le puede hacer a una escritora, y he sido muy afortunada por los hermosos y maravillosos lugares en los que se me ha dado poder darle forma a este libro. Quiero darle las gracias a Donna Parssinen, por su generosidad al permitirme a mí y a mi perro, Davey, pasar el invierno de 2013 en su casa de Rhode Island, cuando llevé a término el primer manuscrito. Beth Gaudet me ofreció generosamente dos importantes semanas en Florida para que escribiera algunos fragmentos más del libro (aderezados con mojitos y con ostras a la parrilla). Y a la familia extensa de Peck-Eysenbach, que me proporcionaron espacio y tiempo en Maine para escribir y rejuvenecer; gracias por vuestros paseos en barca, por vuestros picnics en las islas y por vuestros acogedores fuegos, y por todo vuestro amor y apoyo en este largo viaje: Lucy y John Eysenbach, Laura Peck y Fran Johnston, Jamie y Liz Peck, Abby Peck y Chris Gardner, Hans Eysenbach y Jesse Hayward Eysenbach, Jamie Eysenbach, Jesse Eysenbach, Laurel y Brian Smith, James Peck, y Lucas y Miguel Johnston-Peck.

Hubo muchas lectoras y lectores a lo largo del camino que me ayudaron a dar forma al libro. Quiero dar las gracias a Billie Fitzpatrick, por sus comentarios acerca de la organización y por su ayuda a la hora de escribir una propuesta. También quiero dar las gracias a Suzanne Rotondo y a Laura Clark, por creer que este libro podría publicarse, y a Page Lindroth, que le dedicó un montón de tiempo y de cuidados al primer manuscrito. Quiero darle las gracias a Molly Watson, por su sabiduría a la hora de conectar mis ideas con un discurso. También a Ray Fisher, Cory Bryant, Elsie Boudreau, Eddy Mwelwa, Cheryl Rosenthal, Jane Clarke, Laura Parker Reorden, Heather Wood y Tía Suzy Waterman por la lectura del texto, por sus comentarios y por ayudarme a ver el modo de hacerlos útiles. Y quiero darle las gracias a mi querida amiga Melanie Morgon, que editó mi tesis y me enseñó a escribir de paso. Estoy muy agradecida por tu ayuda con las ediciones finales y por tus comentarios sobre mi manuscrito, así como por tantos paseos maravillosos como hemos dado juntas.

La psicología es para mí un aprender a aprender, y valoro profundamente el hecho de haber podido aprender con grandes profesores y en grandes instituciones, clínicas y hospitales que se tomaban la formación muy en serio. Agradezco a Barbara Okun el haber estado conmigo en mi viaje, desde mi primera entrevista en la Northeastern University, pasando por mi tesis hasta ponerme la toga en la graduación, y por los muchos fines de semana compartidos desde entonces. Quiero darle las gracias a Lise Motherwell por enseñarme a «escuchar» el lenguaje del juego y por tanto como hemos trabajado y jugado juntas. Camille DiBenedetto me ayudó a encontrar mi voz a la hora de escribir informes acerca de clientes, y su compasivo punto de vista acerca de las clientas se convirtió para mí en una guía a seguir. Gracias a Sharon Greenfield por su carta de recomendación no solicitada, que me dio esperanza acerca de mi futuro en unos momentos oscuros; aún releo su carta cuando tengo un mal día. Y gracias a Barbara Gortych, Pat Harney, Elizabeth Wheeler, David Dinklage, Karlen Lyons-Ruth, Ann Munson, Arnie Cohen, Mary Ballou, Judy Van Raalte y Rick Paar, supervisores y maestras, que me ayudaron a integrar mi aprendizaje y me convirtieron en una psicóloga clínica y una escritora mejor. Quiero dar las gracias a todos los supervisores, colegas y pacientes de todas las instituciones en las que me formé o en las que trabajé a lo largo de los años: el Departamento de Psicología Orientativa de la Northeastern University, el Departamento de Medicina Conductual del UMASS Memorial Medical Center, el Centro para el Mindfulness, la Unidad de Pacientes Adolescentes del Hospital Somerville en el Hospital de Cambridge, el Centro Médico Regional de Boston, la Clínica de Salud Mental de Somerville, el Departamento de Servicios para la Juventud de Massachusetts, el Centro de Orientación de Beaverbrook, los Servicios de Padres e Hijos, el Germaine Lawrence, el Consejo de las Girl Scouts Patriots Trail y el Centro para Familias e Hijos de

Northampton. Quiero darle las gracias a Linda Watt, por su apoyo en los grupos de meditación, y deseo agradecer especialmente a Shelly Hirschberg, una de las mejores psicólogas infantiles con las que haya trabajado nunca, y a Katrina Schuman, por su inspiradora valentía, por su optimismo y persistencia.

Pero no sólo tuve el privilegio de trabajar con todos estos profesores y profesoras; también fue un privilegio entrar en contacto con las enseñanzas recibidas. Como psicóloga, estoy en deuda con las sabias enseñanzas y las agudas observaciones de aquellas personas cuyos trabajos he leído y releído, y que dieron forma al modo en que trabajo y en que entiendo el crecimiento, el desarrollo y la sanación: Michael Balint, D. W. Winnicott, Robert Kegan, Jean Baker Miller, Dan Siegel, Dan Goleman, Leston Havens, Martha Stark, Judith Herman y Bessel van der Kolk.

Este libro nunca habría tenido el alcance que ha tenido sin el Programa de Desarrollo del Liderazgo (PDL) del Programa de Desarrollo de las Naciones Unidas, del que formé parte con el Instituto para el Liderazgo Teleos. Gracias a mi colega y alma gemela, Fran Johnston, que me animó a pasar de la psicología infantil al campo del desarrollo del liderazgo, y que me inspiró para entender el crecimiento y el cambio desde una perspectiva más amplia, en grandes sistemas complejos. Yo no sería la persona que soy ahora sin ti, y te estaré eternamente agradecida por creer en mí y por ser mi compañero de aprendizajes y aventuras. Y gracias a Eddy Mwelwa, cuya sabiduría y corazón son capaces de sanar cualquier grupo del que forma parte. También doy las gracias al profesorado y los facilitadores del PDL de Camboya: Dr. Tia Phalla, Madame Chou Bun Eng, Dr. Seng Suth Wantha, San Vandin, Huot Totem, Va Sopheak, Kong Udom, Dr. Ngin Lina, Dr. Hy Someth, Dr. Tan Sokhey, Ith Sokum, Nith Sopha, Sia Phearum, Ven Muny Vansaveth, Dr. Veung Yanath, Sim Kheng Kham, Hen Sokunkolroth, Chun Bora, Poan Phoun Bopha y Dr. Bun Chhem, y a los facilitadores nativos del PDL de Alaska, Elsie Boudreau, Paula Cinero, Cory Bryant, Debbie Demientieff, Tiffany Simmons, Teisha Simmons, Roxanne Frank, Cesa Sam y Tim Boudreau, todos los cuales ayudaron a las gentes de sus comunidades a sanar del trauma, mientras desarrollaban su liderazgo y buscaban soluciones para sus comunidades. A mis compañeros en el profesorado del Teleos Coach Development Program (TCDP): Shirley McAlpine, Ray Fisher, Kristin von Donop, Michael McElhenie, Marco Bertola y a todos los participantes del TCDP desde 2009 que formaron parte del viaje de este proyecto, cuando yo utilizaba el «Quiero escribir un libro» en el ejercicio de Resistencia al Cambio: Bobbie Nash, Sarah Renio, Lindsey Bingaman, Annie McKee, Felice Tilin, Dave Smith, Makenzie Newman, Laura Peck, Greg Yerkes, Christina Yerkes, Delores Mason, Laurie Carrick, Kristin von Donop y Eric Vandersluis; aprendí mucho de todas vosotras.

Durante el transcurso de la escritura de este libro, tuve la suerte de formar parte de tres grupos que me ayudaron a no perder el rumbo merced al amor, los ánimos, el *coaching* mutuo y, cómo no, unas buenas comidas juntos. Gracias a la gente del Ingerdinner Group: Inger Nielsen, Melanie Morgon, Maud Chaplin, Bonnie Leonard, Jeannie Benton y Anne Gothro; y a mis Salon Sisters: Cheryl Rosenthal, Alison Streit Baron, Sara Quay, Laura Parker Roerden y Jane Clarke; y a la gente del Philly Group: Fran Johnston, Janet Gilease y Ray Fisher. A mis *coaches* pares, Shirley McAlpine, Carolyn Murphy, Una O'Connell y Paula Boyle, que me mantuvieron en el rumbo para terminar enviando mi manuscrito y que mantuvieron en pie mis esperanzas y el trabajo duro durante los años que llevó la publicación del libro.

Quiero dar las gracias a Guy Macpherson, de The Trauma Therapist Project (Proyecto de Terapeutas del Trauma), y a Carol Anna McBride, de The Trauma Project, por el apoyo dado en el blog y los escritos relativos al trauma. Y a todos los lectores y lectoras de mi blog, *The Trail Guide (La guía de caminos),* en gretchenschmelzer. com, que llegaron a hacer viral en Facebook «La carta que tu adolescente no puede escribirte»; gracias a Kathie Pories, que vio el post en Facebook y me ayudó a encontrar una agente.

Gracias a mi padre, que me enseñó a esforzarme y no rendirme nunca; y a mi madre, que me dio el don de la creatividad.

Le estoy muy agradecida a mi hermano, Matt, por ser la otra mitad de la memoria y un compañero a lo largo de nuestras vidas y en este trabajo. Te estoy muy agradecida por tu amor y por tu sentido del humor.

Gracias a Helga y a Ulli Schmoecker, por acogerme cuando era una adolescente y por compartir su hogar y su familia.

Gracias a mi mejor amiga, Jane Clarke, que ha estado en este viaje desde el Sendero Zeacliff, en la universidad, y a través de todos los altibajos del camino. Tu amor y tu apoyo hicieron posible mi curación, y tus maravillosos hijos, Nate y Jack, me ayudaron a albergar esperanzas y a tener compasión por mi propio crecimiento. Tu amabilidad me inspira, y escuchar tu voz casi a diario es una de las grandes alegrías de mi vida.

Tuve mucha suerte de ir a parar a las manos de mi actual agente, Ellen Geiger, que creyó en mi gran idea y trabajó como una verdadera socia conmigo para convertir todos estos retazos en una robusta y hermosa ofrenda. Caroline Sutton, mi editor en Penguin Random House, me ha demostrado lo maravilloso que es tener a alguien de mente aguda y buen corazón que tome tu obra bajo sus alas. Ella ha sido un regalo tanto para mí como para este proyecto. Ha tenido la sorprendente capacidad de sustentar la totalidad del libro y del viaje de sanación, y me ha hecho ver qué puntos tenía que reelaborar y que tenía que replantearme las conexiones y las distinciones entre las distintas fases. Así, el libro es mucho más robusto, y servirá a más personas gracias a ella. Le estoy profundamente agradecida.

Por último, quiero darle las gracias a Gail Donaldson, pues este libro no existiría sin nuestro trabajo juntas. Quizás esté escrito con mis palabras, pero es tu compasivo, respetuoso y esperanzador punto de vista acerca de la sanación el que está entretejido en cada línea de este libro. Ojalá ayude a otras personas a sanar del mismo modo que tú me ayudaste a mí.

Índice analítico

M

macrociclos 60

malos tratos 17, 19, 27, 28, 63, 64, 65, 66, 67, 69, 154, 163, 202, 222, 295, 298, 301

manuscritos del mar Muerto 216, 217, 218, 222

McAdams, Dan 53

McCullough, Michael 123

McKee, Annie 101, 209, 345

meditación 103, 106, 139, 140, 141, 151, 157, 331, 344

memoria 17, 18, 26, 52, 54, 56, 64, 66, 172, 173, 174, 189, 190, 205, 216, 227, 228, 229, 230, 232, 233, 234, 235, 236, 237, 238, 239, 241, 246, 249, 254, 268, 295, 301, 313, 346
  a largo plazo 229, 232, 234, 313
  de trabajo 234
  emocional 173, 174, 232, 238
  implícita 232, 233, 234

mente 25, 26, 78, 95, 100, 103, 133, 135, 140, 141, 143, 145, 167, 176, 182, 205, 232, 243, 246, 252, 292, 293, 304, 319, 320, 346
  emocional 292, 293

metáforas 39, 65, 254, 257, 258

microciclos 60

miedo 22, 27, 36, 72, 75, 130, 132, 134, 154, 163, 166, 170, 171, 177, 180, 194, 197, 199, 200, 202, 203, 204, 225, 234, 246, 247, 256, 273, 281, 285, 295, 316

milagro de Ana Sullivan, El (película) 269

mindfulness 102, 103, 104, 105, 106, 107, 122, 123, 133, 139, 141, 143, 157, 184, 188, 304, 331

Mindfulness 101, 105, 343

Mollica, Richard 53

«Momentos del Agua de Helen Keller» 269

Montgomery, M. R. 253

Moor, Robert 244

mosaicos 50

motivación 21, 41, 42

movimientos 129, 166, 200, 202, 252, 270

muerte del alma 301

música 139, 140, 143, 204, 254, 255, 304

N

narrativa 45, 50, 51, 52, 66, 205, 222

National Geographic 23, 73, 150

negativas 72, 167

negligencia 28, 164

neuronales, senderos 166, 238

neuronas 230, 234, 235, 316

niñas 18, 142, 144, 160, 181, 250, 251, 252, 253, 299

niños 20, 40, 57, 110, 125, 142, 143, 144, 151, 160, 161, 168, 170, 176, 182, 183, 185, 215, 221, 238, 250, 252, 253, 256, 275, 278, 286, 330

no-saber 277, 286

no-ser 151, 152

nueva experiencia 285

O

objetivo 9, 11, 18, 43, 52, 59, 80, 105, 110, 112, 140, 154, 289, 291, 293, 309, 325, 331

O'Brien, Tim 117, 289

Índice

Will Jelbert tenía una esposa maravillosa y llevaba una gran vida, pero no era feliz. Un día, aquella vida llegó a un abrupto final, cuando cayó de su bicicleta y dio con la cara contra el suelo. Tras un año de lenta recuperación y un divorcio, Jelbert decidió dedicar los siguientes tres años a investigar **la psicología de la felicidad**. El resultado es *El animal de la felicidad*, en el que Jelbert presenta diversas prácticas con las que podremos **ejercitar los cinco músculos de la felicidad**.

La honestidad es el primer músculo de *El animal de la felicidad*. Ejercítate ahora dejando caer las tres palabras que te convierten en un mentiroso inconsciente a diario. El segundo músculo que debes trabajar es la amabilidad. Cuando compres hoy este libro, sonríe y dale las gracias a tu librero o librera.

¿Cuáles son los otros tres músculos de la felicidad? Comienza a leer El animal de la felicidad y descúbrelo.

El libro de la autoestima es la guía definitiva para estimular este ingrediente tan infravalorado y restablecer la imagen que tienes de ti mismo. **Joe Rubino** te enseñará, paso a paso, los mismos ejercicios que han trasformado ya a miles de personas y que te orientarán hacia una vida llena de felicidad, satisfacción y autoestima.

Entre otras muchas cosas, con este libro:
- Descubrirás el origen de tu falta de autoestima.
- Reemplazarás los mensajes negativos por nuevas creencias que respalden tu felicidad y excelencia.
- Descubrirás cómo ser fuerte y auténtico.
- Crearás una visión de tu futuro que honre tus principales valores.
- Accederás al poder de la automotivación y la intención positiva.
- Evaluarás con exactitud tus fortalezas y debilidades.
- Adquirirás la capacidad necesaria para ayudar a otros a maximizar su autoestima.

Es una completa guía para recuperar la autoestima en todos los ámbitos de la vida.